稜
鏡

吳婷

看見香港

訪談錄

策劃編輯	林 冕
責任編輯	江其信
書籍設計	道 轍
書籍排版	何秋雲

| 叢 書 名 | 稜鏡 |
| 叢書策劃 | 北京港澳學人研究中心 |

書　　名	**看見香港訪談錄**
採　　編	吳　婷
出　　版	三聯書店（香港）有限公司
	香港北角英皇道 499 號北角工業大廈 20 樓
	Joint Publishing (H.K.) Co., Ltd.
	20/F., North Point Industrial Building,
	499 King's Road, North Point, Hong Kong
香港發行	香港聯合書刊物流有限公司
	香港新界荃灣德士古道 220-248 號 16 樓
印　　刷	美雅印刷製本有限公司
	香港九龍觀塘榮業街 6 號 4 樓 A 室
版　　次	2022 年 7 月香港第一版第一次印刷
規　　格	大 32 開（140 mm × 210 mm）344 面
國際書號	ISBN 978-962-04-5025-9

© 2022 Joint Publishing (H.K.) Co., Ltd.

Published & Printed in Hong Kong

目錄

叢書總序

北京港澳學人研究中心

2022 年是香港回歸 25 週年，在經歷了「佔中」以來一系列社會動盪後，在香港國安法、完善選舉制度的加持下，香港似乎迎來了走向平穩安定的曙光。但香港的政經結構問題既非一日之寒，亦不可能以一日之功平息。

在由亂及治、由治及興的過程中，香港的問題總被歸納為「深層次矛盾」。但香港的深層次矛盾到底是甚麼？其主要矛盾、矛盾的主要方面又是甚麼？要走出當前困局，我們首先要認識、解析深層次矛盾，再對症下藥地採取行動。

香港自開埠以來，就承載著與其面積不相稱的地緣政治角色，只是在百餘年去政治化的殖民統治下，港人當局者迷——香港是中國的香港，還是世界的香港，尤其在當前國際局勢佈滿陰霾的情況下，我們亟需用更廣闊的戰略眼光去看待身處風暴中心的香港。

香港社會不缺乏自由流通的信息，也有足夠討論的輿論空間。但在香港走向基本法所規定的民主化過程中，港人對政治理論和實踐的認識和理解是有待填充的。在「一國兩制」的政治現

實下,「稜鏡」叢書期待引領香港社會從更立體、更全面、更具建設性的角度認識香港,建立更成熟、理性的政治觀,以更務實的態度重新審視香港的政治與經濟發展。

　　這套叢書將結合不同界別研究者的觀察和分析成果,從歷史發展、多方博弈等角度,縱向、橫向地剖析香港的管治問題,探索破局之道。

2022 年 5 月

于品海 | 序

從「看見」出發
繼續追問香港

人和事的發展都有個規律，它不會無中生有，更不會離經叛道。人必然是從某個地方來，事必然有它發生的源頭，這就是規律。無論是什麼年代的知識分子，只要是認真的讀書人，他們都在嘗試掌握這個規律，很多人相信這就是「道」，幾千年中華文明都在求證它。吳婷就是這樣的讀書人，她是我同事中眾多讀書人之一，也是認真的一個。這一次她嘗試為香港的未來把脈，為香港已發生的事尋找規律。

在看這本書之前，或許大家應該問，為什麼她如此熱衷從香港的經驗中「問道」？熟悉內地的人可能會知道，內地不少自由派知識分子曾經認為香港代表了他們所嚮往的新文明，那裡有着自由，人們可以暢所欲言。他們甚至認為，只要香港有更廣泛的民主參與，特別是全面實施普及選舉，那將會是多麼美妙，它可以是中國內地的未來示範。這種想像在中國知識分子中一直很普遍，直到香港接連發生了「佔中」、旺角騷亂和 2019 年的反修例騷亂。推動香港民主自由的「文明人」竟然變成暴徒，投擲磚塊、汽油彈，火燒店舖，甚至直接燒人，還鼓吹「香港獨立」，這種不

文明手法，讓曾經美好的想像徹底灰飛煙滅。究竟是這些讀書人看錯了香港，還是香港誤導了他們。這本書為吳婷自己以及她的同路人提供了一部分答案。

　　就好像任何人和任何事，都不可能只有一種認知，不同人對其他人和事都會有不同解讀，甚至無所謂對與錯、是與非，今天的對很可能就變成明天的錯。正在構建全新制度形態的香港又如何可能一帆風順？「一國兩制」本就是人類自從有了國家概念之後的一次劃時代的偉大試驗。然而，很多人輕視這次試驗，不認為那是多麼艱難的事情，以為香港和內地只要互不相干，就必然萬事大吉，以致會說出「井水不犯河水」的幼稚論述。中央政府事實上忽視了「一國兩制」的複雜性和不確定規律。我深信「一國兩制」必然成功，但在過程中，它一定會遭遇各種挫折，不斷挑戰大家的想像。如何將過程管理好，開始成為香港人關注的重點，但這是在付出了重大代價之後。從吳婷這本書，大家可以看到過去八九年這些擁有獨特見解的專家是如何從多個視角審視這個過程的。

　　我經常要求同事，從事新聞工作不能夠只是「看見」，還要「認識」。兩者之間有着緊密關係，而且必須環環相扣，只是看見了不足以完成任務，必須要認識，甚至說認識也還不夠，還要懂得將自己的認識傳播開來。我們不是從政者，但將認識傳播開來就是一種政治實踐，因為當社會能夠對變化擁有共同認識，很多問題就可以解決。也因此，新聞工作者雖然不是政治家，卻做了政治家應該做的事情。沒有認識，如何傳播？只是看見了，不足以完成傳播的工作，特別是針對「一國兩制」如此劃時代的創舉。

　　我問吳婷，什麼是「看見」？她說，「看見」其實是有兩方面

的考慮：一方面，從「佔中」到修例，尤其是修例，香港好像真的被全世界看見了，不斷上頭條，但其實人們只看見了香港的一部分，或者只願意看見自己願意相信的那部分；另一方面，也是一種寄望，希望香港真的能被看見。之前也有被看見，但多少人真的好好理解和認識過香港？以為回歸就萬事大吉的大有人在，看見的，不應該只是街頭肉眼可見的暴力，還有深層次的問題：為何他們會變得如此暴力？更廣泛和深刻的思考是什麼？我對吳婷的回答是滿意的。

不少香港人「喜歡」到日本旅遊，但沒有多少人讀過日本的歷史，更少人願意去了解日本的社會和文化，他們更熟悉哪裡有最好吃的日本拉麵。當然，不是所有去旅行的人都要明白目的地的歷史和文化，拉麵也可以反映日本的某些方面。然而，在表達對日本的「喜歡」之前，是否應該更明白你的「對象」？畢竟拉麵不足以代表日本。就以一段婚姻為例，不能只看到對方是否英俊或漂亮，是否有錢有本事，還需要認識其他方面。單憑外表和財富，估計很快就會離婚。去旅行當然沒有結婚那麼嚴重，但當我們說喜歡之前，如果連對方是什麼都不清楚，「喜歡」就不是真實的。這就是說，看見香港是不夠的，認識香港才是關鍵，特別是對那些曾經將香港視作「理想國」的人。看來吳婷已經從一名「遊客」變成了認識香港的讀書人。

中國的讀書人有個歷史演變過程。很多人將五四運動視作近代中國演變的轉捩點，因為洋務運動、戊戌變法、辛亥革命或許都讓大家看見了傳統中國的衰敗，但一直到五四運動，大家才知道看見了是不夠的，還要去認識衰敗背後的原因。本質上，只有當我們真的認識到衰敗背後的原因，才可能找到合適的改變路

徑。李大釗和胡適就選擇了完全不一樣的道路,因為他們對當時的中國認識並不一樣。對於中國今天的讀書人,這種困境依然存在。很多人不滿意國家改變的速度,甚至不滿意它的方向,然而,沒有太多人能夠指出更好的速度和方向。埋怨已經夠多了,卻無法給出很好的建議。一些人看見了香港,認為那就是樣板,卻根本不知道內裡的狀況。香港在很長一段時間就像是麥加,是某些人心中的聖城。當我身處「佔中」和反修例騷亂中,經常會想起內地曾經膜拜着懸吊在空中那個香港倒影的一批讀書人,他們心有不甘,因為香港讓他們失望,但我也樂於看見又有一批讀書人找到反思的材料。我一直認為,只有不斷地反思,人的智慧才會越發成熟,人才會真正感悟到事物的規律,不會被看得見的表像所迷惑。

從「看見」出發,我們可以繼續追問,「回歸」就夠了嗎?提出「一國兩制」的創想就足以解決問題嗎?既然回歸了,而且是以「一國兩制」完成回歸,為什麼會出現獨立思潮?而且究竟是從什麼時候開始兩地變得如此隔閡?為什麼等到回歸超過二十年,大家才意識到兩地之間存在如此巨大的心理鴻溝?「一國兩制」不就是為了彌合兩地的差距嗎?看得見很重要,真的看見了更為重要,看見之後繼續強化認識,一直到心靈相通,才是應有之道。

人與事都是在發展中,人不斷成長,一刻都不會停止。一個人停下來的時候必然會有另一個人接着做他還沒有完成的事情。事情從來也是一件接着一件,沒有一件事情在結束之前不會引發另一件事情的開始,延綿不斷,看似都有一個段落,最後更像是無止境。既然如此,「看見」究竟是指什麼、有什麼意思,就成為

更根本的議題。大家都知道，鄧小平提出「一國兩制」，本身就不只是因為看見了，而是因為認識了，而且不只是認識香港，更是認識內地，還認識到世界。他首先看見了內地當時的發展，認識到內地需要一段時間才能夠實現現代化，才能夠走到國家發展的另一個階段。他繼而看見了世界的發展，認識到各種發展模式的強與弱，認識到中國的發展既要走自己的路，也要參考世界曾經的發展經驗。對於解決香港問題，他看見了香港當時的狀況，更認識到內地與香港的差異，認識到香港在內地發展中的作用，認識到香港可以作為內地與世界對接的橋樑，更認識到香港人需要時間去與國家融合。中央政府不能夠只憑着「看見」就設定香港的「回歸」，更要從「認識」的高度來設計香港的回歸。通過認識，大家才會認定「一國兩制」可以真的解決問題，制度的優化才會持續發生。

吳婷看見了，也開始認識了，而且正在將認識與傳播結合，這本書就是她社會實踐的一部分。香港正在發生變化，那是因為更多人看見了，也開始認識到表像背後的真實。然而，卻也出現了更加被社會事物表像所迷惑的另一批人，他們需要更多的動盪或者更多的「吳婷」才能被引導回來。就像我在前面所説，人不斷成長，事情也是一件接着一件，對付愚昧，只能繼續依賴讀書人的努力傳播和知識的不斷積累，除此以外，還能夠有其他更好的方法嗎？

推薦序

田飛龍
北京航空航天大學高研院、法學院副教授，全國港澳研究會理事

看得見的正義
看不見的人心

　　拿到吳婷的書稿，感覺沉甸甸的：一方面，這是一名極其勤奮和富有責任感的一線記者多年來累積而成的採訪成果，是多少個日夜奔波、竭慮、對話、奮筆甚至經受誤解而修成的正果；另一方面，採訪所覆蓋的從香港「佔中」、反修例到國安法與選舉制度改革，都是「一國兩制」驚心動魄的轉折事件，是情分磨滅、權力出場、鬥爭升級與前途博弈的慘烈過程，而吳婷的採訪記錄比一般學者所論或官方所記更加立體、鮮活、刺眼乃至於能夠催逼每一個真正關心香港「一國兩制」命運的人去深入反思：香港到底怎麼了！吳婷坦言，這些事件讓香港被內地看見，被台灣看見，也被世界看見，但撕裂更加凸顯——香港不再是「一國兩制」下東西方的一個共識平台，而成了「新冷戰」的一個戰場。國家基於主權理性與發展利益採取了決定性的鬥爭立場和制度重塑策略。「一國」更顯著了，「兩制」的模糊空間清晰化了，香港被更多「看見」了，中國也被更多「看見」了。那就「看見」吧！

　　吳婷的採訪很有問題意識，而且也很敬業和專業。作為書中多次受訪的學者之一，我對她的「媒體專業主義」深有體會和認

同。港澳範疇的媒體，尤其是港媒和外媒，一遇到重大社會運動，其媒體專業主義往往就會後退，假新聞、「標題黨」以及虛構的政治衝突、對社會運動的過度介入、立場嚴重偏向等，造成了媒體倫理的嚴重退步。從「顏色革命」的行動元素來看，這不奇怪，媒體往往成為革命的生力軍，但從媒體倫理而言，許多記者和媒體平台的行為實在不敢恭維，甚至存在違法性。我常常在思考：從「佔中」到反修例，如果至少港媒的主流能夠堅持事實、法治和專業立場，相關事件也不至於陷入死局。這一死局，破壞了香港的法治根基，阻滯了普選的民主進程，耗竭了中央對香港的最後情分和信任，追求到的又是怎樣有利於香港的新秩序呢？當然，媒體不能背上所有的「鍋」，但媒體偏離專業、自以為是甚至濫用影響力的操作，最終傷害的是香港社會所有的人。從吳婷及其所在媒體平台身上，我看到了一種理性和專業性的媒體倫理，如一股清流，因此樂意長期合作與互動。

吳婷的訪談具有如下的鮮明特徵，從而確保了主題相關性和深度：

其一，選題與概念化的自覺及精準。比如能夠圍繞「佔中」、反修例、國安法等提出一系列值得深入思考的問題，而這些問題又用於支撐所謂香港「二次命運」的宏大探討。在媒體視野、學術品味與論述深度均有較大局限性的香港輿論場，這些命題及其破解整體提升了思考香港問題的理論層次和思想格局。

其二，採訪對象的多元性及代表性非常突出，能夠提供與上述選題相稱的深入剖析和解讀，比如強世功關於香港制度背後的儒家倫理與自由主義張力問題的探討、陳端洪關於香港作為中國走向世界的重要試驗場的論述，以及我本人對於品海先生所謂

「香港特色資本主義」問題的解讀和延伸，進而思考香港「一國兩制」的下半場問題。這些具有代表性的訪談對於香港社會深切理解「一國兩制」治亂更替背後的深刻道理、法理和趨勢是非常重要的。

其三，採訪稿的完成度和編輯水準非常高。在我的印象中，吳婷非常謙虛謹慎，採訪稿拿不準的地方都會及時跟我回饋請教，務求準確表達有關意涵，對容易造成誤解的概念或提法也會提出她的獨立意見。這種友好的「參與式訪談」對於採訪稿的最終品質和社會接受度是非常好的支撐，顯然她堅持的是思想性和品質優先，而不是媒體慣常的「流量主義」。

其四，採訪作品整體上具有理性和批判性相結合的特徵。採訪提出和分析問題較多，也有嘗試性的對策思考，但重心仍在於為變動之際的香港社會提供真問題、真思考和真答案，吸引更多人士參與相關的公共辯論和商談，以期產生新的公共理性和社會團結的牢固基礎。不過有所遺憾的是，「佔中」以來香港社會整體的乖戾氛圍及政治極化趨勢難以提供理性商談的必要條件和空間。

吳婷和她所在的媒體作了艱辛的努力和嘗試，但「理性」是怎麼從香港社會消失的？精英是怎麼放棄思想責任和團結倫理的？青年人又是怎樣背棄法治和國家認同的？這些棘手的「大問題」顯然不是孤立的「理性媒體」可以解決，但其解決必然離不開媒體負責任的引導和塑造。在此意義上，吳婷此書顯得突兀但又有幾分妖嬈，像懸崖之上的一朵希望之花。

書稿的整體佈局是時間線和問題線的交織。「佔中」和反修例構成了香港「下行」的主要線索，是香港法治與繁榮遭受侵蝕、國家主權與安全遭受破壞的基本事件和背景。我非常同意吳婷在

本書開頭作出的基本判斷：修例風波是「香港繼六七暴動後半個多世紀裡爆發的最大政治危機」，而後續的國安法和選舉制度改革都是它結出的「果」。香港「一國兩制」的大事因緣，就在於一種基於民族情感、歷史審美和發展利益的「戰略性模糊」，在於中央權力的高度節制與香港特區對國家利益的有效促進，如此才能情分厚植、權力隱退、政策傾斜、「傲嬌」依舊。但香港如果不能確保國家的主權、安全與發展利益，不能承諾並實現最基本的「愛國者治港」，不能與國家民族關於歷史、體制和發展達成最基本的共識，而是一味追求西方認可的自由民主及完全自治，甚至萌生「港獨」衝動，充當「新冷戰」棋子，那就走到了「一國兩制」的極限之外而成為制度之敵。如果說「佔中」是半套的「顏色革命」，多少有着對基本法普選條款的認同和競爭性立場，並且基本持守非暴力抗爭的底線，那麼反修例則是一種恐怖主義式的全套「顏色革命」，不僅完全否定了香港社會所有的核心價值觀，而且對憲制秩序和國家安全造成了極端威脅。所謂「時代革命」，用國家的革命政治文化來評價，屬於不代表時代的一群人的「反革命」。今天，那些所謂的「時代革命者」（「手足」）或「國際跑路」，或退出政壇，或隱忍蟄伏，或身陷牢獄，他們受到了「時代」和法律的正當審判，為自己的行為負上沉重的道德、歷史和法律責任。與「下行」線索相應的，是 2020 年以來中央的重大立法，即國安法和新選舉法——「一國兩制」的「上行」線索。吳婷的訪談對國安法和新選舉法着墨甚多，不僅整體上肯定了國家垂直立法的正當性，還難得地提出了一些可貴的商榷性意見，比如國安法不是「魔法棒」，無法解開港人心結，以及愛國者治港帶來的中國共產黨的正當性與認同問題。這些對宏觀立法的評

述，尤其是基於香港立場提出的針對性疑問，是吳婷對港人「心結」的理解和傳達，也是需要中央和涉港研究界深切思考和回應的真問題。國安法和新選舉法，對原來的基本法秩序進行查漏補缺，提供了可見的制度正義，但徒法不足以自行，看不見的香港「人心」到底在國家這些立法的刺激作用下發生着怎樣的「化學反應」，當下仍然不得而知。

如果說「佔中」和反修例是吳婷訪談呈現出的「香港問題」，那麼國安法與新選舉法則代表了中央的解題方案。但吳婷的思考顯然並未止步於此，而是更深入觸及了香港「二次命運」的大命題。新法在香港社會仍將有一個較長時期的接地氣和人心接受的過程，而且制度之外孕育「人心」的教育、文化、歷史觀及精英網絡仍然成建制存在，「人心回歸」需要制度外的多種對話、教育、引導、利益聯結、身份賦予及共同體塑造等維度的久久為功。吳婷此書的貢獻，在於不迷信制度的「硬實力」，而立足人心的「軟實力」，盡量完整、系統但又高層次地呈現香港 2014—2021 年的變亂線索與治理邏輯，最終仍在於提供「社會對話與和解」的議題、概念、判斷和方向感。為此，我非常誠摯地向香港社會推薦此書。書中包含了香港再出發無法繞過的歷史糾結與人心掙扎，這些客觀的傷痛必須由負責任的香港人與國家共同面對及彌合。此外，我也希望向台灣社會推薦此書，因為「今日香港，明日台灣」已成為污名化「一國兩制」的陳詞濫調，而「台獨」勢力對於香港經受的太多陣痛也有煽動助長之過，但更多的台灣民眾需要正確理解香港「一國兩制」的全面經驗以及國家決策的理由和正當性，才能正確思考自身的命運和歸宿。海外對香港的「看衰」是一種膚淺的媒體霸權與價值觀偏見的結果。耐心讀讀此

書，通過吳婷的筆觸及其連接的兩岸三地前沿知識分子的思想力道，或可真正看懂香港，看懂「一國兩制」，看懂中國的文化、政治與發展意志。

走筆至此，才發現今天也是一個歷史性的日子，吳婷在訪談中也有專門觸及。遺忘歷史是無知，拘泥歷史是短見，超越歷史才是進步。因應香港「一國兩制」的制度檢討與擴展，尤其是國安法的全面準確實施，一個補課性質的「去殖民化」過程與國家認同建構過程正在嚴密甚至嚴厲地展開，香港的自由和民主習慣的「灰色地帶」正在被新制度清晰化從而發生着重要的調整適應。這一切，無疑是香港的新生，而只要誠心超越歷史，追求共識，立足法治與民族立場，過往的虛妄心魔和恩怨情仇均可得到恰如其分的安頓，而不再成為阻隔人心、撕裂社會及仇視國家的來源。如此，看不見的「人心」才真正回歸，而「一國兩制」在這樣清清爽爽的社會心理氛圍下才可能人人擁護、行穩致遠。

是為序！願香港與祖國攜手，明天更美好！

2021 年 6 月 4 日
於北航世寧大廈 1208

前言

　　自 2014 年「佔中」運動以來香港發生的大小事變，雖然在偶然性之外帶有很大的必然性，但而今回看仍令人唏噓不已。尤其是 2019 年那場曠日持久的修例風波，作為香港繼六七暴動後半個多世紀裡爆發的最大政治危機，對香港的影響和改變已經切實發生，2020 年的國安法和 2021 年的選舉制度改革，都是修例風波必然結出的「果」。

　　尚未從修例風波這場「高燒」中恢復過來的香港，又遭遇了百年不遇的新冠肺炎疫情。尤其是 2022 年春節前夕爆發的第五波疫情，成為香港由亂轉治的真正轉折點。一方面，修例風波必然是高度意識形態和政治化的，但阻擊第五波疫情必須回歸現實與具體實踐，而後者，才是香港真正由亂轉治的關鍵所在；另一方面，修例風波如「佔中」運動等社會運動一樣，可以有多方面的歸因，但面對第五波疫情的肆虐，特區政府乃至香港社會再也無法轉移矛盾，直面矛盾與問題的香港，才能實現由亂轉治。

　　不管是修例風波還是第五波疫情，中央始終表示「不怪罪香港」，但香港能否真正由亂轉治、由治及興，關鍵還在香港自身。

今年是鄧小平當年所承諾的一國兩制「五十年不變」的中期時刻，在這樣的時間節點，有必要將香港問題放在更長時間週期裡來審視、思考。而進一步總結與反思的前提，是真的「看見」香港：既實事求是地看見困擾香港社會的深層次矛盾，也能痛定思痛看見香港在百年未有之大變局關頭的出路和方向。

自「佔中」運動以來，筆者以記者身份行走於兩岸三地，採訪了內地、香港、台灣相關人，有學者——強世功、陳端洪、黃平、駱偉建、田飛龍、劉兆佳、吳啟訥、黃宗昊，也有香港政治人物——葉劉淑儀、湯家驊、曾鈺成、梁愛詩、鄧飛，還有青年港澳學人和媒體人——林朝輝、伍俊飛，與他們對話的過程，也是一次又一次重新「看見」香港的過程。今次結集主要訪談成冊，一方面是對香港問題的階段性總結，另一方面也希望香港能真正被人們「看見」。目錄前五個章節是根據時間順序來編排的，最後一個章節是對於香港二次命運的探討，糅合了不同時期的訪問。

第一章

從「佔領中環」到旺角騷亂

香港問題：
在儒家倫理與自由主義之間

🗨 **強世功**
　　北京大學港澳研究中心執行主任、法學院教授

📅 2015 年 6 月　　　　　📍 北京大學

訪談手記

　　全國人大通過的 2017 年普選特首的方案，6 月 18 日最終在立法會以 28 票反對、8 票贊成的投票結果被否決，這也開創了中國最高權力機關的決定被「地方」否決的先例。後「佔中」時代的香港，在經歷過「佔中」運動的喧囂狂躁之後最終回到了原點。梁振英及建制派被批為躲在北京背後的懦夫；民主派淪為躲在所有人背後的懦夫；香港沉默的大多數成為躲在自己影子背後的懦夫。再加上無所不在的外國敵對勢力構築的阿拉伯之春幻想，以及中聯辦的角色問題，使得香港不僅裂變，面對未來更是無所適從。

　　究竟該如何看待政改方案被戲劇性否決的事實？這又將如何影響香港接下來的政治走向？在強世功看來，經歷過 2014 年以爭取「真普選」為口號的「佔領中環」運動，政改方案被否決在很多人的意料之中，而且香港目前的政治生態使得香港難以解決其所面對的經濟問題，經濟下滑反過來加速政治生態進一步惡化，經濟與政治形成惡性循環：香

港經濟越糟糕政治越激進，政治越激進香港經濟越糟糕。而拋開現象看本質，香港問題其實處在儒家倫理與自由主義之間。強世功曾於 2004—2008 年在香港中聯辦研究部工作，並著有《中國香港：政治與文化的視野》一書。

過程意外結果不意外

吳：對於這一投票結果和充滿戲劇性的過程，你如何評價？

強世功：這個結果並不意外，政改方案被否決在許多人意料之中。這主要源於兩方面的判斷：其一是反對派自「佔中」以來就表態，如果不能滿足自己的要求就會否決政改方案，這一立場始終沒有鬆動；其二雖然中央盡最大努力推進普選，但以人大決定為前提，無法滿足反對派的要價，雙方妥協的空間非常有限。對於你提到的戲劇性，我相信只是一種意外，但也說明比起反對派，建制派內部的協調水平有待持續提高。

吳：從另一個角度看，這是人大常委會的決議第一次被下一級「議會」否決，這一結果本身恰也吻合了「一國兩制」的設計。

強世功：反對派的否決也是在基本法的框架下行事，這樣的結果也在中央的意料之中。有人說，這樣的結果對中央是「正中下懷」，我不同意香港流行的這種陰謀論。中央對香港的管治始終着眼於整個香港的利益，甚至不惜讓建制派作出讓步和犧牲，不僅給出了普選時間表，而且始終全力以赴爭取落實普選。不過政改方案被否決，雖然在中央的意料之中，但面對香

港絕大多數人渴望普選的願望，中央肯定會為此感到遺憾。我們從政改方案否決後中央的表態中就可以看出中央堅持推進香港民主發展的堅定立場。

吳：這樣的結果對香港意味着什麼？

強世功：從政治層面看，意味着香港內部失去了一次相互妥協、合作、和解的機會，使得香港社會的政治撕裂會更加嚴重，但影響最大的依然是經濟。我們看到香港這幾年的經濟發展在下行，無論金融中心、航運中心以及旅遊中心的地位都在持續下降，香港內部的貧富分化、社會矛盾依然突出。香港近年來激進派力量激增甚至引發「佔中」，根源還在於經濟向下走，底層民眾尤其是年輕人看不到希望。造成這一結果有很多原因，其中重要的一點是香港沒有抓住國家整體發展的戰略。換句話說，中國經濟往上走，全世界都在搭着中國的順風車向上發展，無論是歐洲還是非洲、拉美，也包括美國。東亞地區也很明顯，例如韓國和中國建立自貿區、新加坡始終積極加強和中國的經濟合作。但離中國內地最近的香港，反而沒有努力搭上這趟順風車，而且在中央想要通過一系列惠港政策將其拉上車時，香港有時候還選擇了「跳車」。這從反對高鐵到排斥內地遊客就可以清楚地看出來。

香港問題的癥結：國家認同

吳：有一種說法，香港問題經濟是主題，政治是副題。就像克

林頓 1992 年選舉時在競選總部曾經張貼出那句非常著名的標語——「笨蛋，問題是經濟」一樣，不少人也樂於對香港喊出這句話。

強世功：不能簡單這麼說，因為經濟問題的背後是政治。準確地說是香港經濟與政治之間陷入了相互惡化的負循環中。香港政治近年來越來越激進化，從議會政治轉向了街頭政治。這與香港經濟下行有關，但香港經濟下行很大程度上又源於香港政治。一方面香港政治始終聚焦於普選問題，特區政府無法凝聚力量來解決經濟民生問題；另一方面普選議題的背後是反對派從骨子裡不認同中央對香港恢復行使主權，不認同國家的憲政體制和政治制度，因此無法與中央建立信任關係。由此，香港的普選問題始終隱含着一個懸而未決的問題：香港普選是不是要將香港與內地、特區與中央、香港的 700 萬中國人和內地的 13 億中國人對立起來。中央之所以要求普選的行政長官必須愛國愛港，就是擔心出現這樣的局面。而香港反對派始終在迴避這個問題，迴避行政長官愛國愛港的問題，迴避國家認同的問題。這才是香港普選問題的癥結所在。

由此，可以將香港問題和台灣問題放在一起來思考，二者有不同，但也有類似的問題。其中一個共同的問題就是國家認同問題。香港回歸以後未能開展「去殖民化」，香港精英普遍認同西方世界，認定香港是西方世界的有機組成部分，而沒有認同香港是中國的有機組成部分，是中國的大都市。國家認同問題在台灣已經變成了統獨之爭，在香港就變成「一國」

與「兩制」之爭。這個問題的關鍵就在於，這是港台內部的利益分配問題或階級問題，本來是可以通過相互妥協達成共識的，卻被操弄為統獨問題或政治普選問題，從而經濟問題、社會問題被政治化，以至於無法達成妥協。

因此，香港目前的政治生態使得香港難以解決其所面對的經濟問題，經濟下滑反過來加速政治生態近一步惡化，經濟與政治形成惡性循環。香港越糟糕政治越激進，政治越激進香港越糟糕。

香港媒體教育下的一代：視野狹窄、心靈貧瘠

吳：我們注意到從「佔中」到這次政改投票，遊行隊伍中，學生是主力軍。從現場了解到的情況看，他們的資訊很多來自於香港媒體，而且受媒體影響和引導頗深。

強世功：媒體反映一個社會的主流文化和意識形態，在商業化、民主化的時代，媒體所謂的媚俗、獵奇、民粹傾向很容易受到鼓勵。這是現代媒體普遍面臨的問題。在香港，媒體所反映出來的香港主流文化意識形態就是在國家認同問題上存在分歧。香港的一些媒體對內地的報導充滿了香港文化精英狹隘的政治偏見和文化偏見，把香港及其背後的西方世界視為文明的天堂，而把內地塑造為恐怖的野蠻之地。以前，香港媒體將內地視為愚昧和貧困的象徵，現在又塑造為專斷、暴富和混亂的形象。總之，他們以「恐共」、「拒共」為由來教育社會大眾

拒絕認同國家。在此背景下，可以理解為什麼一泡童子尿就能在香港媒體上掀起軒然大波。其實，這都屬於媒體製造的大眾恐慌。

吳：現在香港的主流敘事，要麼從西方看香港，要麼從香港看香港，或者從香港看中國，很少從中國看香港，這造成了年輕一代視野的局限。

強世功：香港的年輕人眼界越來越窄，對歐美不了解，對內地也不了解，又缺乏上一代人的打拼精神，很容易陷入悲觀抱怨的境地。港英政府時期，英國在香港系統地開展了殖民地教育，最終培育了香港的本土文化，從而在文化思想意識形態上將香港與內地隔離開來。1997 年香港雖然在法律上回歸中國，但在人心上並沒有回歸。回歸之後，中央並沒有推動香港的「去殖民化」，香港殖民地時期形成的價值觀念繼續進行「文化再生產」。回歸之後特區政府推動所謂的「母語教學」，不是推廣國語，而是推廣粵語。而通識教育課程改革又進一步削弱了中國歷史課在中學教育中的重要地位。

而香港的通識教育所強調的批判性思維變成了閱讀報紙、批評政府，讓媒體充當了學生的老師，整個政治和教育都變成了媒體的附庸。即使和西方的大學和中學相比，香港教育亦缺乏對歷史、文明、傳統和經典的理解和尊重，中學和大學教育缺乏與社會的相對隔離和獨立性。這種教育背景下，香港年輕一代的心靈不是變得崇高而廣博，而是變得貧乏而狹隘。

儒教倫理下的治港思路

吳：從這次政改投票可以觀察到，其實各方對於「一國兩制」缺乏全面準確的了解。你在《中國香港：政治與文化視野》一書中曾對「一國兩制」作了詳細闡釋，是基於怎樣的認識和研究？

強世功：今天很多人認為，「一國兩制」只是一個形象描述，而非科學概念。從政治學角度看，它不屬於西方政治學中的單一制，也不屬於聯邦制，以至於「一國兩制」至今依然被看作是一種臨時性的特殊政治設計，所以大家依然在爭論五十年要不要變的問題。這個概念已經提出二十多年，我們至今並沒有在政治學和法學的意義上將其變成具有普遍意義的理論思考，因此也難以用來解決世界各地普遍存在的類似政治難題。

實際上，「一國兩制」這個概念是從中國古典多元一體的天下秩序格局中成長起來的，類似於西方歷史上的帝國體制。但是現在很多人只將其看作是鄧小平個人的政治智慧或者解決港澳彈丸之地問題的權宜之計，而沒有看到在鄧小平的政治思考背後，實際上貫穿了從中國歷朝偉大政治家到毛澤東關於邊疆治理的連續性思考，而在這思考的背後實際上隱含着一套對政治秩序的制度建構及政治哲學理念。而今天香港發生的許多衝突，實際上就是中國傳統和西方傳統兩種不同的政治理論的理解路徑和價值倫理之間的衝突。

所以理解香港問題，需要放到更宏大的歷史背景中。要放在今天中國文明復興的大背景下，重新理解中國在處理香港澳

門問題、將來處理台灣問題乃至未來「一帶一路」建設過程中周邊國際秩序建設的問題。在這個領域，要在中國古典政治思想與現代西方政治思想之間形成一種互動，兩者相互發明，形成未來中國對秩序和法的新的理解和闡釋。

吳：你在書中也反覆提到一個「儒教倫理」的概念，具體到香港問題，該如何理解？

強世功：在中央與香港特區的關係上，中央始終以一個儒家倫理大家庭的思維考慮香港，香港由此被看作是回家的浪子，家庭需要給予格外的溫暖和照顧，希望這個孩子逐漸培養出對家長的尊敬、認同和責任。由此，我們才能理解鄧小平當年為什麼如此大方地對香港採取格外優惠的政策。但是，香港的敘事是在西方自由主義的脈絡中理解中央與香港的關係，視自己為「會下金蛋的鵝」。這種論述不僅歪曲了歷史事實，而且模糊了問題，將那些優待看作是中央與香港作為平等主體之間基於相互利益而談判和妥協的產物。

在香港的歷史敘事中，中央雖然被稱為「阿爺」，但往往是一個笨拙過時、愚蠢可笑的形象：缺乏現代政治理念，不懂得民主法治下的政治運作原則，也缺乏精明的利益計算。中央與香港由此也變成了一個過時僵化、憨厚笨拙的古代人與新潮時髦、精於計算的現代人之間的關係。香港往往充分利用中央的道德意識，以各種方式不斷爭取香港利益最大化，在自由主義脈絡下選擇各種有利的博弈策略。比如，香港反對派發起的「佔中」就是一場精確計算的利益博弈，他們明白中央對香

港最大的關切就是保護其經濟繁榮，既然如此他們就佔領中環，危及香港金融，進而危及香港經濟繁榮，從而迫使中央在政制發展問題上讓步。

具體到政制發展問題，也是兩種思路的衝突。香港在自由主義的脈絡中，堅持自由選擇行政長官，而無需行政長官愛國愛港，行政長官如何向中央負責取決於基本法下的利益博弈。然而，中央之所以堅持要行政長官愛國愛港，是為了特別防止與中央對抗的人當選行政長官而引發中央與特區之間系統性的信任危機和憲政危機。

在香港自由主義的脈絡中，將中央的這種儒家倫理式道德考慮看作是中央的特權和自私。正是基於自由主義的利益博弈，不少人建議中央放開行政長官普選，若反對派推出與中央對抗的行政長官當選，中央要麼不任命，要麼任命之後不予合作。中央與香港的分歧鬥爭無疑會折騰香港，讓香港陷入混亂。但是，持續的混亂也許會徹底打破香港市民對反對派幻想，打掉長期以來反對派在香港形成的道德優勢，實現「大亂大治」。

但中央之所以不願意採取這種自由主義的治理思路，更多的考慮是中央與特區之間的系統性對抗最終傷害的並不是香港反對派，而是香港的整體利益。正是源於此，中央才承擔起香港政制發展問題上的責任，寧願承受香港反對派的惡意攻擊和普通市民的普遍誤解，也不願意拿香港 700 萬人的利益作為賭注與反對派展開政治博弈。這無疑是在儒家倫理傳統中的政治思考，即政治不是單純的利益計算，而是包含了仁愛與

責任。

　　比較之下，當年英國人彭定康的改革就是拿香港人的整體利益與中央進行激烈的政治博弈，結果英國人不僅全身而退，而且贏得了香港人的懷念。然而，這場政治博弈產生的仇恨、敵意和不信任卻要在中央與香港內部消化，今天政制發展問題上的分歧與當年的彭定康改革不無關係。

　　需要注意的是，香港在政治上和地緣上處於大陸的邊緣，可在經濟上和意識形態上卻處於西方世界主導的中心地帶；隨着內地經濟崛起，香港在經濟上被邊緣化，但在意識形態層面依然佔據中心，使得在經濟和政治上擁有巨大實力的中央有些措手不及。這樣一種中心與邊緣、主體與補充之間的錯位與落差，恰恰是香港問題的癥結所在，也是中國的憂慮所在。中國要想從憂慮中解脫出來，恢復中華文明應有的尊嚴，無疑需要有比解決香港普選問題更長的時間、更大的耐心、更強的政治意志和文明自信。

旺角騷亂只是開始
香港的第三條道路

強世功

北京大學港澳研究中心執行主任、法學院教授

📅 2016 年 2 月　　　📍 北京大學

訪談手記

　　2016 年中國傳統新春佳節之際，香港旺角卻爆發了大規模的警民衝突，場面之混亂震驚了世界。原本是正常的執法行為，最終卻演變為激烈的對抗。雖然時任香港行政長官梁振英第一時間將此事件定性為暴亂，但這一定性背後連帶出的疑寶卻比「佔中」時更勝一籌。強世功認為旺角騷亂反映的深層次問題，還是老生常談的經濟社會民生問題。而經濟上的社會矛盾導致了民粹主義，再加上本土主義的思潮，各種要素交織在一起，折射出了香港的變化和未來的取向。延伸到香港的未來，強世功希望未來香港走第三條道路。

香港走向台灣化

吳：你如何看待這一次的旺角衝突？兩響槍聲又將如何改變當下的香港？

強世功：旺角的具體情況，包括響槍細節等，報紙和媒體上講得比較多。在我看來，關鍵還是要從長遠看問題，必須要注意到香港長期的經濟社會民生問題，這是老生常談，但不管怎樣，起因都與階級和社會問題有關。尤其是香港的就業、住房等社會矛盾和社會問題長期得不到改善，香港的下層年輕一代對未來經濟發展的前途越來越悲觀。

其次，此次事件也與政改的失敗和戰略有關。上一代香港泛民主派把民主回歸作為最重要的政治理想，從八十年代開始，歷經三十年左右的努力，就是希望在香港實行普選。但政改方案被否決後香港並沒有看到希望，什麼法案都處於未定狀態，所以相當多的一部分人對自己的政治企圖有些失望。各種要素交織在一起，經濟上的社會矛盾導致民粹主義，再加上本土主義的思潮，出現了目前這種以反政府抗爭為目標的相對激進的社會愚鈍，甚至突破了過往底線。

從這個層面來看，旺角事件只是一個開頭，並不是結束。我相信後續還會有類似的衝突，此判斷是基於香港的長期趨勢。尤其是將上述三個要素放在一起，便不難發現香港台灣化的局面。台灣從八十年代的民主化、九十年代的本土化運動，一直到後來的民粹主義，香港也有這樣的趨勢。2000 年香港基本上講的是普選，2001 年本土主義開始興起，而現在主流無論

是講民族自決還是香港的長期自治，都與 2047 這個目標連在一起。所以，旺角衝突可以折射出香港的變化和未來的取向。

吳：我們知道，多元開放一直是香港的核心價值。香港人尊重法治、和平包容，這也是香港的重要軟實力之一。但現在香港似乎距離曾經引以為傲的法治和多元越來越遠。

強世功：香港現在越來越亂，爆粗口、公開攻擊法官等此起彼伏，這是香港過去不能接受的。作為香港最主要元素之一的法治也是這樣。但中央應該堅定支持和捍衛香港的司法獨立和司法尊嚴。一些輿論會批評香港的司法，比如「佔中」以後，法官要作一些判決，有一些力量就會批評法官，縱容這些犯罪。當一方批評，另一方也會批評，這樣一種政治壓力最終會削弱香港的司法權。

從另一方面來說，這對香港司法也會是一個考驗。從法律的角度看，有三種類型的運動：第一種是合法的請願政治；第二種介於合法和非法之間，相對比較模糊的一些抗爭性政治，比如「佔中」，法官在處理的時候，也會考慮「佔中」本身和平請願的政治意義；第三種是完全非法的暴力型騷亂，像這一次的旺角事件就屬於這一類。旺角對後來的影響如何，取決於香港司法如何處理。如果對「佔中」相對寬鬆的處理可以理解，那麼若對這次暴力還採取一貫做法，對香港法治的影響將會相當大，會加劇年輕人「我做什麼都不會付出很大代價」的心理。

吳：香港特區行政長官梁振英於 2 月 9 日將事件定性為「暴

亂」，並形容抗議者為「暴徒」。你如何理解這一定性？

強世功：定性有各種各樣的立場，我們說的定性其實是一種政治判斷。如此大規模地衝擊司法、衝擊警隊，甚至造成這麼多人的傷亡，毫無疑問不是一般的非法活動。從政府的角度來說，這是一場暴亂，放在任何一個國家，如此來傷害警隊都是不可容忍的。而就反政府的力量而言，他們覺得這可能是一種革命行動，是挑戰政府權威，甚至賦予其非同一般的意義。立場不同判斷也不同，所以這些基於各自立場的判斷其實不重要，重要的是司法如何判斷。畢竟香港還是一個法治社會，最終還是以司法判斷為準。

港人何以一夜變暴民

吳：有觀點認為，梁振英的鬥爭性格讓問題進一步惡化，你如何評價梁振英的表現？在剩餘的執政任期內，他又該如何作為，才能最大限度帶領香港走出泥潭？

強世功：香港政治是結構性的，對梁振英本身的評價和行動都要放在這個結構性之中。今天香港社會矛盾和政治矛盾如此突出，源於很難建立一個共識。為什麼難？因為共識需要一定的社會經濟基礎。這就是為什麼行政長官的任何行動和決定都會令一部分人滿意，一部分人不滿意。挺梁的人是鐵杆梁粉，反梁的也是鐵杆。有許多說法指責梁振英挑起矛盾，其實不是，矛盾原本就在，不是梁振英挑起來的。如果行政長官不做

事，社會矛盾還是這麼多。如果做事，任何行動在這個矛盾裡都是沒有辦法讓雙方妥協的。

　　比如說，要不要做改善民生的事情、是促進香港與內地合作還是不合作這件事情，就是做還是不做的問題。做就會起風浪，不做的話風浪就小，但不代表香港的矛盾就解決了。所以我不太同意說梁特首挑起矛盾。要考察的問題應該是一個特首來做什麼，以及多大程度上有意解決香港問題。這個問題不在於化解矛盾，而在找到造成矛盾的深層原因在哪裡，要不要解決。改善民生的過程中可能會有衝突和爭議，但至少從長遠來說是能解決香港問題的。所以不要着眼於現在的矛盾，今天的矛盾都是長期遺留下來的。接下來要做的是，為香港長遠的繁榮和穩定奠定好的基礎。

吳：從「佔中」到旺角騷亂，很多人都在疑惑，為何昔日平和安順的港人彷彿一夜之間成了暴民？香港究竟怎麼了？香港問題的本質是什麼？

強世功：香港問題的本質實際上涉及到「一國兩制」，也就是「一國兩制」的本質。什麼是「一國兩制」？是在一個國家的內部有兩種不同的政治體系和社會文化制度。為什麼要有這樣的制度呢？恰恰是因為歷史、文化和社會的不同。所以「一國兩制」所有的前提都是尊重香港一百多年形成的社會、經濟、文化、意識形態等等。正因為這樣，所有的衝突都可以理解為一種相互磨合，在相互磨合的過程中找到一個平衡點。現在難就難再如何找到這個平衡點，在經濟和社會層面還是比較好

找，可是比較麻煩的是政治。

舉一個例子，政治領域涉及到行政長官的普選。從中央的角度來講，香港是特別行政區，是中國的一部分，所以要行政長官愛國愛港，這是一條底線。但是反對派堅持行政長官普選，這個衝突反映出雙方難以找到一個妥協的機制。這個矛盾在八十年代就有，但鄧小平當時只講胸懷，呼籲香港左派要少一些，激進的反對派也要有，中間多數還是溫和力量，其實就是一種政治妥協。從這個意義上講，「一國兩制」對中央和香港都提出了要求——要求中央更大的包容，尤其是對多樣性以及與自己不一樣的立場；也要求香港各個政治黨派考慮一個問題，即在「一國兩制」的框架下如何尊重中央、是挑戰中央的權力還是與中央保持溝通。

由此延伸到香港的未來，我希望未來香港走第三條道路。何為第三條道路？「一國兩制」就是第三條道路，這既不是完全的社會主義道路，也不是完全的西方資本主義道路，而是介於兩者之間。如果香港各黨派，尤其是泛民主派，希望香港長期繁榮穩定，實現民主普選，那麼也應該走這條道路。在國家根本問題上，要有諒解和合作的態度，而不是採取完全反中央、完全不合作的態度。香港今天的麻煩就在於，過往二三十年基本形成了兩大陣營，你死我活，沒有處在中間的第三條道路。後續地，我希望中央採取寬容和包容的態度，也促進香港產生溫和中間的第三條道路，也希望香港的政黨向着這樣的道路往前走。只有政治上彼此包容和合作，「一國兩制」才能進行下去。

吳：這一次旺角衝突的主體還是青年人，你如何理解青年一代對未來香港的影響？

強世功：旺角騷亂其實可以看作是香港衰落的開始。為什麼這麼講？香港過往有着突出的優越感，因為內地是封閉的，香港是全球化的。港人的眼光不在香港，而是以很高的思想形態來看內地。但是經過這麼多年的發展之後，兩地的經濟有了根本性差異。這個差異最終導致了心態上的差異：香港變成了一個封閉的地區，大陸開始擁抱全球化。從歷史上看，少數的族群都習慣於自我保存而非擴張。看看香港學者的研究，他們不關心美國，也不關心俄羅斯，關心的是蘇格蘭、愛爾蘭、魁北克、緬甸少數族群，關心他們怎麼搞自治法。這就是香港衰落的開始。

為什麼年輕人在這個事件裡的角色如此突出？我認為這恰恰與大學教育，香港上一代的精英教育有關。最典型的是大學，五年前內地的好學生都會選擇港大，現在香港的大學還有優勢嗎？香港人也不鼓勵最好的高中生來內地讀書。這歸根結底是對內地的恐懼。因為恐懼，或者說因為不了解內地、不看內地的報紙，也不聽中央的政策，使得其對內地的認識不正確。這樣的教育一代一代傳下去，讓香港年輕一代的視野越來越窄。這個結果也加劇了整個香港越來越往下走的趨勢。

亟需一場大討論

吳：相比於「佔中」，中央這一次的表現相對冷靜克制，媒體

層面也並未作過多的解讀和引導。中央後續在應對香港問題時應如何作為,才算是明智選擇?

強世功:從中央的角度來講,應該包容香港,努力推動第三條道路。如果不這樣,雙方的衝突會越來越大,最後的結果只能是兩敗俱傷,直接傷害的是香港,間接傷害的是中央。不過需要注意的是,在推動的過程中,一定要高度注意極端勢力。一方面在於極端勢力本身的破壞力,另一方面在於其在互聯網時代不可估量的裹挾力量。基於此,我認為中央應該至少做好以下三方面的工作:首先要高度肯定香港本土文化和本土意識,這樣也會爭取到很大一部分人;其次要引導、包容健康的本土主義;最後是要打擊本土分裂主義。這裡的分裂,不僅是政治、經濟上的分裂,還有文化上的分裂。雖然經濟文化上的分裂不現實,但至少本土分裂主義和激進主義是需要批評的。所以,雖然大家都在說本土主義,但實際上這個概念太泛化,不要一概而論其是好是壞,而是應該把幾個概念區分開來。

吳:香港社會究竟面對的是什麼問題,這是中央政府、特區政府、各政黨、社會精英以及市民都必須一起討論的議題。討論的目的,是要認識到香港問題的本質,以及尋求解決問題的有效途徑。你認為這樣的一場大討論是否可行?中央政府和港府各自又該做出哪些努力以促成這場關乎香港未來的大討論?

強世功:我也同意來這樣一場大討論。彼此真正坐下來看別人

的立場，在各種立場中找到一個解決辦法。內地最近這幾年也有不好的傾向，變得很驕傲、自負，瞧不起香港，將香港看做是國家的負資產。過往內地講到香港的優勢，主要說經濟，很少討論香港的城市管理和法治。其實，恰恰是被忽略的這兩點，才是內地應該學習香港的地方。十八屆三中全會提到「國家治理體系和治理能力的現代化」，最現代化的城市就是香港，但是從決定到後來落實，都沒有提到要學習香港。中國的城市管理遇到這麼多問題，比如環境問題、教育問題、醫療問題、食品安全問題等等，沒有一個人站出來說我們學學香港。十八屆四中全會提出要依法治國，作為法治標杆的香港再一次被忽略。所有這些都說明，內地的心態變了，變得自以為是，以為可以超過美國，殊不知軟實力層面還是差得很遠，這些都需要深入討論。

當然，我們也應該反思，為何香港人心不僅未能回歸，反而經過這麼多年之後越來越疏遠？什麼時候才能讓香港人心真正回歸？剩下的「一國兩制」，也是需要討論的。現在有很多人說，要改變香港政治生態，目標就是要在 2047 年將香港改的和深圳一模一樣。難道這樣的「一國兩制」就可以長治久安？對中央來說，是要一個不同於西方的香港，還是要另一個深圳？哪一個更好？正因為這些核心問題懸而未決，所以需要來一場大討論。這樣的討論不見得能一次性達成共識，但至少可以給分歧的意見提供一個展示的平台。有了這樣的平台，也許可以找到一個共同的底線，進而找到一條合作的途徑，以及妥協的框架。

立法會宣誓風波：
香港政治轉折的分水嶺

💬 **強世功**
北京大學港澳研究中心執行主任、法學院教授

📅 2016 年 10 月　　📍 北京大學

訪談手記

　　2016 年香港立法會宣誓風波，最終導致全國人大常委會通過釋法，褫奪六名民主派立法會議員的資格。以此次宣誓風波為開端，香港立法會亂局在未來持續上演，而且愈演愈烈。強世功在訪談中坦言，如果僅有個別人的「港獨」言論或「港獨」組織，完全可以放在香港憲政秩序所保護的言論自由、結社自由的法治範疇內處理。但是，當這種言論和主張發展為一種社會運動和政治運動，甚至通過選舉進入到政權體系，那就意味着國家憲政體制進入了非正常狀態，即這個國家的憲政體制正在合法地系統地進行自我摧毀和自我瓦解。這次人大釋法，也是看到了「香港問題台灣化」的嚴重性，採取斷然措施，從香港政治人物的政治效忠問題入手，切斷「港獨」勢力利用政府平台的可能性。

人大釋法：普通法的情勢必然性原則

吳：香港立法會宣誓風波暫且告一段落，高等法院作出的裁決也符合北京之意。但回過頭來看，也不免引人反問，為何全國人大常委會這次要主動釋法，而不是讓香港內部消化？

強世功：首先從一個技術性或策略性的角度思考：為什麼人大要選擇在這個時候釋法？我有許多香港法律界的朋友，從他們的角度看，人大釋法完全是沒有必要的，最好香港自己把事情搞定，中央不需要出手。他們相信香港有一套成熟的制度，立法會發生了爭議，就提請司法覆核來解決。他們認為香港有普通法的傳統，法院擁有最終權威，既然問題已經進入司法程序，沒等香港高等法院裁決，人大就釋法，這是對香港司法的不信任，是對法院權威的打擊，也自然是對香港法治和高度自治的打擊。法院最後的判詞似乎也表明了這一點。

事實上，這次人大釋法考慮的主要不是法院怎麼判決，而是香港政局本身的穩定和立法會的正常運轉。這一屆立法會成立以來，從一開始就陷入到宣誓問題中，爭論梁、游二人及其他人是不是立法會議員。這種爭論很快從立法會轉移到行政、司法，以至於成為整個社會的政治焦點。這種爭論導致立法會根本無法進入正常運作狀態。梁、游二人甚至在高等法院審理期間，就做出強行闖入立法會自行安排宣誓的舉動，惹出一大風波。

因此，這次人大釋法並不是衝着高等法院來的，也並非如法律界所言對高等法院不信任，其目的是在最短的時間內、以

最快的速度解決分歧，恢復香港秩序。人大釋法的目的和功能就是我們常說的「定紛止爭」。如果從普通法角度看，可以說人大釋法遵循了普通法中所說的情勢必然性原則（Principle of Necessity）。這實際上是中央作為主權者在香港面臨困難時必須要承擔的憲制責任。

「兩部基本法」：法律傳統與政治認同

吳：如何理解香港法律界對人大釋法的疑慮？同樣是基本法，內地與香港的分歧何在？為何會出現「一部基本法兩種解釋」的局面？

強世功：香港法律界朋友們對人大釋法始終充滿擔憂。在他們的理解中，「一國兩制」就是保持香港不變，中央不要管香港，讓香港的制度自行運轉來解決自己的事情。這實際上將香港想像為一個事實上自動運轉的政治實體，可以完全無視中央作為香港主權者所行使的權力，或者把中央想像成一個名義上的主權者。因此，他們往往主張中央在香港僅僅擁有駐軍和外交權，其他權力都屬於香港高度自治範圍。即使人大釋法是基本法明確規定的，但他們也希望越少越好，甚至備而不用。這種想法本身不符合「一國兩制」和基本法的設計。

對「一國兩制」的不同理解，導致實踐中出現了「兩部基本法」。一部是全國人大制定的基本法，一部是香港法律界在普通法視角下所理解的基本法。香港法律界正是從普通法的觀

念出發，認為法律解釋是法官的職能，不能接受人大常委會作
為立法者來解釋法律。他們所理解的法律解釋就是法官在司法
判決中的說理和推論，不能接受人大在立法功能意義上提供的
一般性解釋。

　　香港回歸以來，每次人大釋法都遇到類似的爭論。這是兩
種法律理念、兩種法律技術的分歧，需要不斷對話、相互尊
重。而這些分歧的背後，是政治認同的分歧，即能否認同中央
在香港行使主權。從憲法和基本法看，人大常委會有權解釋基
本法，而香港高度自治來源於中央授權，香港法院的終審權和
司法獨立必須以人大釋法等中央主權的行使為前提。人大釋法
與香港法院的終審權並不矛盾。具體來說，人大不會干涉香港
法院對梁、游宣誓的判決，而只闡明基本法第一百零四條的
意涵。

　　從香港歷史看，在殖民地時期，英國雖然是普通法國
家，但也是議會至上的國家，從來沒有聽說議會釋法和立法干
預司法獨立的問題。為什麼香港回歸之後，人大釋法就變成了
干預司法？香港能夠認可英國議會的釋法干預，然而不認可中
國「議會」的釋法干預，這才是根本的分歧所在。說到底不少
香港人士至今不願意認同中央對香港行使主權，不承認憲法確
立的國家憲政體制。

　　香港回歸以後，中央在香港建立了一整套新憲政秩序。這
個秩序就是要把香港的法律體制從殖民地的法律體制變為中華
人民共和國的法律體制。香港法律界必須接受人大釋法和國家
憲政體制，而不能以普通法的想像來抵制人大釋法。「一國兩

制」和基本法是一個整體。要高度自治,就必須接受賦予其高度自治的主權者和基本法。沒有「一國兩制」和基本法就沒有今天香港的高度自治。不少香港人想要高度自治,卻又不想要中央主權,結果就是希望搞成事實上的獨立,這恰恰是今天「港獨」思潮的政治意識形態根源。而有些人為了排斥中央主權,甚至揮舞「米字旗」,希望回到殖民地時代。

「愛國者治港」:政治效忠 vs. 香港問題台灣化

吳:這次人大釋法不僅是為了定紛止爭,準確、全面理解基本法,而且涉及到國家主權完整的大是大非問題。

強世功:政治人物宣誓不僅是法律程序問題,而且涉及到政治效忠問題,涉及到國家憲政秩序的根本。我們究竟應當如何看待「港獨」主張與組織?當幾年前出現「港獨」思潮時,香港不少精英人士說,「港獨」只是極少數人的極端立場,他們思維混亂,不過是幾個小孩子玩玩,香港不可能獨立,中央不要擔心「港獨」;或者說「港獨」只是主張,屬於言論自由,中央應當尊重和包容香港社會的多元性。

而現在是「港獨」主張者大舉進入立法會。我們面對的問題不是言論自由、結社自由問題,而是香港立法會作為中國基層地方政府的一部分,能不能成為分裂國家的政治平台?進而言之,能不能容許「港獨」分子成為特區行政長官?能不能容許「港獨」分子擔任香港法官?這些人作為國家基層建制人物

要不要承擔對國家的政治效忠義務？這才是這次人大釋法面臨的根本政治問題。在這個大是大非的問題上，中央必須表明自己的政治立場。而香港社會各界也應當公開自己的立場。

「一國兩制」的根本在於國家統一這個共同的底線。國家統一、中央在香港恢復行使主權乃是「一國兩制」的政治基礎。基本法所保護的香港多元社會並不包括「港獨」這「一元」，否則香港多元社會的憲制基礎也就不存在了。長期以來，這一直是中央在香港區分「誰是我們的敵人、誰是我們的朋友」的政治標準。香港有類似「支聯會」這樣的反共組織，其代表人物甚至可以合法當選立法會議員；「法輪功」在香港也合法存在。這恰恰表明中央在「一國兩制」下對香港採取比內地更為包容的政治立場，在香港把這些矛盾也看作人民內部矛盾。

然而，在「一國兩制」和基本法的政治邏輯中，「港獨」勢力無疑是中央不能容忍的政治敵人，屬於敵我矛盾範疇。基本法明確規定國家在香港的主權和領土完整，基本法第二十三條首先就針對這種政治力量。然而，不少人試圖用香港的言論自由、結社自由和選舉自由等為「港獨」的存在尋找法律依據，完全忽視為香港法律提供正當性和有效性的這一政治基礎，忘了法治的憲制基礎乃是政治。

香港社會曾經因為核心價值問題產生過激烈爭論，也曾因為白皮書中的「愛國者」問題爭論不休。那麼香港的核心價值是不是包容「港獨」？在核心價值問題上，香港精英階層普遍在「愛國」問題上心懷悲情，那麼「港獨」和他們所理解的「愛

國」是不是可以相容？這實際上為「愛國者治港」這個政治概念提供了明確和現實的標準。這次人大釋法就是通過對基本法第一百零四條中關於政治效忠問題的解釋，再次闡明基本法確立的「愛國者治港」這個政治原則，絕對不容許「港獨」勢力進入特區管治體系。

吳：梁、游二人之所以被撤銷資格，主要是宣誓環節出了問題，沒有做到真誠、莊重。如果有人言不由衷，企圖蒙混過關，那宣誓環節的意義就不復存在。所謂聽其言、觀其行，如何才能保證進入立法會議員的言行一致？

強世功：這個問題涉及到全球憲政普遍面臨的難題。從憲政和法治的基本原理出發，任何一個國家的憲政體制裡，一般都不容許以分裂國家領土為目標的組織合法地存在，即使形式上容許其合法存在，但在現實中也會抑制其發展，以至於不可能讓這樣的組織公開、合法地進入到國家體系來分裂國家。

按照這個標準，我們可以把世界上的國家分為兩類：一類是處於正常狀態，即國家不會出現法律上容許自我瓦解的情況，因為這不符合憲政的基本原理；另一類處於非正常狀態，即國家的政治分裂開始摧毀國家的憲法基礎，由此導致國家分離主義運動的興起，其結果要麼導致國家分裂，比如蘇聯、南斯拉夫的解體，要麼通過政治談判重建憲政體制，比如英國的北愛爾蘭問題和蘇格蘭問題、加拿大的魁北克問題等，要麼陷入戰爭狀態，比如美國的南北戰爭。

按照這個標準看，中國也面臨類似的非正常狀態。比如

在台灣合法地存在分離主義運動，「台獨」主張合法進入台灣建制，甚至能當選「台灣總統」。這種分離主義之所以合法存在，是由於從國際法上看，內地和台灣依然處於內戰狀態，中國的建國運動依然沒有完成，中國的國家主權無法通過憲法延伸到台灣，因此中國的軍隊依然叫作「解放軍」，就是為統一台灣提供武力支持。而香港經過聯合聲明和基本法，從憲制層面上已經完成了恢復主權行使，建立起「一國兩制」的格局，進入了正常的國家憲制狀態。香港回歸以來，中央和特區就「一國兩制」和基本法的理解始終存在着分歧，但這種分歧乃是基於對基本法的不同理解，這至少表明雙方都認同基本法確立的國家主權。

然而，「港獨」主張已經背離了基本法，實際上是要求廢除基本法，重新確立香港的主權秩序和憲政體制。這就意味着香港的憲政秩序面臨着從正常狀態轉向非正常狀態的危險。如果僅有個別人的「港獨」言論或「港獨」組織，完全可以放在香港憲政秩序所保護的言論自由、結社自由的法治範疇內處理。但是，當這種言論和主張發展為一種社會運動和政治運動，甚至通過選舉進入到政權體系，那就意味着國家憲政體制進入了非正常狀態，即這個國家的憲政體制正在合法地系統地進行自我摧毀和自我瓦解。

尤其需要注意的是，立法會不僅是香港的立法機構，而且是整個香港政治的聚焦平台。立法會本身一直在設定政治議題、引導社會的政治討論、凝聚社會的政治立場和核心價值，是對社會開展政治教育的有效平台。類似梁、游這樣的

人進入立法會，就可以公開利用立法會這個平台，鼓勵、教育、動員更多的人加入到「港獨」行動中。這樣「港獨」就從言論自由演變成分離主義的政治運動，如果不加限制和打擊，經過一代人的系統宣傳和教育，完全有可能導致「一國兩制」的瓦解。

我今年在接受你有關旺角騷亂的訪談中就已經談到要高度警惕「香港問題台灣化」，就是針對這個問題。這次人大釋法，也是看到了「香港問題台灣化」的嚴重性，採取果斷措施，從香港政治人物的政治效忠問題入手，切斷「港獨」勢力利用政府平台的可能性。

政治主權與文化領導權的分裂：香港政治版圖演變

吳：為什麼最近這幾年香港的「港獨」勢力出現了「井噴式」的發展？這遠遠超出了人們對香港的理解。

強世功：這個問題涉及憲制、政治和文化等複雜因素。首先我們要有「文化政治」的概念，即政治作為一種權力運作，其最終正當性必須訴諸一種文化理念所塑造的價值觀念。政治的表層是憲法、法律安排，中層乃是社會力量對比關係，深層乃是文化價值觀念。

從「文化政治」的角度看，香港長期的殖民傳統培養了大批認同西方文化、抗拒回歸的精英階層，但殖民統治下又產生了強烈的愛國主義情懷。這兩種價值觀念和政治立場的鬥爭貫

穿香港歷史，也貫穿在香港回歸的歷史進程中。「一國兩制」全面保留了香港精英體制和文化教育體系，所以香港回歸之後從來沒有推動後殖民地時期的「去殖民化」進程，以至於香港的文化領導權始終掌握在親西方的政治力量手中。這種與內地隔離、排斥中央的殖民地思想在香港教育和文化體制中不斷再生產，導致香港主權回歸，人心卻始終未能回歸。

中央掌握着香港的政治主權，香港精英及其背後的西方勢力掌握着文化領導權，由此導致主權權力與文化領導權之間的矛盾。而在現代社會中，如果缺乏文化領導權，政治主權也就面臨正當性危機，這就導致中央在香港的政治領導權始終面臨挑戰。前面講的抗拒人大釋法就是香港殖民文化再生產的產物。

因此，香港在法律上雖然回歸中國，但香港年輕一代依然接受與殖民地時期沒有根本區別的思想意識形態教育。正是由於西方與香港在政治和文化上的這種內在聯繫，西方政治勢力始終強有力地影響着香港政治。香港建制派與反對派之間的政治較量其實是中國與西方進行政治較量的縮影。我在《中國香港：政治與文化的視野》一書中，就從文化政治的角度，反覆強調香港政治的關鍵在於文化、在於教育。「港獨」實際上就是在香港特殊的教育和文化環境中滋生出來的產物。

吳：如果從文化政治的角度看，香港與內地的分歧往往體現在資本主義與社會主義的矛盾和鬥爭上。這樣的文化政治背景如何滋生出「港獨」勢力？

強世功：這就要理解香港政治議題和政治版圖的演變。政治的核心在於政權，民主不過是奪取政權的一種手段。香港政治乃是全球政治的一部分。香港民主是港英殖民地政府撤離計劃的一部分，其目的就是通過民主手段讓「親西方派」在殖民地結束之後繼續掌握香港政權。這實際上是英國人當年提出的「主權換治權」的變種。因此，香港政治表面上是民主普選問題，而實際上是中國與西方勢力圍繞香港政權展開的管治權爭奪戰。二戰以後，香港政治的核心問題從來沒有改變，始終貫穿中國與西方、社會主義與資本主義兩條政治路線的鬥爭。因此，香港政治力量分裂為「親中國」的愛國派與「親西方」的民主派兩大陣營，後者又被稱為「民主回歸派」。

香港回歸之後，「親中」愛國派變成了建制派，「親西方」民主派變成反對派。然而，隨着 1999 年人大釋法和 2003 年反第二十三條立法，一個新的政治力量崛起，我們可以稱之為「兩制派」或「自治派」。這一派也屬於反對派，但不同於「民主回歸派」，他們相對缺乏後者所具有的家國情懷和民族意識，而只希望在高度自治下保持香港事實上的獨立狀態，保持香港作為國際大都市與西方世界在事實上融為一體。

隨着國家崛起和香港民主的發展，民主黨開始尋求與中央妥協的政治空間，試圖在尊重中央權威的前提下追求香港民主。中央也意識到需要走出 1989 年天安門風波的政治陰影，以更加自信的姿態面對民主黨，並試圖與民主黨合作，共同走出中央治港面臨的普選陷阱，實現香港長期繁榮穩定。這種潛在的共同政治意識促使雙方在 2012 年政改方案中初步合作，

共同推進香港政治發展。如果中央和民主黨堅定不移地按照這個方向發展，促使民主黨與中央進一步妥協並尋求更大的政治共識，無疑會從根本上改變回歸以來的香港政治版圖，香港政治也許就會進入良性發展的軌道，進入探尋底線共識的「第三條道路」。

遺憾的是，走出香港政治困局的歷史機遇就此一閃而過。香港未能抓住這次歷史性機遇，香港政治在 2012 年走向歷史性的拐點。中央與民主黨及其背後的中間溫和力量未能鞏固合作成果，而是迅速走向破裂，引發了「佔中」運動乃至「港獨」勢力的發展壯大，直至今天的局面。

究其原因，一方面是西方勢力和「高度自治派」堅決反對民主黨的妥協立場。當時美國開始採取「亞洲再平衡」戰略，香港是西方勢力牽制中國發展的重要棋子，香港與中央的衝突越激烈越符合其利益。民主黨與中央的妥協雖然推動了香港民主進程，但被西方譴責為「背叛民主事業」。民主黨雖然是具有民族情懷的「一國派」，但不可能與西方勢力進行政治切割。面對這些壓力，民主黨不得不重新調整戰略，轉向激進，重新回到西方勢力的懷抱。

另一方面，建制派與民主黨長期對立，他們也擔心中央對民主黨的包容會損害自己的利益。無論理念還是利益上，他們都不贊成中央與民主黨的妥協合作，批評 2012 年政改方案不利於建制派。而從 2010 年雙方妥協到 2012 年這關鍵的兩年中，中央高層面臨換屆，中央治港的方略和隊伍也面臨調整。中央治港高層內部對於如何走出香港普選困局並沒有形成

共識，更何況中央與民主黨的溝通和互動並沒有形成一個穩定的渠道和傳統，未能建立起必要的戰略互信。中央對與民主黨的溝通和合作也缺乏戰略上的長遠打算。由此，中央與民主黨就政改方案溝通互動之後，再沒有進行具有實質意義的溝通和互動。

由於受到反對派內部和建制派外部兩種力量夾擊，民主黨在 2012 年立法會選舉中遭受打擊，丟掉了立法會中反對派第一大黨的地位，反對派中的激進勢力獲得勝利。這也加速了民主黨及其背後的中間力量轉向激進，即拒絕與中央協商及妥協，而是在西方支持下試圖通過「佔中」這樣的激進手段爭取行政長官普選。面對這種嚴峻的政治局面，中央為確保「愛國者治港」，不得不在行政長官普選方案上採取相對嚴格的方案。而反對派又在立法會捆綁否決普選方案。香港政治陷入僵局。

如果說過往香港普選進程可以按照循序漸進的思路向前，那麼到了普選方案的最後關頭，香港政治由於缺乏政治共識而在行政長官普選問題上陷入非此即彼的零和博弈。這意味着除非香港民主派放棄與中央敵對的政治立場，否則三十多年來希望推動民主普選在香港奪取政權的努力就會化成泡影。中央可以在香港推進民主普選，但不意味着容許一個不和中央合作的反對派執掌政權。

這成為香港政治轉折的分水嶺。八十年代形成的「民主回歸派」及其政治理想在香港政壇上逐漸退出歷史舞台。香港新生代以「佔中」運動為起點，以「自治派」為首，在本土主義

的基礎上，發展出形形色色的自治獨立主張。其實，從基本法中的高度自治到「自治」乃至「港獨」往往只有一步之遙。在這個意義上，「港獨」勢力興起既是香港反對派政治代際更替的開端，也是「自治派」全面獲勝的開端。

吳：為什麼香港社會中的極少數人竟然能左右香港的政治議題？

強世功：這很大程度上是由於大多數持中間立場的自由派人士，要麼受到西方政治勢力的裹挾，要麼秉持自由人權理念的「政治正確」，在「港獨」問題上採取犬儒主義的立場。雖然他們內心中並不認同「港獨」，也不贊成「港獨」的話語邏輯，但他們並沒有公開批評「港獨」思潮，而是採取沉默、縱容的消極態度，放任「港獨」思潮的傳播和「港獨」組織的發展壯大。

事實上，香港自由派人士所秉持的「政治正確」立場恰恰是來自美國希拉里（Hillary Clinton）所代表的全球自由主義的「政治正確」。這種「政治正確」的利益集團長期把持香港的言論和思想，「沉默的大多數」無法發出自己的聲音。在這種情況下，中央必須代表香港「沉默的大多數」，承擔起對香港的憲制責任。

「港人治港」不符合基本法：必須打破「兩制隔離」

吳：香港精英階層主導香港教育體制無疑是基本法所肯定

的，而且中央始終強調「港人治港」和高度自治。在這種背景下，中央要求香港推行國民教育，是不是干預香港的高度自治？

強世功：這就涉及到「一國兩制」的核心問題。我們首先必須意識到「一國兩制」、「港人治港」和高度自治都是一些文學性的形象說法，而不是對基本法所確立的憲政體制的準確概括。比如「港人治港」當年的含義僅僅是指行政長官不是由中央派人，而是由香港本地選舉產生。鄧小平試圖用這個形象的比喻，讓香港市民不要擔心中央派人來治理香港。但嚴格說來，「港人治港」既不符合法理，也不符合基本法的規定。

從法理上，主權與治權是不可分離的，中央始終強調對香港的管治權，甚至是「全面管治權」。既然中央有管治權，中央不就在治理香港嗎？怎麼能說是「港人治港」呢？從基本法上，中央在香港行使多項主權權力，毫無疑問在參與治理香港。人大釋法不就是中央治理香港的體現嗎？港澳辦和中聯辦不是中央治理香港的國家機關嗎？

然而，當年鄧小平的這種實用主義策略一旦變成一項政治原則，就產生了長期的負面效果，即中央在香港合法行使權力卻被看作干預香港。比如香港中聯辦無疑要承擔起聯絡香港社會各界，推動香港社會各界凝聚共識，支持特區政府施政的責任。它和特區政府一樣都屬於中央的治港團隊。然而幾年前「兩支管治隊伍」在香港吵得沸沸揚揚，以至於中聯辦在香港的正常工作活動被指責為「西環治港」。行政長官對中央負

責，就意味着中央有權指導特區政府施政。然而中央鼓勵特區政府推行公民教育，也被看作違背「港人治港」、干涉「高度自治」。

在這個意義上，「港人治港」和高度自治這些缺乏嚴謹法律內涵的口號，實際上都在排斥中央依法管治香港。更重要的是，「港人治港」這個政治口號強化了香港的本土意識，塑造了香港人的身份認同，從而將中國人與香港人平行地對立起來，加劇了香港與內地的隔離傾向，逐漸導致了目前的分離主義。

正是在「港人治港」思維的影響下，基本法確立了內地與香港在政治、經濟和文化等方面「兩制隔離」體系，由此形成了兩套公民體系，甚至有一條邊界將香港與內地從物理上隔開。在殖民地時期，香港人有一種強烈的國家觀念和民族意識，然而香港回歸之後，基本法賦予了香港人新的政治身份——不是作為中國人的政治身份，而是在「港人治港」原則下的香港人的政治身份。從此，香港人的政治抱負只能是服務於香港七百多萬人，無法作為中國公民參與中央和地方的治理，服務於全體中國人。

正是「一國兩制」這種兩套公民體系相互隔離的設計，人為地塑造出不同於中國人的香港人。因此，上一代「自治派」的主張與政治上的本土主義結合起來，很容易就產生了「港獨」思潮。正是「一國兩制」下「兩制隔離」的體系導致香港「九七回歸一代」成為「『佔中』一代」，甚至成為「『港獨』一代」。一句話，如果中央在香港問題上沒有大的作為，那

麼，加速與內地分離的「自治派」就會成為未來香港政治的主流，而其目標就瞄準了 2047 年。由此，今後香港政治就會圍繞基本法的制度設計展開新的博弈，我們需要認真對待 2047。

帝國體制與國家建構：聯邦派眼中的「政治怪物」

吳：如此說來，「一國兩制」的構思和基本法在憲制上存在天然的不足？那麼，怎樣認識這種基本法所確立的國家憲制體制？

強世功：在國家憲政體制的建構上，主要有兩種模式：一種是帝國模式，包括聯邦、邦聯和各種自治模式；一種是國家模式，也就是我們熟悉的單一制。從基本法的規定來看，「一國兩制」雖然是主權屬於中央的單一制憲制構造，但中央與特區之間具體的權力分配關係，完全是按照帝國構造設計的。香港特區擁有大多數主權權力，這些權力遠遠超過美國聯邦各州擁有的權力。從法理上講，中央擁有對香港的絕對主權，但中央管治香港必須依靠基本法，而基本法賦予中央直接行使的主權權力非常少，絕大多數都授權香港特區行使。香港特區擁有大量的主權性權力，如立法權、司法主權、貨幣財經主權、公民身份確定權和我們前面討論的文化領導權。

更重要的是，中央無法直接對香港居民施加任何權力影響。中央只能針對特區政府機構立法，但無法針對香港具體公民個體立法，甚至連國家安全都無法保障。更重要的是，中央

與香港特區之間甚至連犯罪引渡協議都無法簽署。香港人在內地犯罪無法通過合法渠道引渡回內地，這恰恰是「銅鑼灣書店」事件的法律起源。

如果熟悉美國制憲過程中聯邦黨人與反聯邦黨人的辯論，就會看到基本法的設計是按照反聯邦党人的思路設計的。而聯邦黨人在辯論中早就指出這種「主權內的主權」的設計乃是「政治上的怪物」，必然因為內部的政治分歧和黨爭而導致激烈衝突而無法長期維繫。這種體制必然帶來理念上的「一國」與權力分配上的「兩制」之間的緊張。

從法理上講，責任和權力必須相匹配，承擔怎樣的責任就必須有相應的權力。按照基本法的權力配置，中央既然不擁有管治香港所必須的立法、司法、財經和文化等主權權力，怎麼能保持香港的長期繁榮穩定呢？而中央要承擔起保持香港長期繁榮穩定的責任，就必須用「不成文法」的方式來彌補基本法的不足，這就意味着中央必須堅持「愛國者治港」這個憲法原則，確保行政長官和立法會多數屬於愛國者。這又必然與基本法確立的普選原則相衝突，導致中央治港必須高度關注香港行政長官和立法會選舉，甚至關注地區性的區議會選舉。這必然帶來中央治港與香港七百多萬市民的潛在緊張：香港市民希望自由選舉行政長官，而中央擔心選出與中央對抗的行政長官。「港獨」恰恰利用了香港市民在這個問題上的不滿情緒，獲得了香港市民的同情。

因此，今天香港政治的困境往往不是由個人的主觀意志決定的，而是由基本法設計的這種特殊的憲政體制決定的。無論

中央是開明還是保守，無論民主派是激進還是溫和，都只能緩解但無法從根本上解決行政長官和立法會普選帶來的中央與特區關係的緊張和可能衝突。基本法規定循序漸進實現普選，最終到了如何走出普選困境的歷史性時刻。人大釋法不可能從根本上遏制「港獨」勢力，而這個問題必須與解決普選問題放在一起通盤考慮。

中央治港亟須走出「鄧小平時代」

吳：在我們熟悉的關於香港政治的評論中，都是將問題指向中央的對港政策，比如批評中央對港的強硬政策，很少有人批評「一國兩制」和基本法的內在缺陷。該如何全面準確評價鄧小平當年提出的「一國兩制」和推動基本法的起草？

強世功：要把「一國兩制」這種政治理念與基本法的具體制度設計區分開來。「一國兩制」毫無疑問是偉大的創舉，但具體制度設計可以完全不同。事實上，鄧小平當年對香港基本法起草中出現的傾向非常不滿。因為基本法起草正趕上內地自由化思潮氾濫，導致基本法的具體設計脫離了鄧小平預定的思路。正是針對基本法起草中出現的錯誤傾向，鄧小平在1987年專門接見了基本法起草委員會，發表了重要講話，糾正了過去的錯誤思路。然而，當時基本法大的框架已經完成，無法推倒重來。今天基本法中行政主導的問題、中央干預香港的問題、國家安全立法問題，都是當年起草中遺留下來的問題。

　　在改革開放初期的大背景下，鄧小平始終秉持解決問題的實用主義策略。因此，基本法的主要目標是着眼於怎麼穩定香港、實現香港順利回歸，不足之處就是忽略了中央怎麼治理香港。從憲法學角度看，基本法有許多過渡性設計，是一個未完成的憲制架構。中央在基本法的一些根本問題上採取「延遲決斷」的策略，把這些問題留到回歸之後來解決。比如在一部憲制性法律中，行政長官和立法會的產生制度模式沒有確定下來，如何保障主權和國家安全問題沒有確定下來，甚至連「一國兩制」和基本法也只規定了五十年。這在世界上所有的憲法性法律中，是一個罕見的例外。這就意味着香港在這些問題上的每一次爭論都會將香港帶入「人民出場」的「制憲時刻」。

　　基本法作為憲法性法律，其目的是將香港政治穩定下來，從而進入到基本法之下的「常規政治」。然而，從回歸以來，香港始終處於「憲法政治」中，始終處於制憲的關鍵時刻。從 2003 年大遊行到 2014 年「佔中」，香港每次都是進入全體動員的狀態。因此，要讓香港政治穩定下來，就必須完善基本法，解決基本法中第二十三條立法、行政長官普選和立法會普選等根本性的憲制性問題，並面向 2047 年全面完善基本法。這無疑是鄧小平時代留給後來者的歷史使命，即在新的國際國內格局中重新審視香港在國家戰略格局中的重要意義，着眼於國家治理現代化，在制度上重構「一國兩制」和基本法，改革中央治港體制，切實開展「大統戰」，重建香港政治共識，實現香港長治久安，從而把「一國兩制」推進一個新的時代。

第二章

特首選舉和香港回歸二十週年

特首選舉背後的
管治權旁落風險

田飛龍

北京航空航天大學高研院、法學院副教授，中國港澳研究會
理事

2017 年 7 月　　　　　　　北京航空航天大學

訪談手記

　　2017 年 3 月 26 日，香港第五屆行政長官選舉結果出
爐，林鄭月娥以 777 票擊敗 365 票的曾俊華以及 21 票的胡
國興，成功當選新一屆特首。此前，受「佔領中環」運動影
響，梁振英宣佈不參加本次選舉。作為媒體人，筆者在開票
現場見證了整個過程，在林鄭的票數超過 600 後，點票現
場情緒瞬間高漲，有人為之鼓與呼，也有人撑着黃傘、舉着
寫有「我要真普選」的牌子在現場遊行。不得不說，選舉現
場內外的貌合神離與低烈度爭拗，與林鄭高票當選形成激烈
對沖，使得這場看上去大勝的選戰，實質上出現了另一個吊
詭的結論──沒有贏家。在田飛龍看來，這次特首選舉確
實面臨着管治權旁落的實際風險，但是中央不宜直接在選舉
前去具體支持誰。如果中央的支持突破固有制度層面而落到
具體的人的層面，這其實是違背了哪怕是間接選舉的基本原
理，也違背了中央作為裁判員的中立者角色。中央在理解民

主選舉的制度功能或者制度正當性方面出現偏差,把保具體信任的人上位的利益看得比確保選委會制度的競爭性和民主性還重,這是保人而不是保制度。短期或收控制之效,長遠則不利於人心政治和人心回歸。

從第一位女特首談起

吳:經過幾個月的激烈角逐,香港特首選舉終於塵埃落定,林鄭月娥不出意外勝出,成為香港歷史上第一位女性特首。怎麼看林鄭月娥參選及最終當選?

田飛龍:林鄭月娥本人綜合素質非常高,符合「中央四條」(中央信任、愛國愛港、管治有力、民意認受),其當選結果本來就不應該有意外。如果有意外,則證明中央所理解的「一國兩制」模式失敗。而且參選各方都有重大資源投入,即便在有限制的間接選舉框架之內,競爭的程度也是非常激烈的,包括建制派和反對派都積極參與。一定意義上,選委會構成的多元化和較為充分的代表性已經自動證明了,選委會制度本身也可以是一種民主制度,只不過它是一種間接的民主制度,是代表選代表。然後在最底下的層面上,選舉過程中的一些具體做法,包括中央政府的一些做法我是持保留意見的。

吳:哪些方面的保留意見?

田飛龍:我覺得中央對選舉進行合理的關注和制度性的影響是可以的,包括可以基於基本法中的特首條款及其憲制地位的立

法者理解，把當選標準分解成比如四條紅線，這是對事不對人的，可以理解成基本法中的特首實質條件，或者是勝任條件。但是中央不宜直接在選舉前去具體支持誰。如果中央政府的支持突破固有制度層面，而落到具體的人的層面的話，那麼這其實是違背了哪怕是間接選舉的基本原理，也違背了中央作為裁判員的中立者角色。

所以當中央釋放信號說要具體支持誰的時候，我個人覺得存在一個矛盾，就是即便「8‧31」沒通過，在香港基本法的選委會民主制度之下，也還是有競爭餘地的。但用這種方式去競爭和博弈，不管在哪種選舉過程之下，都是違背選舉最基本的原理和規律的，可能進一步損害選委會制度的正當性和民意認受性。

我認為，中央在理解民主選舉的制度功能或者制度正當性方面出現偏差，把保具體信任的人上位的利益看得比確保選委會制度競爭性和民主性還重，這是保人而不是保制度。短期或收控制之效，長遠則不利於人心政治和人心回歸。

吳：也就是說，利益訴求戰勝了制度合法性訴求。

田飛龍：對，這就帶有太強的政治功利性：為了保一個具體指定的人上位，反而減弱或抵消了選委會制度在香港人民心中應有的認受性。反對派更會藉此攻擊既有的功能代表制和選委會制度，要求徹底廢除功能組別。

吳：這種過早地明確指定代理人的方式，可能會給自己留下非常小的後退空間。

田飛龍：確實是這樣。這實際上意味着，一旦選舉出現意外，香港可能出現憲制危機，可能涉及到不任命。儘管不任命也是法定權力，中央卻有太多顧慮和牽制而很難徑直行使。但就如以前討論政改方案的時候一樣，「守尾門」是最被動的情況，最好控制在前置程序中去消化危機。如果最後逼到一定要選出一個人然後又不任命，那整套制度就得重新制定，「一國兩制」二十年的成就也就不大好總結了。

吳：既然如此，中央為什麼不中止這樣的想法？

田飛龍：我認為中央這次出手是比較重的，是為了政治上的零風險。學者或你們這樣的媒體人未必能掌握全面的內外資訊，去了解到此次特首選舉其實可能真的很嚴峻，有管治權旁落的實際風險。也許對手確實過於強大，也許對手背後的勢力是在常規制度下無法被有效平衡和控制的。香港的事情不完全是地方政治，一直有國際干預背景，因此中央非常規出手或有為了香港繁榮穩定及主權秩序的不得已之理由和隱衷。

吳：其實我們也注意到，很多香港人對這種「干預」，尤其是中聯辦的做法很有情緒。

田飛龍：情緒很大是因為中聯辦雖有實際的影響力，但在香港基本法中沒有具體名分。中聯辦的角色相當於港英時期的總督府，就是中央政府派駐在地的一個全面掌握情況和監督管治的中直機構，但是它在法律上沒有明確地位。未來基本法改革或會觸及對目前治港綜合體制利弊的檢討與優化。

治港機構的角色定位

吳：提到中聯辦，你覺得這一由新華社香港分社發展而來的駐港機構到底該扮演一個什麼角色？

田飛龍：可以從古代法制史來理解。古代有一個官職叫刺史，是中央政府派駐地方去監察地方官的，但是在地方常駐之後，就逐步演變成地方的最高行政長官，不僅僅監督，還直接作決策。從刺史的歷史就可以看到，雖然中聯辦名義上只負責聯絡，實際上是代表中央政府的權威常駐香港，而不僅僅是巡視。這樣一來，就會導致它的權威習慣性地扎根在地方，成了中央權力在港的實際衍生物，即便沒有法律上的名義，但會實際嵌入香港管治權的架構。

吳：歷史上刺史變為州牧，是在漢朝末年。彼時因為天下大亂，地方勢力崛起，中央為了給地方官更大的自主權以及主導權，讓他們能夠及時反應及進行地方治理，才有了這樣的設計。香港回歸以來，雖然今天尚存在好多複雜的問題，但是在當時是否也存在着類似漢朝刺史變成州牧的背景？

田飛龍：功能相似，背景不可同日而語。回歸以來，尤其2003年以來，中央的對港管治，無論是機制還是機構，無論正式還是非正式的，都處在加強狀態，其實是在彌補原初憲制設計和管治思維的某種缺陷。以至於從1997年到2003年大概長達六年的時間裡，中央錯過了將香港精英和管治架構改造為忠誠的地方政府的黃金時期。

關係破冰的節點,是 2003 年 7 月的大遊行,香港人群起反對基本法第二十三條立法。人權的理由,即便在西方國家也不可以單獨用於反對中央政府的安全立法,比如德克薩斯州不可以反對美國的國家安全法,否則會非常荒謬。所以 2003 年 7 月以後,中央政府在各個方面恢復或者加強原來在基本法和回歸安排上所缺失的一些權力,這些恢復的動作可以被簡單地描述出來。比如 2004 年,很重要的一個動作是中央對基本法附件一的解釋,通過解釋將政改程序從三部曲擴展為五部曲,這是中央管治權的一個重大的憲制性加固工程。

如果沒有 2004 年憲制程序的拓展,就沒有三部曲到五部曲,就沒有「8．31」。沒有「8．31」,就意味着香港的普選方案會傾向反對派,中央雖能否決,但能否決幾次?憲制危機會提前爆發。在這種情況下,中央試圖影響和塑造整個管治架構,但是整個社會又有反對建制的強大力量,如果真的完全放開,由香港本地精英公平競爭,香港政治的反國家、反建制傾向或許更加嚴重,立法會將動盪失序。回歸以來香港政治一直在不斷測試和重建自身艱難的內在平衡。

中央的安全焦慮

吳:從這個角度看,中央具體怕什麼?

田飛龍:怕反對派奪取管治權,搞完全自治。反對派是香港回歸時沒有經過去殖民化的一些人,這批公務員基本 99% 留

任。這裡有一個特殊的歷史背景必須揭示出來，否則無法理解中央管治香港的複雜邏輯。六七暴動之後，香港的左派精英遭到壓抑和清洗，同時泛民派高歌猛進。1984 年到 1997 年，港英政府加快推進民主化步伐，釋放出的政治地盤與空間大多有泛民派背景，以便造成制度性事實以及政治實力對比的既成狀態，讓 1997 年後的中央政府接盤，變成主權雖然回歸，但治權由「英式港人」掌控的政治局面。這是英帝國撤退戰略的一部分。中央對此是深有痛楚的，也在一直勉力反向平衡。政治有制度的光鮮面，也有權術的陰暗面，常人很難全面地看。

所以中央後來另起爐灶的原因，就是不能完全接這個盤，但是又不能完全不接這個盤，否則平穩交接就不存在了。當時中國還不具備今天的政治經濟實力，特別是內地和香港的關係非常特殊，依賴香港推進現代化。改革開放以來，香港不是作為普通的殖民地回歸祖國，而是在戰略上作為中國改革開放的一個窗口。在 1980 年代，中國是把港元作為主要的外匯儲備的。不干預香港，是因為考慮到改革開放的大局而加以充分利用，在制度上作出特殊安排。保持現狀的方式儘管存在一些隱患——反對派從中興風作浪並與英國聯繫密切，但整體是有利於對外改革開放、引進港資及國家現代化的。

為了改革開放的利益大局，中央基本接受了英帝國殖民政府的政治遺產，但這個後果終究要顯露出來。回歸後的治理當中，如果任由香港政局自然演化，快速實行雙普選，會使既有結構中充斥的那些由港英時代留下的人完全掌控特區政府。如此則在國家安全上、在國家管治目標上、在國家依靠香港推進

改革開放和國際化的利益上面，都很難得到切實的保障，回歸的初衷與大義都將不復存在。所以安全關切與管治權爭奪，是難以迴避、局促艱難的治港課題。

吳：你所說的保障國家安全，具體指的是什麼？

田飛龍：香港不能成為反華基地，也不能成為外國情報中心。香港本身在配合國家戰略發展的時候，要尊重國家主權、安全和發展利益。如果沒有一支較為可靠的管治隊伍，這些目標是無法達成的。這些目標無法達成，就無法回答中央為什麼要把那麼多權力給香港，內地人民也無法長期保持理解和支持，比如今年兩會就有人在質疑給香港特別安排的合法性了。「一國兩制」、港人治港、高度自治是有對價的，這一點香港人始終沒想明白，這個對價就是香港持續繁榮穩定地為中國的經濟發展和國際化提供正能量和發展支持。

當香港逐步喪失或者變得不能提供正能量的時候，那麼立即就有一個授權正當性的問題浮出水面，內地省份的人民為什麼要同意國家授予香港這麼高的自治權？顯然這個授權不是天賦人權，也不是香港天然就有的，更不是殖民時代的固有權力。這個授予是有對價的，中央把本來屬於自己的權力給地方的話，它對地方是有理性的利益期待：一是承擔最低限度的政治忠誠和國家安全義務，二是配合國家的經濟發展戰略。

吳：按常理推斷，香港對整個國家安全的撬動能力很小，何況還有駐港部隊在。

田飛龍：這些都是誤解。現代國家安全的威脅不完全是來自戰爭，而是來自信息與文化。比如香港特首被允許參與中央會議了解一些情況，但誰能保證他不是雙重效忠呢？雙重效忠的問題，制度上怎麼辦呢？這是很嚴重的問題，不是表面上有解放軍就行。解放軍在 99.9% 的時刻都只是個象徵，如果國家安全實際受威脅或者被破壞，未及解放軍出場就已經造成嚴重後果了。解放軍是應急處置機制，不是香港常態治理的有效構成。

「港獨」何以崛起？

吳：按你這樣的推演，「港獨」第一是殖民地遺留產生的，第二是結構性矛盾演化產生的。

田飛龍：是殖民歷史遺留，但不是必然如此，也是因為中央和香港反對派就一些基本的議題沒有達成共識，分裂太過嚴重。1997 年回歸的時候，雖然有移民的現象，但不少移民後來又回來了。總體上反對派還是在基本法的框架之內，以雙普選為目標而支持回歸的，我們叫「民主回歸論」。但是「民主回歸論」在政改一再延擱的條件下就逐漸式微了，因為他們看到靠香港本身的力量去實現最理想意義上的、國際標準的雙普選是不可能的，所以後來才有偏激進、違法的「佔中」乃至「港獨」，試圖逼迫中央政府讓步。

　　但「8‧31」出來，中央沒有讓步。七一大遊行屬於合法

申請不反對通知書的,「佔中」也只是輕度違法,但是當大遊行、「佔中」都偃旗息鼓,那接着就往「港獨」方向走了。而這樣一個走法顯然是沒有前途的,顯示了香港人回歸後在建構新的政治身份及重新認識國家方面遇到了意義挫折和失敗。

吳:但是也有人認為,「港獨」的產生與一些管治機構對香港事務的過度干預有關。

田飛龍:這是反對派的情緒發洩而已。平心而論,中央對香港除了在個別領域干預,整體上是不干預的,太過節制。中央管治香港的具體政策當然要檢討,但「港獨」不是管出來的,其演化至今有自身的歷史淵源和反對派的政治策略等因素。中央沒有管好,基本法中的許多權力沒有合理行使,也是出現如今局面的重要原因。「依法治港」應當加強和完善,而不是不管。

吳:香港原來的政治結構,基本是建制和泛民板塊,相對來說是比較穩定的,後來逼出了「港獨」,長遠來看對內地和香港有什麼影響?

田飛龍:其實香港的政治版圖已經是二分為四了。泛民的溫和部分切割出來走中間路線,青年世代走向激進,泛民派還是有它的基本盤。建制派基本不動,反對派一分為三了。這談不上是逼着產生出來的。第一,安全立法不讓立;第二,國民教育不讓搞,青年問題始終會造成問題。青年人不像老泛民知道回歸的艱難,他們不知道香港今天的政治地位來之不易。而且,當時制定基本法的時候對中央政府的約束條件正在喪

失，比如經濟上的對港依賴，比如當時的投鼠忌器，比如更多利用香港的考慮。現在這些約束條件已經沒有了，未來能守住這個基本法既有的高度自治權就不錯了，香港人要繼續思考如何進一步為國家提供貢獻和支持，才能有「一國兩制」的長期不變。

複雜政治結構中的終審權與雙普選

吳：面對香港的變化，基本法是不是也到了調整的時候？畢竟當時制定時，反映的是三十年前政治、經濟力量的對比。現如今香港回歸已經二十年，國際形勢以及香港的政治結構都發生了非常大的變化。比如中聯辦的角色，就導致了非常激烈的反彈。

田飛龍：確實有討論，但是考慮到香港這些年政治連番波動難以承受，所以目前還不是時機。但這個問題是存在的，內部也有人在研究。

對基本法的調整，其實是中央和地方事權劃分各歸其位的問題。原來的權力配置，既不是單一制也不是聯邦制，我稱之為「非聯邦的二元憲制」，它是二元化的，很難找到類似物。它是特殊情況下，當整個國家有求於一個地方的時候，這個地方代表前進的方向，為整體所依賴和學習。當整個國家想要結束封閉狀態、要開放的時候，收回它是適應這個國家發展大局的。2047 年的「一國兩制」肯定不同於 1997 年，高度自治權

和中央管治權都會有新的形態與關係，從而適應未來國家整體利益需要。

吳：所以應該繼續強化中聯辦的存在。

田飛龍：我們不是提出治港要繁榮穩定嗎？一旦不能繁榮穩定，我們對歷史就無法交代，對台灣也無法說明和示範。談及穩定，需要一個維穩機制，中聯辦就是維穩辦。它需要既維持這個制度的穩定，也維持人的穩定，還要與香港的精英和香港社會的管治力量結成一種基本的合作關係，以便讓回歸之後基本法所承擔的基本目標能夠實現。這個基本目標不僅是為了香港好，更是為了國家好。基本法在立法的時候，是出於對香港的繁榮穩定與國家改革開放的大局權衡，繁榮穩定是立法的第二位目標。但是這個第二位的目標是國家改革開放大局的先決條件，所以兩者是相互捆綁的。

未來中聯辦如何改革及制度化，如何更好地與香港管治對接，是基本法的中央管治權落地銜接的重要課題，並不否定高度自治權，而是建立與之更緊密的憲制關聯。

吳：那是改革開放初期，但問題是今天不再是這樣了。

田飛龍：它是一種路徑依賴，香港人已經享受這種高度自治二十年，正在憧憬實現雙普選。在這個時候，忽然要結構性地收回一些他們已經習慣擁有的權力，比如說終審權，雖然在法理上應該收回，但是在政治上爭議還是會比較大，所以需要審慎對待這個議題。

　　說實話，當初香港精英和英國人願意香港回歸，是相信中央政府能保障他們的利益，終審權條款和雙普選的預期目標是有很大吸引力的。終審權條款吸引的是英國人；雙普選的預期目標吸引的是民主派。現在既擋住雙普選，又要把終審權收回來，那就炸鍋炸肺了。因此，這種「一制化」的激進改變應當避免，但中央管治權確實需要制度性加強。

吳：經過對「七港警」的審判之後，有人已經在公開呼籲收回終審權了。

田飛龍：「七警案」中香港外籍法官是「客卿司法」，需要反思改革，但不等於要直接收回終審權。中國古代法制史上也有客卿。以前春秋戰國的時候，你來遊說一番，我封你個客卿，不行再攆走。「汝為客卿，奈何與本王為敵？」

　　對於外籍法官的問題，乃至整個香港司法獨立的問題，連帶着要與建立健全中央對香港司法憲制性監督機制一起解決。這種憲制性監督機制目前已有的只有人大的釋法權。人大釋法權實際上不能頻繁動用，它只能在最緊要的憲制問題上用。

　　要真想解決問題就得傷筋動骨，一傷筋動骨就更傷筋動骨，牽一髮而動全身。現在香港反對派的思維就是只想取不想給，這是他們極不成熟的地方。他們不知道，我們的體制和普選民主的文化是有隔膜的，這也是「一國兩制」在政治文化上的差異所在。香港民主化此番挫折，與反對派政治心智相對封閉有關。

「大和解」or「大鎮反」

吳:回到剛才所說的問題,香港的政治結構從二元結構變成現在的三元,甚至四元,有時候中聯辦也是一元,甚至中央政府也是一元。在之前的二元結構下,還能理解培育建制、打壓泛民,那麼在現在「港獨」成為心腹之患或者說最重要矛盾的情況下,中央為什麼不發揮統戰精神,去聯合泛民派,進而消滅「港獨」呢?

田飛龍:我們做過這方面的努力,但是內部保守力量還比較大,內部始終有「大和解」和「大鎮反」兩種思路。另外泛民回應也不夠積極,「6·18」政改投票以後一年多的時間裡,中央高層的王光亞、馮巍都在香港或者深圳講過,泛民中的多數人也愛國愛港,泛民的立法會議員也是建制一部分,這其實釋放了一個積極的信號。包括張德江訪港提到的一些說法也很正面積極。但是反對派內部認為這是統戰陰謀,或認為是虛晃一槍、虛情假意,所以沒有積極回應。

吳:兩條路交替着走,所有人都不知道該怎麼做,這是一件很麻煩的事情。事實上,對於北京的治港思路,外界始終有着截然不同的想法,有的人覺得越來越彈性、越來越善意,有的人就覺得越來越強硬。

田飛龍:中央內部也一直有兩種思路甚至路線的競爭。他們看到的面向都是真實的中央。這種政治性格就是家長型的性格:如果小孩乖,就給糖吃;如果鬧騰,就一頓打。關愛和家

暴或許同源。但不管關係多麼僵，只要香港遇到困難，中央的支援是毫無保留的，愛或有錯失，但愛終究是愛。政治的理性化無法完全格式化和消解這種族群共同體的「愛」的本質，但港人會有「無言的幽怨」和「有形的成長叛逆」。高度自治某種意義上是香港的「政治成年」過程。

吳：很多人都希望中央根據香港政治結構的變動，更靈活地處理香港事務，但這個度並不好拿捏。

田飛龍：工作肯定是兩方面去做。回歸的時候，中央在一些方面還需藉助香港的力量，而現在中央的態度是：第一，香港肯定獨立不了；第二，就算香港經濟上垮了，對中國主體經濟也不會有多大影響。如果香港的政治精英不學會和解並抓住機會的話，香港所有的優勢都可能被深圳吸收，包括主要的精英會移民深圳，那時香港的命運可能會比較悲慘。我們都不願意看到這個結局。中央和香港都需要共同面對並加以改善。

被殖民和資本幻夢鎖住的香港精英

吳：可即便面對這樣的情形，香港的政治精英依然找不到北，在歷史發展過程中完全是懵懵懂懂的狀態。

田飛龍：他們還留戀殖民時代的舊時光，還期待英國的干預，除了反對派中的一些人拿到了具體利益，比如黃之鋒這些人充當青年「民主領袖」，還有一些人能到外國留學賺錢以

外，香港整體經濟的轉型、與內地的融合怎麼實現？香港整個社會的前途在哪兒？真是搞不清楚。包括台灣在內，現在整個東亞政治經濟秩序的重構中，如果不善於跟中國內地處理好關係，都是沒有前途的。

放在更大視野中來看，從中國改革開放那一刻起，就註定了港台的悲劇。因為港台式「亞洲四小龍」的繁榮，包括韓國，是以中國內地的整體封閉為前提的。中國內地一旦向世界主流經濟開放，那種中小經濟體的「階段性繁榮」會很快受到挑戰甚至破滅。不管原來怎麼樣，它們在治理上、經濟規模上、產業鏈上必然依附於大的經濟體，如果因為政治原因長期隔離的話，就會落伍。

香港要用一個更加善意或者理解的眼光來看待共產黨，不要動輒就將其解讀為專制、一黨獨裁，這麼思維就沒有第二步了，是畫地為牢、自我限縮，彷彿沒有走進二十一世紀。

吳：談到香港深層次的結構性矛盾，好像是無解的問題，比如貧富分化、地產霸權等等，香港好像完全被自由市場和資本主義綁架了。

田飛龍：是的，但市場化的後果被簡單地政治化了，被歸結為中央干預和沒有普選。這個實在不能簡單歸因於基本法體制。其實我給香港朋友說過，你們可以想開點，可以向內地移民，趁早置業和就業，否則內地越發展，你們進去後安置下來可能都會有困難，形勢變化太快。比如現在香港人敢在深圳隨便消費嗎？香港問題在香港本地來看有時確實無解，但是把香

港問題放在國家視野來看的話，就有很多機遇，比如向內地有發展潛力的城市移民、在「一帶一路」裡面用自己的專業優勢包括語言、金融、法治專才等去搶佔工作機會，去形成新的經濟增長以及個人的成功。只在香港的盤子裡面去分配，怎麼分配都會有問題，因為它的總量是有限的。誠心北望一下，或許回頭是岸、海闊天空，就地「港獨」或向海洋逃逸是沒有出路的。

吳：也就是說，解決香港內部的問題，光靠香港是不行的，還必須藉助中國這個母體的力量去解決。

田飛龍：這是一個方法論的問題，不能再「以香港看香港」，而需要「以中國看香港」。但是香港人想不通，被意識形態綁架。港珠澳大橋以及西九高鐵站開通之日，就是香港正式融入內地高鐵經濟圈之時。這不是簡單的交通便利，而是客運和貨運全面與高鐵網接軌，「一帶一路」上多少國家渴求這種便利。香港不考慮這些，而是非要質疑造價的不斷提高、懷疑整體工程的安全性乃至於對純屬行政管理範疇的「一地兩檢」持有十分敵視的態度，十分地局促不智。

吳：香港一直信仰自由資本主義市場體系，民眾本身也認識到要解決公平公正的問題，但是因為自由資本主義和自由經濟是香港最大的政治正確，所以必須去支持。實際上，資本主義追求的永遠是效率，怎麼可能去追逐公平，香港本身的架構又不是那麼照顧社會公平，政治精英自己思想意識處在矛盾中。

田飛龍：香港一方面迫切需要利用國家機遇與國家和解；另一方面，在經濟和身份歸屬上始終好像遊離於國家之外，認為自己從屬於西方價值聯盟，是西方文化的一部分。所以北望神州，香港人沒有一種崇敬感，而是有一種莫名恐懼和虛妄鄙夷。恐懼是對力量的恐懼，裡面沒有價值因素，是因為對方實力強才恐懼；鄙夷則是在精神上鄙夷，也是價值虛妄症的發作。

內地與香港的「轉型」之路

吳：現在正是轉變的時刻，你覺得香港人需要進行一些什麼樣的反思？

田飛龍：第一，要客觀評價和認識 1989 年以後中國的發展，要超越八九史觀。港人很多時候對中國的看法受六四事件影響很大，導致跟不上時代。第二，國家要給香港青年提供新的機會，讓他們有融入國家的體驗，讓他們走出香港，融入國家，比如有機會，去內地從事公共服務，擔任公務員、當兵以及參與外交事務和國家的海外項目等等，讓港人有被吸納、被平等對待的感覺。中國之大，不僅在本土，也在它開闢的國際化空間，香港人是可以大有作為的。要動態地看待香港青年的成長，其實每一個人的思想都會隨着閱歷、成就和具體利益的改變而改變。法國的拿破崙（Napoléone Buonaparte）從分離主義的「科西嘉人」轉變為大一統的「法蘭西人」，就是顯著

的歷史實例。

吳：從你開出的「藥方」來看，香港要反思，內地也要反思。

田飛龍：我們以前的「一國兩制」實踐總體上太過功利，一方面把兩岸差異看得有點剛性化，另一方面實踐操作上過分利用香港，而不是培育、發展香港。這造成香港人局限於本地，「一國兩制」基本上變成了政治上相互隔離的制度，它不是種族隔離，而是一種制度性隔離。這種隔離在短期之內保護了香港，豁免了它的各種義務。長期來看，當國家有更多發展機會的時候，也阻礙了香港青年獲得國家的機會而成長成熟。國家窮的時候，把香港隔離開兩相取利或可理解；國家生機勃勃的時候，再不讓香港青年進來就有失「一國兩制」的一國原則及基本的制度正義了。

吳：香港要打破心裡的牆，中央要打破制度的牆。

田飛龍：是的。要由隔離到互動，不要管香港青年是什麼人，直接按照內地的公民標準來，發一模一樣的十八位身份證號，就和英國發居留權一樣。讓香港人隨便來內地旅行、買房、就業、創業，自由選擇香港永久身份、英國居留權還是中國身份證，最後他們就會發現，原來內地公民身份最重要。

習近平的治港新理念

 強世功

北京大學港澳研究中心執行主任、法學院教授

📅 2017 年 7 月　　　📍 北京大學

訪談手記

　　49 個小時、20 場活動，視察地遍及港島、九龍、新界，習近平以國家主席身份第一次對香港進行「旋風式」走訪，不僅直接點出了香港當下存在的結構性矛盾與問題，而且也給新一屆特區管制團隊開出了任務清單。香港主權回歸之後的很長一段時間裡，在「究竟誰代表中央」以及「中央治港思路究竟為何」的問題上，存在着很多説法和不確定性。習近平的「七一講話」之所以備受關注，一方面是因為可以對這些坊間爭論不休的問題定紛止爭，另一方面也藉此全面系統地闡釋了中央治港思路，給香港各界傳遞出清晰訊號。強世功將中央治港的總體戰略目標鎖定於「確保『一國兩制』行穩致遠」上。

從「不干預」到「行穩致遠」

吳：相較於以往，習近平這次視察香港期間的講話，底線意識和問題意識很強。這些講話對於總結過去二十年、規劃香港未來釋放了怎樣的信號？

強世功：從擔任國家副主席主管港澳事務以來，特別是十八大以來，習近平就中央治理港澳提出了一系列新理念。這次視察香港的講話在這些新理念的基礎上，又有新的綜合、提升和發展。

首先，習近平明確提出中央治港的未來目標規劃就是要「確保『一國兩制』行穩致遠」。「行穩」就是確保「一國兩制」在實踐中不走樣，不變形，「致遠」就是堅持「一國兩制」方針不會變、不動搖。如果說「行穩」是歷史經驗的總結，那麼「致遠」就是對長遠目標的謀劃。

需要注意的是，中央治港的戰略目標在不斷調整之中。比如在十八大之前，中央治港的戰略目標就是「保持香港的長期繁榮穩定」，在這種目標的指引下，中央治港方略的總體思路重在強調「不干預」，採取一種無為而治的策略，甚至強調「不管就是管好」。2003 年之後，中央雖然提出「有所作為」的治港策略，但這些「作為」主要是被動回應香港反對派提出的政制發展議題，缺乏治港的主動性，總體上沒有突破「不干預」的框架。

十八大之後，中央調整了治港的戰略目標，首先提出維護國家主權、安全和發展利益的目標，然後才是保持香港的長期

繁榮穩定。在這種戰略目標的指導下，中央治港着眼於捍衛國家主權安全，在許多領域趨於積極主動，取得一些突破性進展。比如人大「8‧31」決定確立了行政長官普選方案；關於效忠問題的人大釋法有效打擊遏制「港獨」勢力等等。但這些努力依然是面對緊急情況的應對方案，缺乏總體的戰略設計。

這次習近平明確提出「確保『一國兩制』行穩致遠」這個目標，實際上是提出了中央治港的總體戰略目標。從十六屆四中全會中央將港澳問題納入「治國理政嶄新課題」開始，中央就在摸索和總結治理港澳的經驗。特別是中央在十八屆三中全會上明確提出「致力於國家治理體系和治理能力的現代化、推動中國特色社會主義制度趨於成熟定型」這個國家發展的總體戰略目標。而這次習近平又特別點出將香港納入到「國家治理體系」。這就意味着中央治港會從國家治理體系和治理能力現代化的角度來考慮「一國兩制」下的國家治理問題，也就隱含着要推動「一國兩制」的制度架構和運行機制逐漸趨於成熟定型。

因此，如果說香港回歸這二十年是中央治港思路的探索期、經驗積累期，那麼相信今後中央治港會進入一個新的歷史時期，即從「行穩致遠」這個總體戰略出發，積極開展頂層設計，把「一國兩制」納入到國家治理體系中，主動塑造香港的未來。因此，相信中央不會再像過去二十年那樣，每每都在被動回應香港社會提出的問題，而是變被動為主動，會主動出牌、下好先手棋。

國安立法勢在必行

吳：香港這些年發生了很多事情，比如各類衝突，以及「港獨」作為一種思潮的冒起。但實際上，這些都是必然會經歷的過程而不是最終的結果。這些現象是世界範圍內反建制浪潮的構成而不僅僅是香港的特例。正如習近平所說，「『一國兩制』包含了中華文化中的和合理念，體現的一個重要精神就是求大同、存大異」。你怎麼看回歸二十年後的香港，以及當下所面對的所謂新情況、新問題、新矛盾？

強世功：你說得非常對。「差異」不等於「衝突」。「一國兩制」下社會主義與資本主義的「兩制」之間存在差異是一回事，但二者變成水火不容的衝突是另一回事。「一國兩制」的初衷是為了追求差異互補的正面效果。然而從 1990 年代開始，「兩制」之間的差異變成了衝突。這一方面是由於國際政治格局的變化，以美國為首的西方世界成為唯一的超級霸權，香港也成為西方世界顛覆中國的重要戰場。另一方面，由於基本法起草過程中，內地一度受蘇聯戈爾巴喬夫（M. C. Горбачёв）所謂「新思維」的影響，導致基本法未能考慮國家安全問題。

　　由於香港缺乏國家安全立法，導致香港反中央、反國家的言論和行為無成本、無底線。香港回歸的二十年也是香港政治勢力不斷觸碰國家安全底線的二十年，從反國安立法到反國教運動，從「雨傘革命」到「港獨」勢力堂而皇之進入國家體制。如果中央不是通過人大釋法打擊「港獨」勢力，如果特區政府不對「港獨」勢力採取司法高壓，你可以想像一下，今天

香港的局面會是什麼樣子。我在很早之前接受你的採訪中就提醒要警惕「香港問題台灣化」，就是擔心「一國兩制」的千里之堤潰於「港獨」這個蟻穴。

習近平在講話中首次為香港明確劃定了必須堅守「一國」的四條政治底線：絕不容許任何危及國家主權安全、挑戰中央權力和基本法權威、利用香港對內地進行滲透破壞的活動。然而，如何把堅持「一國」原則的四條政治底線法律化，從而形成真正具有法律約束力的剛性底線，那就必須考慮如何在香港實現維護國家主權安全的立法和執法。我相信，每個守法的香港人都會支持這件事情，每股理性的政治力量都不能迴避這個政治現實。這個問題不解決，香港的普選問題恐怕也就無法妥善解決。「一國兩制」必然像過去二十年那樣在風浪中前行，無法真正行穩致遠。

憲法基本法教育與國家憲法認同

吳：我們知道，鄧小平時代遺留的歷史使命之一，便是在新的國際國內格局中重新審視香港在國家戰略格局中的重要意義。其實，至少在「一帶一路」和粵港澳大灣區這兩個比較大的國家戰略中，香港似乎並沒有找準自身在整個國家戰略中的角色與地位。你在之前的訪談中也談到，在其他國家紛紛要求搭中國便車之際，香港卻選擇了主動跳車。導致這樣的局面，根源是什麼？中央又該怎麼辦？

強世功：導致這樣的局面有很多原因。最主要的是，香港回歸之後，一方面引入了民主體制，行政主導無法確立起來，立法、行政和司法之間相互制約而沒有必要的配合；另一方面中央任命的行政長官乃至政治任命官員與其他公職人員無法有效整合。

從董建華到梁振英，歷屆行政長官都積極回應中央的號召，都提出要放棄傳統的不干預政策，但缺乏相應效果。這很大程度上是因為行政長官和政治任命官員具有比較強的國家意識，能夠理解國家戰略對香港發展的意義。但是對於缺乏與中央和內地打交道經驗的其他政府公職人員，對特區政府運作的理解基本上停留在港英時代，缺乏應該具備的國家意識、國家觀念，缺乏從國家整體發展的角度來看香港的視野，而是就香港看香港。

香港公職人員是國家公職人員的一部分，中央授權他們在香港行使許多重大的國家管治權，其中貨幣發行權、司法終審權等權力在性質上都屬於主權性權力，因此他們是中央治港團隊中的重要組成部分。這就意味着香港公職人員必須系統學習憲法和基本法，理解基本法在國家法律體系中的定位，理解香港在國家治理體制中的定位，從而樹立國家觀念和國家意識，強化國家認同和憲法基本法認同。如果他們不系統學習國家憲法，沒有國家觀念和憲法觀念，那麼他們心目中的「一國」就會變成一個空洞的概念，「兩制」中的「社會主義」也是一個空洞的概念，只有香港資本主義才是實實在在的。

比如，香港回歸之後，人大釋法經常遭到香港司法系統的

質疑和反對。終審法院在「吳嘉玲案」中公開挑戰人大權威，在「莊豐源案」中故意規避人大釋法的使用效力。而在最近爭議很大的「七警案」中，法官在判決理由中公開強調事件在西方媒體中引起強烈關注而影響到香港的國際聲譽，首先就是根據西方的輿論來判決，根本不考慮中央對非法「佔中」的態度和立場。

因此，習近平在講話中特別提出要對香港公職人員和青少年開展憲法和基本法教育，就是針對香港現實，首先確立公職人員的憲法認同和國家認同。

吳：你剛談到「國家治理體系和治理能力現代化」。其實十八屆三中全會首次提出這一表述後，內地頻繁使用的一個詞，便是現代化。具體到香港問題，是能很好地檢驗現代化的試驗田。換言之，能否將香港這樣一個現代化的特區治理好，檢驗着中共是否真正實現了「國家治理體系和治理能力的現代化」。但不得不說，現在的治港體系並不現代化，中聯辦、港澳辦等治港機構的設計存在結構性問題。至於治理能力，是人的層面，要麼不理解「一國兩制」本身，要麼官僚氣十足，不夠現代化。你怎麼評價治港的現代化，以及在體系和人的層面面臨的難題？

強世功：你提的這個問題非常重要。要將香港納入國家治理體系、實現中央治港的現代化，首先就要全面改革中央目前的治港體制和幹部人事制度。

要知道目前中央治港體制是在港英政府時期中央未能擁有

香港管治權的歷史背景下形成的舊體制。在中央對香港沒有管治權的歷史背景下，中央對港形成三個工作機構：一是外交系統；二是新華社系統；三是港澳辦系統。這三個系統相互獨立，最終要由最高決策層來協調。香港回歸之後，中央擁有對香港的管治權，理當全面改革治港體制，承擔起治理香港的重任。

然後，由於中央採取了和平過渡的辦法解決香港問題，再加之採取「不管」的策略，以至於未能及時改革舊體制，導致中央無法有效承擔起管治香港的重任。2003 年之後，面對香港管治危機，中央成立了港澳協調小組，但這是一個臨時協調機構，而不是一個領導和工作機構，治理港澳的新體制仍未能確立。

要建立中央治理港澳的新體制，必須按照集權高效的原則，打破目前多頭多重協調的格局，明確中央治港的責任主體，將港澳辦、中聯辦、外交部特派員公署等中央治港機構加以合併重組，形成前方、後方統一管理新體制。同時，要像外交系統那樣建立高度專業化的中央治理港澳的專業團隊，尤其要改變目前的幹部借調和輪換制度。

香港人要重拾「三個相信」

吳：中央治港無疑要重建治港團隊。無論是香港公職人員的憲法基本法教育，還是中央治港體制的改革，都未能觸及現實的香港政治問題，即泛民主派與中央持不同的政治立場。中央提

出要開展「大統戰」，而「大統戰」的目的，為的是實現「大和解」。要想實現大統戰、大和解，在香港回歸二十週年這樣的時間節點，各方應該做出哪些努力？

強世功：「統戰」是一個政治概念，是根據政治目標和政治原則來判斷誰是政治敵人、誰是政治朋友。這次習近平在提出確保「一國兩制」行穩致遠的戰略目標時，也自然提出了中央治港的政治標準。能不能認同「一國」這個「根」，能不能堅守「一國」這個「本」，能不能維護「一國」四條政治底線，能不能認同國家憲法和基本法，就是在香港區分敵我的政治標準。習近平明確提出：「從中央來說，只要愛國愛港，誠心誠意擁護『一國兩制』方針和香港特別行政區基本法，不論持什麼政見或主張，我們都願意與之溝通。」這可以看作是對香港提出的「大和解」思路最積極的回應。

如果香港泛民主派中的朋友們對「大和解」的思路感興趣，我覺得尤其要認真對待習近平在講話提到的「三個相信」：相信自己、相信香港、相信國家。提及「相信」問題，需要追溯至 1984 年鄧小平接見香港政治家鍾士元等人時的講話。大家都知道，當時香港老一代精英階層都不相信中央或者香港有能力管理香港，都希望把英國人留下來管理香港，這個階層實際上是英國人提出的「主權換治權」思路的積極支持者。正是在這次講話中，鄧小平回顧近代以來西方殖民中國、瞧不起中國的歷史，他特別強調在香港的中國人一定要有自信心，相信我們有能力管好香港。

　　而那個時候，香港年輕一代精英對國家和民族持有強烈的信念和信心，在「民主回歸」的大旗下公開擁護和贊成中央提出的「一國兩制」方針。然而，由於 1989 年的特殊歷史背景，香港的「民主回歸派」分裂了，許多人對國家和民族的未來喪失了信心，完全擁抱西方的立場，相信西方灌輸的「歷史終結」神話，試圖以香港作為基地致力於對顛覆中央政府，對內地開展和平演變。

　　因此，泛民主派既然有勇氣提出「大和解」，就應當有勇氣面對這段歷史，重拾中華民族偉大復興的自信心，有勇氣與形形色色「反中」、「反華」和「反共」的舊勢力在政治上決裂。在這方面司徒華先生就是最令人尊敬的榜樣。

　　三十多年過去了，中國經歷從貧窮到崛起的跨越式發展。實踐證明中國人不僅有能力治理好香港，有能力治理好國家，而且有能力積極參與到全球治理中。習近平在香港再次提出「相信」問題，就是因為香港長期的殖民地傳統，導致許多人迷信西方，遇到問題習慣於到西方找答案，尋找解決香港問題的靈丹妙藥，以為普選就可以解決香港的問題，對國家和香港缺乏自信心，缺乏探索新的歷史道路的勇氣。「大和解」應當建立在對香港、對國家、對中華文明傳統和中華民族的自信心基礎上，共同探索為全人類提供解決現代性難題的「中國方案」。

基本法的三個迷思

💬 **曾鈺成**
香港立法會前主席

📅 2017 年 7 月　　📍 香港培僑中學

訪談手記

　　曾鈺成，香港前立法會主席，民主建港聯盟創黨主席，現為香港中文大學社會科學院榮譽教授。在唐英年與梁振英鏖戰的 2012 年，曾鈺成獲泛民陣營的媒體發文力撐，認為他是下屆特首的最適合人選；2016 年更是成為《時代雜誌》亞洲版（*Time Asia*）封面人物，被稱為「香港的希望」。訪談兩年後的 2019 年，香港修例風波發生後，曾鈺成從整個社會着眼，率先提出「特赦論」。香港回歸二十週年之際，筆者在香港培僑中學見到了曾鈺成。在談話中，曾鈺成既談到了基本法起草時的三個迷思，也特別強調未來五年到十年是決定「一國兩制」前途、命運很關鍵的時期，而且在這個關鍵時期內，有三大遺留問題必須直面和解決——二十三條立法、政改問題以及香港市民的國民身份認同問題。而對於「港獨」和青年問題，曾鈺成坦言，只要我們把「一國兩制」搞好，讓年輕人看到他們支持「一國兩制」就可以得到他們要得到的東西，包括他們追求民主、社會公平的理想，那自然沒有人會去講什麼獨立了。

吳：按照既定議程安排，習近平於 6 月 29 日抵達香港機場，並發表簡短講話，提出了此行的三大目的：熱烈祝賀、體現支持、謀劃未來。這是習近平擔任中國國家主席後第一次視察香港，也是九年之後的再次訪港。在「一國兩制」提出這麼多年，以及在香港實踐了二十年之後，出現了很多問題。對於「一國兩制」的認知和理解，內地和香港也存在很大的偏差和不同。造成這樣的偏差和不同的根本原因是什麼？是互相忘記了「初心」？還是怎樣？

曾鈺成：「一國兩制」是在 1980 年代初提出的。過去三十五年中國發生了翻天覆地的變化，香港也發生了根本變化。香港回歸本身就是香港政治地位的重大變化，突然間幾百萬香港人變為中國公民了。

　　然後，香港跟中國的關係不光是政治地位上的關係，突然間變成了中國的一個特別行政區，還有就是人和人之間的關係、香港居民跟內地居民的關係。香港作為一個城市、一個特別行政區，跟內地其他的地方、其他省市的關係，都發生了很大的變化。其中涉及這樣幾個因素：香港內部的變化、國家的變化、香港跟國家關係的變化。三十多年前設計「一國兩制」的時候，或者二三十年前起草基本法的時候，能想像得到這些嗎？不可能。

　　所以，我認為中央的領導、主管香港問題的官員都明白，「一國兩制」是需要在實踐當中不斷去充實有關的方針政策、不斷去適應香港和內地變化、不斷演進的一套理論。

　　說不忘「初心」，一定要很清楚的是，香港是中國不可分離的一部分，也就是「一國」不能變。另一方面是「兩制」，香港這一制是指原來在香港的制度，應該要保留，尤其是保留它優越的地方，這個也不能變。所以我們應該理解，不管國家怎麼變，香港怎麼變，香港跟國家的關係怎麼變，「一國兩制」還是對國家的發展最有利的，這就是「初心」。

　　在這個前提下，怎麼樣去總結過去二十年「一國兩制」實踐當中的經驗？怎麼去正視曾經出現的問題？怎麼去解決？這都很重要。回歸二十週年，我們慶祝是應該的，因為我完全同意「一國兩制」在過去二十年內已經取得了很巨大的成功，但是不能說「一國兩制」已經全面成功了，已經達到了「一國兩制」的最終目標了，因為還有一些問題沒有解決，所以應該實事求是地去研究這些問題、研究怎麼解決。

　　有兩種態度是錯誤的：一種是否定「一國兩制」二十年的實踐，認為都走了樣、變了形，認為「一國兩制」現在沒有出路了，香港也失掉了信心，中央也失掉了信心，這不是一個客觀的判斷；另一方面的錯誤是覺得「一國兩制」已經是偉大的成就了，出現了什麼問題都毫不奇怪，是很自然的事，是階段性的。如果不去認真研究分析為什麼出現這些問題，不去找出解決這些問題的辦法來，「一國兩制」往前發展是不可能的。

吳：導致這一結果的原因之一，是不是社會問題和矛盾的泛政治化？因為從 2012 年開始，內地與香港兩地之間的社會問題和矛盾不斷升級：從搶購奶粉風波到地鐵進食事件，後來甚至

爆發了「驅蝗運動」。隨着社會矛盾的不斷累積，港人便不由分說將憤怒和不滿直接對準「一國兩制」。當然，這可能也是互為原因與結果的。

曾鈺成：這樣的情緒，或者這樣的觀點也不能說全是錯的。要是沒有「一國兩制」，這些矛盾可能不會發生，或者說不會表現為我們現在看到的情形。例如說，廣州跟內地其他地方也有矛盾，但是跟我們與內地的矛盾不一樣，因為我們有「一國兩制」。

所以有一些人把過去這幾年出現的一些矛盾、衝突看成是「一國兩制」的問題。2003 年開放個人遊，是對香港的一個很大的幫助，是我們需要的。但在開放的同時，也引起了一些矛盾和衝突。

你可以標籤化地說這個是政治化。但是，貼這個標籤解決不了問題。香港的房屋問題被指政治化、教育問題被指政治化，但都解決不了問題。去教訓香港人民不要把問題政治化，問題就解決了嗎？不可能。

吳：這其中也涉及北京治港現代化的問題。中共十八屆三中全會提出了國家治理體系和治理能力現代化，其實香港的治理，也存在不斷現代化的問題，甚至香港治理的成果，直接可以作為檢驗北京治理現代化的試金石。在你看來，什麼樣的治港才算是現代化的？如何實現現代化？

曾鈺成：我的理解主要就是要審時度勢。基本法是按照香港的

實際情況來制定的方針政策。用香港本地人的說法，就是我們不能「離地」，其實也就是中國共產黨常說的「理論聯繫實際」和「密切聯繫群眾」，這個是很重要的。

香港現在的問題，有一些是制度的問題。基本法是 1985 年到 1989 年間起草的，當時主導基本法的起草，我認為有三個迷思。

第一個，當時香港的管制制度好得不得了，是非常有效的一個制度。從 1970 年代開始，一直到 1980 年代，香港的確經歷了一段比較長的繁榮穩定時期。當時香港是「亞洲四小龍」之一，大家都說香港創造了奇蹟。在華人的社會中，香港的經濟發展是很高速的，所以肯定是制度好，不論是政治制度還是管制制度。

所以在起草基本法的時候，大家覺得最好把當時香港行之有效的一套都搬到基本法中，回歸後照辦就行了，這是第一個迷思。

第二個，香港民主好得不得了，從上世紀八十年代中期到末期，世界潮流就是講民主。所以在起草基本法整個過程當中，對香港回歸後一定要走民主化的道路沒有爭議，爭論的只是速度問題。所以中央的官員也指出，《中英聯合聲明》沒有提普選這兩個字，但基本法說了行政長官經普選產生，立法會全部議席也由普選產生。大家的信念都是一樣：普選當然是好的，民主當然是好的。所以第二個迷思，就是一定要民主。

第三個，當時因為國家開始了改革開放，香港跟內地的關係、中英的關係是新中國成立以來最好的。香港人的民族

感、對國家的認同越來越得到提升，與此同時，國家越來越發達，威信越來越高。所以不需要擔心發展下去會有什麼矛盾。

現在管治的很多問題都是體制問題，最重要的迷思就是民主問題。過去三十年世界上發生很多事，西方國家對民主制度提出很多懷疑。更大的問題是，本來民主跟香港原來的體制是有矛盾的：1985 年前香港根本是沒有民主的，所以英國人管得很得心應手，但是一引進選舉就麻煩了。過去我當立法會主席的時候，人家總批評立法機關跟行政機關不合作，行政立法關係差。很多人說以前英國人管的時候多好，但以前沒有民選的議員。起草基本法的時候，就是以為引進了選舉還可以保留原來行政主導的特點，這不行。

總的來說，局面是比較複雜的，你說的新情況、新問題是過去沒有預見到的。香港管制的現代化，就是要應對這些新情況，來調整管制的方針。

吳：你一直都很關注青年問題。而隨着建制、泛民之外另一元——「港獨」的崛起，青年問題確實成為香港不得不面對的問題。再加上青年自身上升通道受阻，高房價帶來的各種壓力，以及國家認同感的缺失，青年問題已然迫在眉睫。

曾鈺成：對政府，對執政者、管制者來說，是沒有青年問題的，只有管制的問題、體制的問題。每一個時代、每一個社會，青年人都有共同的特點。一般年輕人，他們有比較強的正義感，看到不順眼的東西就要反對，採取的一些行動可能比較偏激。青年是成長的一個階段，到他們成熟起來了，肩上的責

任比較重的時候，他們也會考慮得比較周詳、慎重。

　　我很早就說，只要我們把「一國兩制」搞好，讓年輕人看到他們支持「一國兩制」就可以得到他們要得到的東西，包括他們追求民主、社會公平的理想，那自然沒有人會去講什麼獨立了。

吳：除了青年問題，香港回歸二十週年之際，「一國兩制」也實踐了這麼長時間，北京和香港接下來需要共同面對哪些關鍵問題？

曾鈺成：未來這五年到十年是一個決定「一國兩制」前途、命運的關鍵時期。現在慶祝回歸是應該的，但是同時也要正視出現的問題。我認為過去二十年有三大問題要解決，而這三個問題都是「一國兩制」成功實踐中很關鍵的問題。

　　第一個就是二十三條立法。我們十五年前嘗試這樣做，沒有成功。到今天能不能再拿出來？拿出來又能不能成功？誰也說不準。香港自行立法維護國家安全還辦不到，能說「一國兩制」成功嗎？

　　第二個就是政改的問題。也是基本法規定了，最終的目標是普選。2007 年全國人大常委會定了這個時間表，本來今年就可以普選行政長官，現在沒了。這也和基本法二十三條立法一樣，不光是上一次失敗了，到今天什麼時候可以再拿出來、拿出來能不能成功，誰也說不準。這個問題不解決，我們也不能說「一國兩制」成功了。

　　第三個，與 2012 年的「反國教」有關，就是香港人的國

民身份認同的問題，尤其是年輕人。最近很多報導都說，香港的一些調查發現，今天年輕人的國家、民族認同感是回歸以來最差的，而且最近還在下降。要是這樣的趨勢不改變的話，怎麼能說「一國兩制」成功？要是一代一代的年輕人都說「不，我不是中國人，我只是香港人」這樣的話，「一國兩制」會成功嗎？

所以這些問題都是我們要解決的。但是解決這些問題，我們必須總結過去的經驗，或者再說得白一點，總結過去失敗的經驗，為什麼我們沒有做成功。我也同意要營造一個互信團結的氛圍才能解決這些問題，要凝聚共識。目前來看，應該把「一帶一路」拿來作為凝聚香港人跟中央政府共同努力的一個目標。

泛民與北京打交道
為何這麼難？

 湯家驊
資深大律師、香港行政會議非官守議員

📅 2017 年 7 月　　　　📍 香港

訪談手記

　　從泛民主派的一員到成立中間派民主思路，再到被外界視作親近中央向建制靠攏，資深律師湯家驊身份轉變的同時，也不斷在調試自己對香港問題的認知。而在這一過程中，湯家驊不斷在以不同身份與北京打交道。基於這樣的身份變化與親身經歷，在「泛民與北京打交道為何這麼難」的議題上，湯家驊無疑是最有話語權的香港政治人物之一。在湯家驊看來，如果要改善中央同泛民主派的關係，有兩件事一定要做。第一就是把握那些願意同偏激民主派劃清界限的政黨，不要讓他們覺得同偏激派劃清界限對自身沒有好處只有壞處。第二，不要認為依靠領導人來香港同他們見一兩次面，經過半小時、一小時的談話就能化解二十多年來北京與民主派互相不信任的情況，而要建立一個好的關係，三方面在沒有問題的時候也可以坐下來對話、了解對方。現在的情況是，有問題的時候北京才找人同民主派溝通；沒問題的時候、選舉的時候就不溝通，不但沒有溝通，雙方還互相敵視，這是不應該的。

吳：今年的七一，對香港來說意義非凡。在香港回歸二十週年這樣的歷史節點，不管是北京還是香港，都需要面對一些真問題。二十年後看香港，你認為問題的中心是什麼？

湯家驊：還是制度認同的問題。香港的制度不是英國的議會制，而是美國的總統制。不同的地方在於，美國的總統是由美國人選出來的，因此他有最大權力是可以接受的。而且美國的議會是制衡的機構，權力沒有多大，會受制於總統。在香港，所有權力都在特首，但特首不是香港人選出來的。香港人僅僅能選出議會，但議會沒有權力。

所以香港人會不滿：為什麼我們選出的議會沒有權力，不是我們選出的特首卻擁有所有的權力？如果特首在香港管治方面做得好，可能不會出很大的問題；如果做得不那麼好，就會讓港人產生更多不滿。香港人就會說，你不是我們選出來的，你的錯誤我們不能接受。

回歸二十年產生了這個問題，怎樣去處理這個矛盾問題？政改在 2015 年失敗了。失敗的原因，雙方應該都清楚，大家都有很大的責任。民主派不接受「一國兩制」，也不接受基本法的四十五條有關提名委員會的條款，他們要另外提出一個提名方法，認為現有的提名委員會是中央操縱的。但他們的提名方案不是在「一國兩制」和基本法框架之下的提議。從北京的角度看，這些人就是不接受香港的制度、不接受「一國兩制」和基本法。

其實民主派也明白，他們不可能在基本法之外提出一套機

制，所以他們就提出了「佔中」。「佔中」初期，他們跟我說，希望泛民主派與中央坐下來談。但他們不明白，他們提出了偏激的意見，而參與這個行動的人都不是理性的人。這些人是不可能接受比較理性的方案的。「佔中三子」一開始很理想化地看「佔中」行動，最終也不可避免被這些偏激的人綁架。所以在「佔中」的後期，他們已經沒有能力處理。而因為有了「佔中」行動這樣的轉變，中央就更不可接受，於是就拿出了更為嚴格的「8.31」方案。而「8.31」方案泛民是更不能接受的，因為它與現在的方案沒有太大分別。

今年6月中旬，民主黨提出了決議文。最大的不同在於，決議文明確說不支持「港獨」，在制度下爭取普選，但認為制度是不完善的，於是提議對基本法作出修改。其實只要是在制度下去改變，而非用制度外的方式如暴力去改，都沒有問題。如果民主黨接受目前香港制度的話，問題是有希望解決的。

所以歸納起來，我認為最大的問題在於，要說服那些不接受目前香港制度的人去接受這個制度。在這個制度下，有空間回應他們對制度的不滿，要讓民主派覺得這個制度是可以接受的，有改善的空間，才可以走出改善民主派與中央關係的第一步。這是回歸二十年香港問題的中心點。

吳：你剛提到改善民主派與中央的關係。2015年之前你是泛民主派的一員，最後選擇了退出公民黨，辭去議員，並多次公開批評公民黨，主張泛民應與中央溝通，建立互信以達至

普選。雖然兩方都有改善關係的意願，但實質關係不盡如人意。據你所知，泛民與中央關係不睦的癥結在哪？

湯家驊：有幾點需要明白。首先是泛民自身生存的問題。在現如今的政治環境下，民主派唯一需要保留權力的是立法會中的議席，沒有這些議席，他們什麼都沒有。所以任何影響他們選舉的事情，他們都非常重視。

在 2008 年之前，香港民主派比較溫和，但之後出現黃毓民，他把台灣的那些帶到了香港。其中一個重要改變，就是鼓勵網上的年輕人對民主派提出批評。民主黨在 2012 年的選舉中挫敗，就被認為受到批評的影響。從此角度，民主黨每次選舉都需要接受偏激派和年輕人的看法，不敢公開與他們劃清界限，怕受到圍攻，影響選舉。

我之前的党友梁家傑不止一次公開說，民主派一定要團結。但他說的團結，就是要接受偏激的民主派的操控，因為不接受就無法團結，不團結就會影響其政治權力的保全。換言之，「團結」就是向偏激的民主派傾斜，甚至接受他們的領導。現在的情況就是這樣，沒有人敢對偏激的黨派說不。

第二是悟性的問題。如果民主派認為與中央打交道不會影響其權力，他們是願意的，但實際上他們沒有被說服。民主黨不止一次說他們 2011 年與中央達成了政改方案，但 2012 年中央給黃毓民錢，讓其攻擊他們，導致選舉受到挫敗。就此，民主黨認為與中央打交道沒有好處。

我從 2008 年開始與北京的不同部門和官員打交道，到今

天，北京對我有了一些信任。但這種信任還是不能與對建制派的信任相提並論。反觀其他民主派，他們與北京沒有長時間的互相了解，也沒有對話的機會和經驗，所以張德江來香港同他們喝酒握手，什麼都代表不了，因為這只是單一的見面，而不是雙方長期認識的機會。

吳：這樣的現狀和認識，有沒有辦法改善？

湯家驊：如果要改善中央同泛民主派的關係，有兩件事一定要做。第一就是把握那些願意同偏激民主派劃清界限的政黨，不要讓他們覺得同偏激派劃清界限對自身沒有好處只有壞處。第二，不要認為依靠領導人來香港同他們見一兩次面，經過半小時、一小時的談話就能化解二十多年來北京與民主派互相不信任的情況。

要建立一個好的關係，三方面在沒有問題的時候也可以坐下來對話、了解對方。現在的情況是，有問題的時候北京才找人同民主派溝通；沒問題的時候、選舉的時候就不溝通，不但沒有溝通，雙方還互相敵視，這是不應該的。要知道，在沒有問題出現的時候，正是一個跟對方建立比較健康關係的好機會。如果做不到這一點，有問題的時候才坐下來談是沒有意義的。

吳：你提到信任的問題，那麼導致不信任的根源究竟是什麼？從認識論來看，很多人會說，中央同香港的關係壓根兒就不是很對等的關係；從方法論來看，有問題的時候才溝通，

沒有問題的時候乾脆停擺，這種有限度的溝通可能還是粗糙的、失效的。

湯家驊：很多人都和我說過中央和特區的關係是不對等的，那為什麼還要坐下來和特區談？我認為這個觀點是錯的。沒錯，中央政府同特區政府不是對等的政府，但是這不代表不應該有對話。

北京或者說國家現在建立的並不是一個最民主的制度，也不是一個最透明的制度。我不是在講好或者不好、對或者不對，我只是在講一個事實。在一個不透明的制度下，怎麼去把握北京對香港某些問題的看法？這是很困難的。

這裡面有幾個原因。第一，北京沒有一個大家都接受的可以代表北京在香港問題上說話的人。你可能會說港澳辦主任王光亞、中聯辦主任張曉明都是，但問題就出在這裡。王光亞並沒有很頻繁地在香港同民主派見面，中聯辦在選舉的時候幫建制派，這樣怎麼和民主派打交道呢？這存在根本上的矛盾。

在香港，有很多所謂代言人，我們認為這些人是比較接近北京的。有什麼大的問題的時候，我們不可以找王主任、張主任談，就只能找這些人談。但這些人中有多少能真正代表中央呢？我對此是不知道的，所以我無法確定他說的對還是不對。現在的情況是，很多人表面上代表北京，但我們不知道他們說的話有多少可以令北京在政策上有所改變。

其次，在香港人眼中，王光亞、張曉明不能真正代表中央說話，即使可以，也是說一些很大、很空泛的話，比如說需要

愛國愛港的人治港之類。但香港人談的是一些細節的問題、一些政改的問題，怎麼去處理這些問題。

　　第三，我認為應該有一個權威的渠道，讓代表北京的、可信任的人與民主派對話，以改善現在的情況。各方派出可以代表各自立場的人定期舉行會晤，透過見面預先了解對方的立場，到了問題出現的時候，就不會因為立場的問題、面子的問題提出一些對方不能理解，甚至讓對方難以接受的說法。

吳：作為最重要的駐港聯絡部門，中聯辦的確問題重重。除了自身的問題外，不得不承認，整個涉港機構的組織架構存在結構性問題，這些問題是不是也在某種程度上造成了溝通的障礙？

湯家驊：不單是這個問題。我們批評中聯辦，認為中聯辦的角色有澄清的必要。中聯辦的功能是聯絡各界，那為什麼只聯絡建制派而不聯絡民主派呢？不聯絡民主派，我認為主要是因為他們在選舉方面做了太多的工作，影響了他們跟民主派的關係。

　　這是必要的，我不反對。但是應該有另外一個機構跟民主派打交道，不可以因為選舉而忽略同民主派的關係。中聯辦在二十年來始終同民主派沒有什麼關係，那麼問題出現的時候雙方怎麼談呢？這種情況在過去二十年裡一直存在。

吳：此前民主黨主席胡志偉提出了「大和解」的思路，雖然和解的內容本身不太成熟，也存在局限性，但這個思路是有價值

的，尤其是有利於中央與泛民的和解，以及泛民自身的和解。

湯家驊：我覺得我們應該有大和解，這是對的，也是唯一能夠繼續下去的想法。但我們現在還沒有這個條件，因為任何和解都要建立在互相了解的基礎之上。我們還沒有互相了解，怎麼大和解呢？所以第一步不是和解，而是了解——了解對方在很多重要問題上的立場。這是必要的。

第三章

修例風波

香港亟需一場大辯論
完成漫長的轉型正義

💬 **田飛龍**

北京航空航天大學高研院、法學院副教授，全國港澳研究會
理事

📅 2019 年 8 月　　　📍 北京航空航天大學

訪談手記

　　2019 年 6 月，香港因修訂逃犯條例引發大規模示威遊
行。據稱超過百萬人上街後，田飛龍撰文〈反修例運動拖累
香港法治〉，直言「修例運動儼然成了『二次佔中』，已經超
出合理的和平示威與立法公眾參與的軌道，成為反法治的鬧
劇」。此言一出，在內地學界引發軒然大波，而後續情勢的
演變似乎又佐證了這一預判。7 月暴力衝擊立法會事件後，
田飛龍在訪談中坦言香港發了一次高燒。到 8 月再度訪談
時，眼見暴力愈演愈烈，尤其是在香港機場接連發生暴力劫
持、毆打內地遊客和記者的事件後，田飛龍加重了判斷，認
為香港已經處於接近病入膏肓的狀態，矛盾盤根錯節，整個
社會展開了一場強大的不合作和抵抗運動，因此香港社會需
要一個漫長的精神論辯和轉型正義。

吳：香港修例風波持續至今，很多人都在問：接下來怎麼辦？外界都在猜測北京會不會出動解放軍，尤其在香港機場接連發生暴力劫持、毆打內地遊客和記者的事件後，民意大多在呼籲北京趕緊出手。

田飛龍：反修例事件是導火索，但它帶出了一個大氣候，造成香港社會的某種「蝴蝶效應」，放大加總成持續性的全港抗爭。香港社會需要來一次大辯論和思想大解放，它的意義就如同 1978 年中國所展開的改革開放大辯論一樣。這次香港要有融入國家發展的大辯論，以及「兩制」面向「一國」的大辯論。思考香港的前途與命運，再也不能簡單地迴避原來的結構性問題了。這個結構性問題就是「兩制」與「一國」關係的重新釐定，必須認真思考、適應和融入這個曾在「遠處」、如今不斷現實化的、具體的「政治中國」了。

　　1997 年回歸的時候由於保持了太多的現狀不變，以至於大部分的香港人彷彿覺得香港沒回歸似的，大部分人的生活並沒有受到回歸這一基本政治事實的影響。久而久之，隨着「一國」對「兩制」的整合，隨着中國經濟的發展轉變，從引進外資到輸出資本，香港角色需要適應國家的轉變。雖然「兩制」沒變，但是「一國」在變化，「兩制」要適應「一國」的變化。這次事件就反映在「一國」變化的適應過程當中，香港出現了不適應，出現了抗拒，出現了一種企圖通過本土分離來尋求安全感的集體行動。這個集體行動源自對「一國」融合進程的原則性恐懼，因而會附着到任何議題上。

　　此外，香港對國家作出貢獻的同時也促進了自身經濟的增長，這其實是「一國兩制」內部的微妙之處，我稱之為國家理性所在，也是得以持續正當化的制度原理。這次運動不管以何種方式收場，特區政府與香港社會參與大灣區的積極性及政策能動性都會大大削弱，這對於香港未來融入國家發展大局非常不利。黑衣青年人實際上並不知道自己在做什麼、在毀掉什麼。

　　陳冠中先生有個觀點認為，二戰後香港社會的意外成功造成了香港人的虛驕，但香港對於「一國兩制」下「愛國」與「民主」兩個基本價值均未交出合格答卷，因而無法建構一種基於「國家」的優良管治。呂大樂先生也曾尖銳地指出，「尷尬的香港，仍在風雨中」，香港人並未真正做好理解與適應「一國兩制」的精神與能力準備。這些敏銳的「香港文化人」的見解，頗有穿透力。

吳：忽略「一國」放大「兩制」固然有香港自身的原因，但北京以往「井水不犯河水」的放任自流，也加劇了港人不切實際的幻想和認識。他們以為只要「井水不犯河水」就可以相安無事、大功告成。

田飛龍：香港人最喜歡的「一國兩制」解釋方式就是「井水不犯河水」，但這種解釋有片面性，只是「一國兩制」最初發展階段的一種均衡方式，不可能長期維持，因為「一國」與「兩制」不是對等割據的關係。在「一國兩制」裡面，香港既然要享有高度自治的地位，就要履行與此相對應的對價性義務，就

是香港要能夠持續為國家發展作出貢獻。如果香港不能尋找到這樣一種新的貢獻方式,「一國兩制」在內地民意當中、在中央決策層中就會存在正當性疑問,這是義務性要求。同時,這種義務性要求也與香港能夠優先抓住國家發展的機遇相對應。而且既然是動態地貢獻於國家,就必然涉及與國家發展大局及治理體系日益緊密的融合。這種融合不是政治強制,而是憲制整合,也適應了地緣性的經濟社會發展規律。

你提到北京如何反思,過去二十二年確實有很多方面沒有做好,但是這不能完全歸責於中央。其實國家有很多很重要的、整合性的政策步驟能夠幫助香港完成精神轉型與角色適應,但因為香港社會文化精英的自私、缺乏戰略思維,而喪失了機會,導致問題越積越嚴重。回歸以來,中央始終沒有放棄從戰略層面思考香港怎麼樣一步步在「一國兩制」中適應國家的發展調整,十八大以來的融合發展取向則更為顯著。但是香港社會自身不敏感、不珍惜,甚至有意抵制,錯失機遇,與國家脫軌越來越嚴重。

吳:我們一直在呼籲,香港要完成「二次回歸」,也就是人心回歸。而實現「二次回歸」的路徑,就是將原來消極的、區隔的、被動的「一國兩制」轉向積極的、融合的、主動的「一國兩制」。有一種說法認為,過去北京就是太消極、太被動了,才有了今天的「果」。那麼問題來了,究竟怎樣的「一國兩制」,才是積極的、真正有效的?

田飛龍:當我們說轉變的時候,其實你會發現主體責任落在香

港那邊，因為國家早就從消極轉向積極了。國家處於整個「一國兩制」的立法者、塑造者和最終責任人的地位，所以在宏觀框架上不斷保障及塑造「一國兩制」。可是從微觀的角度來看，香港社會自身並沒有為適應國家戰略調整做出改變的準備，精神上、物質上都沒有準備好。

目前的情形可以用一幅漫畫來形容：國家在快跑，用一根繩拖着香港，香港卻在原地不動，甚至反向拖延，就是這種尷尬不協調的狀態。國家提出「一帶一路」、粵港澳大灣區戰略，高瞻遠矚；又提出雙創戰略——全民創業、萬眾創新。但香港停步不前，只想保持自己的那一套，只要「小確幸」，這是不可能的。為什麼？香港從來就不是因為自己的原因而成為今天這個樣子，香港是用借來的時光、借來的機遇成就這個狀態的，所以今天仍然要借時光。

這個時光從哪兒來？只能從大灣區和「一帶一路」中來，而絕無可能從「逆全球化」的歐美世界來。香港未能從國家新的戰略發展當中把握這個時光和機遇，這是香港奮鬥精神的衰退。雖然大家不滿李嘉誠，可是李嘉誠這些人懂得在「一國兩制」中多面取利，會利用內地市場和內地改革開放的機會，同時也知道如何在英美市場上作平衡。雖然李嘉誠們造成了高房價，買不起房的普通人恨不得「食肉寢皮」，可是他們的精神裡面有一些是值得今天的香港青年學習的，「獅子山精神」中「愛拼才會贏」的積極進取倫理並未過時。香港青年今天錯誤地認為他們一人一票選出特首就一定能改變現狀，可他們沒看到，在那些已經實現普選的國家和地區，青年人的狀況其實並

未有多少改善，甚至變得更差了。而且普選未必不利於李嘉誠那樣的人更好地影響甚至左右香港政局，也許普選出的特首更加代表李嘉誠們的利益。

這提示我們，香港的宏觀改革路徑存在着「民主—福利」型路線與「法治—發展」型路線的長期博弈和競爭，前者偏向泛民及本土派立場，後者偏向建制及國家立場。相對而言，後者更適合香港的長期脫圍解困。

吳：北京在前面拉着，香港始終原地不動，繩子的耐受性再強，也總有繃斷的一天。

田飛龍：有可能，因為二者之間目前來看實在是頗不協調，「一國」與「兩制」之間急劇摩擦和扭曲，現在就是這種狀態。到底是國家要慢一點，還是香港要快一點？習近平說得很清楚，「蘇州過後無艇搭」。中央也說得很清楚，國家的發展不會等待任何一個地方。

吳：香港的「終局」究竟會是什麼？清場是容易的，但要解決這些深層次的結構性矛盾，以及讓「一國兩制」走向積極和融合，確實很難。而且最糟糕的一個可能性是，強力止暴制亂了，但深層次問題又被擱置起來，香港繼續陷入到閉環中。

田飛龍：止暴制亂並不難，甚至不用出動解放軍。北京還是會像「佔中」一樣六個字解決問題，「不妥協，不流血」。當然這次稍微放寬一點，「不妥協，不死人」。因為示威者的行動明顯升級為暴亂，製造了更大的危險，不可能完全避免流血。而且

中央的方案很確定，就是讓香港盡可能以高度自治的能力去應對局面。如果香港做不到這一點，那麼就證明香港沒有高度自治的能力。沒有高度自治能力的地方就不配有高度自治，這個邏輯很簡單。這次止暴制亂是給香港充分的「表現」和自我證明的機會，國家和全世界都在看，但國家一定會負起最終的保障責任。

吳：「不配有高度自治」是什麼意思，難道要「一國一制」？

田飛龍：這是最極端的情況。而且就算特區政府不能自治，如果香港社會能夠自救，那也證明香港整體能自治，只是這屆政府不行，需要更換更稱職的官員。所以香港高度自治有兩根支柱，一根是有形的政府公權力機關，包括法院；另外一根是香港的社會力量。現在就是特區政府和警隊在支撐着，比較孤立，如果更多香港民意要求堅決止暴制亂，當達到一定程度，香港社會能夠自救的話，「一國兩制」也能繼續維持。「一國兩制」的生命力有賴於香港社會自治能力的不斷完善。這裡的自治絕不是本土分離或「港獨」，而是忠於國家，謹守制度、地位與本分的自我治理。

吳：即便香港社會這次自救了，深層次結構性的矛盾還是解決不了，也就是說「雷」還在，隨時可能再次踩到，掀起另一場狂風巨浪。

田飛龍：那是當然，所謂的止暴制亂式自救，只是說恢復秩序。而恢復秩序不等於解決問題。由於香港已經處於接近病入

膏肓的狀態，矛盾盤根錯節，整個社會展開了一場強大的不合作和抵抗運動，因此香港社會需要一個漫長的精神論辯和轉型正義過程。就是 1997 年回歸時沒解決的問題現在必須拿出來嚴肅思考和解決，讓香港真正由港英統治下的西方殖民社會轉變成「一國兩制」之下中國的特別行政區，名至而實歸。

所以目前不需要輕言「一國兩制」是成功了還是失敗了，這就像改革開放到底是成功還是失敗的問題一樣，放在 1989 年的時候誰也不知道，但鄧小平很果斷地讓壞事變成了好事。因為通過 1989 年的衝突把內部的矛盾、分歧、戾氣全釋放掉了，鼓起來的膿包就戳破了，人體變得更健康，結果中國特色社會主義市場經濟的道路走通了，由此奠定了中國政治經濟模式的基礎。反修例運動也一樣，這次搞得越亂，暴力越激烈，運動之後的香港可能越健康。不過一個大前提是，北京和特區政府必須痛定思痛，深刻認識香港問題的本質，合作推進有序、有機的「兩制」融合發展。

「一國兩制」實踐與
鄧小平設想有很大落差

吳啟訥

台灣中央研究院近代史研究所副研究員

📅 2019 年 8 月　　　　📍 線上

訪談手記

　　從取消自由行到拒絕金馬獎，如果說習近平在《告台灣同胞書》四十週年之際還將武統當做一個不得已的選項，那麼當台灣深度捲入香港修例風波中並不惜扮演幕後操縱者的角色時，這一選項的可能性已經急速飆升，不再只是紙上談兵。在吳啟訥看來，大陸對台灣一直存在誤判，而當前最核心的兩個誤判，一是認為台灣人還有中國人的情感；二是將台灣的「藍綠」等同於「統獨」。至於那句「今日香港，明日台灣」的口號，吳啟訥認為完全應該反過來理解。不過實事求是講，今天「一國兩制」在香港的實踐，的確與鄧小平當初的設計有很大差距。今天的香港，英國留下來的政治、行政和司法遺產依然左右着香港政治。統一後的台灣，如果被設計成完全由島上原本的精英執政，那麼台灣不可避免會變成今日的香港，情形甚至會更棘手。

吳：香港反修例以來，台灣在其中一直扮演着角色，大陸也直言不諱指出台灣是幕後操縱者之一。雖然習近平提出了「一國兩制」的台灣方案，但經過香港今次的風波，「一國兩制」在台灣已然沒了基礎。

吳啟訥：我覺得這個現象，或許可以從政治心理學的角度來做一點觀察。從大陸的角度來看，「一國兩制」，當然是面對1980年代中國的現實，面對歷史的使命作出的一個負責任的、體諒性質的設計。但「一國兩制」背後的前提是，大陸覺得自己的制度和文明對台灣沒有吸引力，因而承諾讓台灣人過他們原來的生活。在大陸承認自己不如人這個前提下，很多台灣人就更容易在直覺上覺得自己高人一等。他們覺得如果實行「一國兩制」，就要跟「下等華人」貼相同的標籤，很沒面子。這樣，「一國兩制」這種帶有安撫性質的宣示，反倒不容易被台灣人接受。

在很多台灣人看來，台灣的制度和價值比大陸優越，所以從理智的角度也不願意接受「一國兩制」、和平統一的方案。前面提到「一國兩制」方案背後的前提和大陸的讓步心態，更坐實了一些台灣人這種制度和價值上的優越感。

香港的例子也是一樣。如果當時中國大陸不是採取與英國談判，而是以解放軍推進的形式實現香港回歸，香港大概不會有現在這樣諸多的扭曲和亂局。當然，解放軍推進未必意味着不會實行「一國兩制」，只是「兩制」不會構成對「一國」的挑戰。

　　確定香港回歸後，大陸對自身的狀況還沒有自信，仍然以「一國兩制」作為政治方案，不敢直接統治英國長期殖民下的香港，以致於讓回歸後的香港人維持「高等華人」的感覺。很多人覺得自己有權力向「見識不廣」、「水平不高」、「制度不佳」的中國政府理直氣壯地索要英國人從未賦予港人的權利，之後又將因經濟成長逐漸失色產生的失落感非理性地發洩在大陸身上。

　　我們看到，要求大陸「尊重人權」、給予與香港有關聯的大陸人居港權的人，也是厭惡和拒斥大陸遊客、要求港府限制大陸遊客購買嬰兒奶粉的人；要求大陸遣返香港罪嫌的人，也是反對向大陸移交逃犯的人；要求大陸文明、法治的人，也是在香港抗議活動中訴諸暴力，破壞文明、法治的人。這類雙重標準下的任性行為，未必可以找到其背後合理的、理性的動機。很多專家為近來香港的局面尋找「深層原因」，固然都有一定的道理，但若低估心理方面、人性方面的動因，很多事情都無法解釋。

吳：如你所說，很大一部分台灣人和很大一部分香港人心理上的優越感，以及對喪失優越感的焦慮，才是他們不願接受「一國兩制」的心理動因。

吳啟訥：沒錯。所以就我的觀察，台灣人其實在心理上比較能夠接受的宣示，不是大陸說「我一定會對台灣很好」，反而是大陸說「一定要解放台灣，因為大陸制度具有優越性，國家有前途，人民的幸福感比台灣高」。

毛澤東時代強調「一定要解放台灣」，雖然當時台灣的反共宣傳非常激烈，但當時的台灣人卻很相信毛澤東講的這句話。

今天大陸如果將訴求改為「一定要解放台灣」，背後的正當性不見得不如「一國兩制」。從現實角度看，台灣經濟上衰退，政治上附庸美國，人民焦慮增加，幸福感降低，這種情況下台灣執政者的施政不見得有充足的正當性。這樣，大陸訴諸「解放」的話語，對台灣反倒有說服力。從歷史的角度看，台灣曾經作為日本的殖民地，雖然在形式上已經擺脫殖民，但內心仍存在「畏威而不懷德」的心態。

所以，台灣不會接受招安，因為覺得「不甘心」；反而對強硬宣示和強力措施的心理接受度比較高，因為這樣會比較「甘心」。

吳：台灣大選臨近，民進黨一直藉吃香港「豆腐」來聚攏民意，喊出「今日香港，明日台灣」的口號。你如何看待香港反修例對台灣大選或者說對台灣所產生的影響？這在台灣是一個相當有市場的說法嗎？

吳啟訥：講到香港和台灣一些人喜歡掛在嘴邊的「今日香港，明日台灣」，我覺得恰好相反。不是香港回歸後的情形導致台灣人不願意統一，而是台灣的不統一讓一些香港人有恃無恐。香港部分人認為，大陸希望用香港的「一國兩制」來垂範台灣，因而必須容忍香港一些人以「兩制」對抗「一國」的行動，這樣的想法才導致香港情勢的失控。

不論是哪種名義的「台獨」，都認為自己仍然擁有談判的籌碼，所以才會漫天要價。如果中國大陸把話講得更清楚，就是前面講的，明確宣示解放台灣的目標，台灣政界和民間自然不會誇大自己的籌碼，不至於繼續無謂地消耗台灣的資源，增加兩岸間動武的風險。

面對台灣，大陸多數人的認知存在着一個重大盲點，即認為台灣人還有中國人的情感，這是誤判。經過日本殖民，台灣本地多數接受日本教育的上層精英已沒有了中國人的情感；台灣基層民眾也沒有建立中華民族意識，因為他們沒有經歷塑造中華民族的幾個大的歷史進程，包括辛亥革命、五四運動和抗日戰爭。國民黨撤到台灣後，在蔣介石時代是藉着聲稱擁有中國正統來維持對台灣的統治。而蔣經國時代以後，國民黨已經將政權利益放在整個中華民族利益之前，以自身和政權的台灣化，甚至對「台獨」的鼓勵，來對抗統一的壓力。當代國民黨的中國情感至多局限在文化層面，與政治意義的中華民族已經失去連結。

很多大陸人士將台灣的「藍綠」等同於「統獨」，這是上面提到的誤判的另一種形式。其實綠營固然主張「台獨」，藍營也不主張統一。台灣的拒統勢力擁有兩個招牌：認同日本殖民者的「台獨」人士，想將「國號」變更為台灣；未必認同日本殖民者，但反對共產黨，拒絕與大陸統一的國民黨等政治勢力，則想續掛「中華民國」的招牌。

吳：所以 2020 年大選不是「獨」與「統」的抉擇，而是「獨」

與「不獨」的抉擇。

吳啟訥：對，台灣究竟有多少支持統一的人呢？有很多次比較可靠的民調，結果都差不多，在 5% 左右。近年來，台灣有一兩個特定的民調機構，發佈過很多次民調，稱主張統一的人有 30% 以上。這一兩個特定的民調機構在調查和統計方法上有很大的缺陷，他們的民調結果並不可靠。大陸某些媒體喜歡引用這類民調，有些自欺欺人的意味。

　　但是，如果依 5% 這樣的數字，將「不贊成統一」解讀成為「主流民意」，打算向其妥協，也不是一種符合政治常識的想法。在政治現實中，民意是需要引導的。政治人物放棄引領民意，等於在政治上還沒入門。

吳：在革命年代提武力解放台灣，可能還比較好實現，但在今天再提，或許與中共所追求的現代化有悖。

吳啟訥：當然，我相信，中共需要從革命政黨向現代執政黨轉變；我也覺得「解放」未必等同於武力。但另一方面，作為一個基於使命感而建立的政治團體，中共也需要恢復它的理想信念。

　　以香港和台灣來說，這兩地並未在完整的意義上回歸到中國。中國作為一個獨立主權國家、一個單一制的國家，「一國兩制」必然只能是權宜的、階段性的政治設計。未來，國家如不能有統一的政治和行政制度，則其解體的風險將始終存在。即便在當今世界上的聯邦制國家，聯邦政府對地方的權力

也遠比中國中央政府對地方的權力要大。而今，面對尚未在行政上或政治上統一的地區，長期任其維持過渡狀態，會讓國家和地方同時承受政治動盪的風險。我想，中共在這個階段恐怕還不能高枕無憂地做執政黨。

退一步講，中共革命階段的使命，不論對全中國還是在黨內，是不是已經真正達成了，是有疑問的。就黨內而言，官僚主義和貪污腐化當然會損害它的執政品質；就國家而言，未能切斷十九世紀以來的殖民餘緒，當然會讓民族獨立和國家主權受到挑戰。所以我覺得，如果換一種心態和思維想一下香港和台灣議題的性質，究竟首先是統一，還是首先是解放，或許可以解開一些疑惑。基於此，淺見以為，之前將台灣和香港議題簡化為「統一」，中間存在一些盲點。

大陸對外宣示，解決台灣問題寄希望於台灣當局和台灣人民。但如果只講寄望，抽離自身的角色，恐怕誰都沒辦法寄望。1949 年之後，北京對中國邊疆地區實行民族區域自治的政策，但前提是這些人和土地都不能脫離國家，政權掌握在國家和國家培植的少數民族幹部手中，邊疆少數民族傳統上層在政權中擔任諮詢性質的角色，並不擁有決策權。這樣，與漢人聚居區域的差異大於港台與大陸差異的邊疆，在政治上並不能挑戰中央政府。而今天的香港，英國留下來的政治、行政和司法遺產依然左右着香港政治；統一後的台灣，如果被設計成完全由島上原本的精英執政，那麼台灣不可避免會變成今日的香港，情形甚至會更棘手。

吳：所以這也是「一國兩制」在香港實踐了之後給予台灣真正的啟示。

吳啟訥：是的。「一國兩制」設計之初是有道理的。但現在需要明確的是，「一國兩制」的重點在於「一國」，這是基礎。

　　1997 年時，香港還存在很多長期對抗港英政府，維護香港民眾權益的反殖民勢力，也有一些愛國商人，這些本應該是大陸需要依靠的力量。「港人治港」的結構和內容應該以此為本進行設計。然而大陸當時缺乏經驗，不知道如何管理前殖民地，於是信、用了很多一夜間改變顏色的商人。一些港人諷刺他們是「忽然愛國」。大陸透過這些商人開始了對香港的統治，也試圖透過他們去與香港基層接觸。只是沒想到，其中一些商人多年來都是在為自己的利益，而非整個國家和民族的利益奮鬥。可以說，中國大陸政府在香港回歸這些年，很難真正接觸到香港的政治脈動。

　　在香港，特區政府是愛國的，但曾作為過去殖民體系一環的整個公務員體系，其中多數的人並未建立對中國的國家認同。中國大陸這些年也沒有對香港公務員體系進行重整。在此體系下，錄取的仍然是英國價值體系乃至利益體系籠罩之下的公務員，他們在執行特區政府的政策時大打折扣，也就不足為怪。在法律體系方面，回歸後的香港承襲了英國人留下的法律體系，很多法官都是英國人，是他們在詮釋中華人民共和國憲法和香港基本法，判決時不僅呈現西方價值，甚至偏袒西方利益。

　　應當看到，第二次世界大戰後的亞洲和非洲，在解殖過程中都經歷過類似的尷尬，但亞洲和非洲的新興國家至少在制度上是朝着去殖民化的方向設計的。

吳：的確，香港回歸之後，一直未完成去殖民化的過程，埋下了很多隱患。台灣究竟從修例風波中看到了什麼樣的香港？一定不是全面的、準確的。人們受意識形態影響，甚至走向了另一個極端，看到了一個被扭曲的香港，以及被扭曲的「一國兩制」。

吳啟訥：對這件事，我一直有一個想法。冷戰，讓現代世界形成了兩個平行的價值和知識體系，冷戰雙方都在想像的基礎上各自建構了一套對對方的描述。後冷戰時期，前蘇聯東歐集團和中國基本上放棄了自己建立的知識體系，但發現西方並沒有放棄他們的那一套體系。俄羅斯和中國逐漸有人感覺上當，有意從自身前冷戰甚至前現代的傳統中尋找與西方抗衡的資源。近年來中國的成就顯示，部分源自非西方思想資源的治理模式，並不像想像當中那樣不可行。

　　香港和台灣既是殖民時代「殖民地現代化」的實驗場，又是冷戰時期西方壓制東方的意識形態前哨，香港和台灣受殖民教育和冷戰意識形態雙重洗禮的精英，理所當然地認定，香港、台灣仿自英、日、美的制度和價值比大陸優越，因而在意識形態層面更不願意接受「一國兩制」方案。而「一國兩制」方案背後的前提和大陸的讓步心態，更坐實了一些香港人和台灣人在制度和價值上的優越感。

不過，意外的是，大陸在世界經濟中的地位發生巨大改變，對依照中國實際逐步衍生出來的「傳統 — 創新」型制度的信心逐漸增加，小部分精英不再完全臣服於西方價值。香港和台灣一些身處於文化層面上保留了某種「中國性」，但又受到西方價值洗禮的知識人，在面對這種變化時，心理上所受到的衝擊更大於他們在西方的思想同道。偏偏這時西方的經濟和社會都步入衰退期，不能為西方的冷戰價值體系和知識體系提供足夠的支持，使得這一體系暴露出某些漏洞。這一局面，讓上述這些香港人和台灣人產生了廣泛的焦慮。

更加尷尬的是，香港和台灣在經濟上又必須依賴大陸。大陸看到這一點，祭出很多「讓利」的政策，想用經濟之手牽絆住兩地的人心。但這種狀態反而更增加了那些在意識形態上排斥大陸的香港人和台灣人的焦慮，視之為更深層的「統戰陰謀」。這部分香港人和台灣人對於大陸的利港、利台措施當然不會領情，大陸在這方面做得越多，引來的反彈反而越多。

固然，從長遠的角度看，普通民眾終究還是會體認到自己的利益所在，但這是一個長期的過程。人類歷史上，為了維持心理上的優越感（或者叫驕傲），與自身的利益對抗，甚至親手摧毀自身前途的例子並不少見，而其中年輕人尤多。多數人都是在自身利益嚴重受損後才會回頭。

吳： 焦慮、排拒，兩種情緒確實在港台體現得很直接。從大陸一方來看，經由這次修例風波，該如何讓原來消極的、區隔的「一國兩制」轉向積極的、融合的「一國兩制」？這樣的推進，

短期可能會讓港人不適應甚至反感，但長期來看確實是重要且必要的。

吳啟訥：我想，鄧小平心目中的「一國兩制」，和今天我們看到香港正在實施的「一國兩制」應該是有一些落差的。鄧小平在不同的場合說過，對於回歸後的香港，不要管得那麼細，這句話意味着中央政府還是要管理香港，只是管理香港的方式與管理內地有差異。「一國兩制」的最初設計，應該是一個一體多元、相輔相成、可實踐的制度架構，「一國」的原則和「兩制」的精神都可以體現在具體實踐中，落實到日常生活中。

　　但 1997 年之後，「一國兩制」在香港的狀況是，「一國」原則抽象化，外觀形式大於實質意義；「兩制」反而成為一種壁壘式的、僵化的教條，在香港和大陸之間構築了有形的高牆。與此同時，大陸官員在維護「兩制」方面不遺餘力，不斷提醒下屬要尊重香港和澳門的資本主義制度。這樣做的結果之一，就是造成香港經濟被少數財團壟斷，群眾痛苦指數增高。其實鄧小平在 1984 年說過：「我們總不能講香港資本主義制度下的所有方式都是完美無缺的吧？即使資本主義發達國家之間比較起來也各有優缺點。把香港引導到更健康的方面，不也是變嗎？」

　　理想的狀態應當是，既然中國是一個非聯邦制的主權國家，國家主權應該到達國土的每一個角落。每一個國民，不論他住在哪一個行政區域或特別行政區域，在遵守憲法和全國性的法律、效忠國家的義務上，都是完全相同的，沒有程度的差

別，這才是「一國」。

而「兩制」方面，有必要看到，香港在 1997 年之前的成就，在結構上源自扮演大陸與外界之間橋樑的角色，在內部因素上來自香港數百萬勤勞的中國人的勤奮。當然我並不否認英國統治所帶來的殖民地現代化，也造成香港民眾較高的公民素質。正是因為這些成就和大陸之間有着密不可分的關係，所以在港英時代，香港和內地之間就有不同層次、各種形式的密切來往和互動。顯然在回歸之後，香港這一方面的傳統內容與中國式的社會主義經濟和生活方式之間並不是涇渭分明、互不相通的。在回歸祖國、共用主權的有利條件下，香港和大陸各自的經驗可以成為中國人的共同資產；之前兩種制度下的素質、效率，可以相互借鑒。就香港的現實而言，汲取社會主義、舉國體制的經驗，有助於緩解香港目前兩極分化的狀況；而進入中國經濟一體規劃的範圍，有助於香港在世界經濟中重新找到自己的地位和動力。

吳：確實如你所說，鄧小平當年的設想和今天的實踐有很大落差。但退一步講，鄧小平當年用原本解決台灣問題的「一國兩制」先來解決香港問題，其實是有着很現實的考慮的。當時的想法就是「袋住先」，沒有考慮那麼多意識形態和價值觀層面的問題。

吳啟訥：是的。當然，我不否認，當初設計「一國兩制」有現實的一面。冷戰時期香港的窗口地位對雙方都有利，香港經濟的起飛，與它的這個角色有直接關係；而這個窗口對大陸

也有利，可以減輕一些封鎖的傷害。現在大陸維護「一國兩制」，不能不說其中也部分延續了這樣的考慮。不過，近二十年來，大陸為挽救香港經濟，向香港「輸血」，不惜限制自身的發展，這些做法都有血緣文化乃至政治層面的考慮在內。對於台灣，大陸則是把血緣文化方面的因素和對政治遠景的期待放在比現實更優先的位置，有意忽視兩岸間政治上的敵對和經濟上的競爭，向台灣單方面「輸血」。

記得蔡英文剛上台時，大陸曾大幅減少入台觀光客，但近兩年來，蔡英文罵大陸越來越兇，觀光客卻去得更多了。這顯示，近兩年來大陸對台政策的整體方向還是回歸安撫，蔡英文自然藉此向島內展示她對「中國必須向政治現實靠攏」的斷言。6 月香港的事情爆發，大陸或許對安撫反而引發進一步敵意的現實有了比較深刻的感受，才對陸客赴台觀光作出限制，並抵制已成為變相宣講政治內容的文化活動。不過，如果就此斷言北京將全面採取強硬路線，為時尚早。

大陸當然有很多重要的國內、國際事務需要優先處理，台灣議題長期被放在比較靠後的位置。但如果從另一個角度看大陸的處境，台灣議題或許才是關鍵。香港局勢背後是台灣，台灣背後是美國和西方。我覺得，低估台灣議題的重要性，背後的原因還是和剛才提到的「一國兩制」設計的背景相關。

吳：所以你認為台灣問題是解套中國很多問題的關鍵。但台灣在世界百年未有之大變局中，僅僅扮演着非常小的一個角色。畢竟台灣問題背後，其實是中美關係。

吳啟訥：當然，從長期來看，中國的上升和美國的衰落，是不容逆轉的大趨勢。只是從外觀看，這種趨勢的發展是緩慢而曲折的。美國握有限制中國上升或減緩中國上升速度的若干關鍵手段，其中之一就是台灣。

在北京看來，與中國的穩定發展相比，台灣議題或許有必要放到靠後的位置。北京或許認為，為了回答台灣問題而導致風險加大、造成大陸內部的不穩定，很不值得。觀察者大致看得出來北京的這個思考路徑。但北京是否必須在公開場合遮掩自己的未來目標，這是一個從戰術角度延伸到戰略角度的問題。

吳：而且港台信奉的那套價值觀其實也面臨挑戰，面對很多現實問題顯得乏力，大陸的模式反倒提供了另一種可能性。

吳啟訥：的確是發生着這樣的變化。但應該注意到，長期信奉西方價值觀的人，或許也從某些蛛絲馬跡中看到了這套價值觀在實踐中出現漏洞，乃至走向沒落，但在情感上甘心接受這種變化不是一件容易的事。

反過來也一樣，中國有人體認到「四個自信」的重要，但要超越口號，上升到價值、哲學層次，還有很多重要的事沒做，包括理論體系的建立和與社會大眾的有效溝通，以及與文化和政治傳統相異的外界的有效溝通。舉一個相關的例子，比如中國的一黨執政。大陸對內講加強党的領導，民眾並不覺得突兀，但外界，包括香港和台灣社會，就會直覺地認為這是強化獨裁專政。外界多數人不了解中國共產黨並不是西方政治經

典意義上和議會政治體系下的政黨。中國話語體系的構造和溝通，也是一項挑戰。

目前中國在這方面建立了一些必要的基礎。近幾年我到過大陸一些偏遠農村和山區，看到民眾都安居樂業。不要以為這種情形在世界其他區域也是常態，多數地方其實是做不到的。

吳：其實在大陸內部，也有不少人還是認為中國應該走西方道路，中國這一套長久不了，更何況港台呢。

吳啟訥：大陸社會有兩種很普遍的觀點。一是認為大陸目前在人均所得方面還不如台灣，當大陸經濟發展得更好、人均所得趕上台灣後，台灣就會接受大陸、接受統一。這是一種一廂情願。如果台灣人始終認為自己的價值，乃至（有些人想像中的）「血統」比大陸優越，那麼哪怕大陸再富有，台灣也不會接受統一。

二是對台灣的選舉政治羨慕不已，同時以為台灣的選舉政治只是中國內部的一種區域性事務，可以為中國其他區域樹立民主典範。這也是一種一廂情願。這種觀點沒有體認到台灣這種選舉是一種對「主權」的再確認，是一種對有別於大陸的「政治生活方式」的再確認。換句話說，台灣的投票政治，目標就是否認和切斷自己與中國的關聯，其中的民族主義動機早已取代民主的動機。

其實，最難應對的問題，或許還不在於香港、台灣遭到有形殖民的歷史和有形的後殖民現象，而更可能是一種無形的殖民現象。十九世紀末以來，中國知識界和青年中有極大比例

的人，將自己的頭腦開放給近代工業國和與之相伴的帝國主義、殖民主義文化作為其殖民地，奮力切斷與中國傳統的連結，也切斷與中國現實的連結。大陸的知識界尚有人覺得西化是救中國的唯一道路，而成為有形殖民地的香港和台灣，其中多數的精英甚至於更傾向否認自己的中國性，更急於證明自己已然徹底脫離中國，因而在行動上要表現出對中國的厭惡和痛恨。從這個角度來看，其實也沒有真正的「台獨」和「港獨」，有的只是一些人祈求恢復日、英殖民統治的願望。

在真實的歷史中，近代中國的奮鬥，都要回歸中國現實，落實到中國道路。只是這條道路很崎嶇。在中國共產黨步上中國化的革命道路之後，即使是在黨內，也要面對時時到來的質疑和挑戰。因此，現代中國歷史上，「頭腦與現實脫節」的現象成為常態。

如果大陸的知識精英也將殖民地現代化直接等同於現代化，則香港、台灣的英、日殖民文化和後殖民現象將引導大陸現代化的走向。如果大陸的知識精英從根本上懷疑自己的制度，而將台灣現在的政治文化視作效仿的對象，則大陸在精神上難免永遠低人一等。

吳：回到香港問題，目前最關鍵的還是怎樣「止暴治亂」。連日來香港發生了一系列暴力劫持、毆打內地遊客和記者的惡性事件，目前官方的定性是「恐怖主義」、「顏色革命」。

吳啟訥：政治訴求暴力化，這在政治歷史和政治現實中是一種常態。大陸的現代轉型是一個長期的過程，政府當局和民間人

士都對轉型抱有一種理想化的想像，以為由西方開啟的現代社會形態完全是由完善的法制所規範、運作的，而低估了現代社會和現代政治中普遍存在的叢林法則。

事實上，即使在現代社會，叢林法則既會以文明的外觀呈現，也常常會以暴力的外觀呈現。西方各國在應對政治訴求暴力化方面有着長期且豐富的經驗，面對示威抗議活動的失控，發展出從科技到法律，再到政治層面相對系統且日趨完善的應對策略。而針對警察與鎮暴部隊面對示威抗議狀況的專業訓練，也都在形成標準作業流程的同時，特別給予警方在暴力升級等突發狀況下使用震懾手段的授權。毫無疑問，大陸在這方面需要梳理西方各國的成熟經驗。就當前而言，我覺得北京有必要向國際、香港和大陸內部釋放明確的信號，減少各方誤判的空間。

重啟政改
並非香港出路

劉兆佳

香港中文大學社會學榮休講座教授、全國港澳研究會副會長

2019 年 9 月　　　　香港中文大學

訪談手記

　　當北京正在為慶祝建國七十週年進行緊鑼密鼓籌備之際，香港因反修例而起的風波也進入到新的週期。雖然林鄭月娥於 9 月 26 日晚的社區對話中盡可能多地聆聽了各方聲音，但隨之而來的幾場遊行，人數並未出現明顯下降。劉兆佳認為在修例風波的倒逼下，香港亟需形成綜合管治力量，以推動全方位的改革。至於不少人認為需要以重啟政改和推動普選來解決香港當前的問題，劉兆佳認為民主選舉只會加速香港鬥爭的白熱化。他指出，香港很多人還不明白香港這個地方是沒有民主選舉、沒有普選政府的，但香港有人權、法治、自由和廉潔的政府，這在全世界都是首屈一指的。

吳：美國剛剛通過了《香港人權與民主法案》，這對於當前香港局勢以及中美兩國關係會產生怎樣的影響？

劉兆佳：其實，美國政府要對香港動手，根本不需要所謂的《香港人權與民主法案》，現有的《美國—香港政策法》，已經給予美國政府足夠手段對香港進行打擊。為什麼不這樣做？肯定是有理由的。美國不願意這麼做，就是不願意與中國交惡，更不願意犧牲美國在香港的利益。而且，打擊香港的手段，不但會讓美國付出代價，而且效用也不大。中國政府怎麼可能會因為美國對香港採取一些不利行動而犧牲中國對香港的主權和管治權，讓香港變成一個反共基地？根本是不可能的。

美國的另一些考量，也不是為了香港所謂的反共分子。美國在其他國家推進「民主」，或者顛覆政權，基本上都是利用他們作為棋子而已。

美國明年面臨總統大選和國會選舉，美國國內現在反華情緒高漲，所以政客都以攻擊中國作為謀取選票的手段。現在搞的所謂《香港人權與民主法案》和最近通過的《維吾爾人權政策法案》，以及《台灣旅遊法》，還有利用《國防授權法》向台灣出售武器，乃至貿易戰、科技戰、金融戰，連在一起，基本上都是為中國製造麻煩，在中國周邊或邊陲製造動亂。中國對此肯定有所警惕。

吳：原本美國也不急於用香港對付中國，恰好香港發生這場動亂，肯定要好好利用，來使香港成為中國的麻煩。

劉兆佳：現在這個法案確實有通過的機會。因為特朗普
（Donald Trump）現在也處於弱勢，參議院要彈劾他，他為了
選舉也要擺出一個對香港強硬的態度。特朗普幾個月前還對香
港態度不強硬，模稜兩可，但他受到內部壓力，為了選票，也
許會簽署這個法案。簽署之後，他願意做多少工作現在很難
說，不過中美關係肯定會因為這個法案受到嚴重影響，也會影
響到中美貿易談判的進程，最後結果肯定是對香港的民主發展
更為不利。香港反對派的活動空間會進一步被壓縮。美國政客
為了自己的利益，反而會做出一些對他們要支持的對象非常不
利的行動。

吳：接下來怎麼辦呢？美國在那邊煽風點火，香港遊行又
不斷。

劉兆佳：他們這樣搞是為了自己利益，不是為了香港民主派的
利益。

吳：但香港的激進示威者不這麼認為。

劉兆佳：他們當然不這樣認為。有美國官員和我交流，我跟他
說香港有些反對派認為美國會保護他們，當時他也笑起來。
一些人愚蠢得不得了。美國為什麼要跟中國對抗來保護他們
呢？頂多讓他們移民到美國去，給他們幾年的資助，然後讓他
們自生自滅。這種情況過去屢見不鮮。

　　這次的反對派都是年輕人，根本就是幼稚可笑，根本不知
道國際政治的兇險，以為有美國人撐腰，就可以迫使中國政府

屈服。他們期待將來見到的情況，肯定和他們所得到的結果截然不同。而且從這方面來講，他們的做法也掀起了香港人的反美情緒，對反對力量更加不利。因為香港人無論對中國政府態度如何，都不希望香港成為中美之間的戰場，所以他們這樣對香港非常不利。我指的是那些跑到美國去，即使不是主動跑去美國，而是美國邀請去國會作證，說香港的人權「民主」、「高度自治」受到踐踏，要美國出手的人。

西方記者也對我說，那麼多人可以肆無忌憚幾個月來做出各種違法行動——衝擊特區政府，侮辱國旗、國徽，那麼多的自由還說沒有自由。連人家外國人都看得清楚，假如是在集權統治的地方，會發生這種事情嗎？恐怕政府已經出動軍隊了，根本不會出現現在的情況。所以西方政府也看到，正因香港被賦予了極大的人權保護，才出現現在這場動亂。倒是反對暴亂的人，他們的自由會受到侵犯。你和他們意見不合，他們可能就會打人。

現在在中美鬥爭過程中，香港不幸被捲進去，是沒有辦法的事情。這個情況我早就預料到，必然會發生。因為中國政府要香港發揮獨特、不可替代的作用，但從美國的角度來看，香港發揮的作用就是幫助其敵人發展起來，美國沒有責任讓香港保持對中國的價值。

當然，能夠制約美國的，第一是擔心中國的報復、反制；第二是擔心美國在香港的政治和經濟利益會受到損害。這兩個才是制約因素。這麼多年來，美國政府就算有他們的手段，也沒有真正來對付香港，肯定是有所忌憚。他們有自己的

利益，不會做得太過分。而且美國那些企業現在也在華盛頓進行遊說。

所以這些事情，擔心也擔心不來，遲來早來始終要來。但同時這也讓中國政府有機會，既然美國暴露了對香港的真正意圖，中央也會更無後顧之憂，在香港進行撥亂反正。

吳：具體來說，要怎麼撥亂反正？

劉兆佳：我也說不清楚，但主要有兩個方向：第一，加強保衛國家安全的機制，防止香港成為國家安全的威脅；第二，壓縮內外反對勢力在香港的活動空間。美國這樣做，恰恰讓中國政府下定決心，朝這兩個大方向做一些事情。

吳：中央一直在說要止暴制亂，這是第一步，也是當務之急。

劉兆佳：「止暴」是第一步，「制亂」是一項長期的工作。怎麼樣把香港的亂局改正過來？這牽扯到很多方面，包括教育、政治體制、對反對派的態度、特區政府的管治方式、公共政策的制定，等等。我最驚訝的是校園內竟然出現那麼多年輕人對自己的國家、民族如此痛恨。你怎麼放心「一國兩制」在未來交由他們來貫徹、推動？這是中國政府要面對的最大的挑戰。當然，從鄧小平的角度來說，「一國兩制」沒有說一定要香港人愛國，更不需要愛黨。罵共產黨可以，但一旦你採取行動對付國家和政權，北京就必然會干預。所以，其實在「一國兩制」下，鄧小平對香港人的要求很低，那個時候沒有把愛國愛黨作為「一國兩制」的實施前提，只是要求香港人不要做一些傷害

國家和政權的事情而已。

習近平幾年前提出過幾條紅線：第一，維護國家主權與安全；第二，尊重基本法和中央在香港所享有的權力，不能挑戰；第三，防止香港成為顛覆和滲透基地。現在發生的所有事情都是在衝擊這三條紅線的。現在中國政府也告訴全國人民對於香港發生的事情。如果政府不打算做任何事情，就沒有必要在內地發動群眾為自己製造壓力。中央肯定是打算做一些事情，以確保這三條紅線不會再被觸碰，來捍衛「一國兩制」和國家利益與安全。

吳：「亂」的部分剛剛列了好多，有很多層面，包括教育、特區政府的管治，以及內外反華勢力構成的威脅等等。把這些「亂」都擺在一起之後，有沒有一個中心點可以聚焦，以便更好地去理解這些「亂」的情況？

劉兆佳：在一定程度上，香港所發生的事情，在西方國家都出現過，只不過以不同方式表現出來。西方出現的問題也是貧富懸殊越來越嚴重、經濟發展緩慢、經濟競爭力下降、年輕人沒有出路。西方其實也面對這些問題，但他們是通過反移民、反政府、民粹主義等等方式表現出來。

問題是香港多了一個所謂內地或者說中國政府作為鬥爭對象，這種情況在其他地方，在不同程度上也出現過。現在全世界都面臨着如何處理好和一個崛起中的中國之間關係的問題。中國的崛起在不同方面給世界造成了影響。有些地方覺得中國人搶了他們的飯碗。全世界各國都對中國的崛起產生了憂

慮，而且有些不知所措。

香港的情況更麻煩。第一，不少人還是有一種反共心態；第二，對內地有一種優越感，隨着中國崛起變得心裡不平衡；第三，對香港以及個人前景擔憂；第四，把一些香港自身的問題解釋為是由中國內地造成的。當中國對香港影響力越來越大，香港失去了原來的特色，「香港人」的身份認同也被摧毀，他們擔心中國限制香港的人權自由，例子就是過去幾年中國為了打擊「港獨」所做的事情。從中國角度來看，做這些是為了保衛或者預防，但香港有部分人則認為這是在限制香港人的人權與自由，擔心中國政府要拿走香港的人權自由。再加上中國在香港的利益越來越多，利益上的衝突，以及香港人與內地同胞接觸時所產生的一些摩擦，都使香港人覺得中國內地對自己是一個威脅。

現在很多人主觀上還是抗拒內地、擁抱西方。而客觀上西方越來越把香港推開，而且為了遏制中國，還在做一些對香港不利的事情，這反而讓香港在客觀上更加要擁抱國家。從來都是客觀趨勢要壓倒主觀趨勢，當然過程會非常痛苦。很多人會覺得是被迫離開他想要擁抱的先進文化，而要去投靠一個落後文化。問題是，他們打破不了這個宿命，西方只是想通過香港來達到自己的目標而已。而香港很多人不知不覺之間成了他們想要利用，而且是用完即棄的工具，將來後悔也來不及，而且馬上可能會付出代價。只要被抓、被判刑，有了案底，失去了回鄉證，以後怎麼發展呢？當然，可以按照美國的《香港人權與民主法案》以「民主鬥士」、「反共義士」的身份申請美國簽

證。但到了美國能做什麼事情呢？很多逃亡美國的民運分子現在什麼處境？恐怕連生活都有問題。

　　我對一些年輕人既覺得氣憤，又感到可惜，因為他們不知道自己在做什麼，自以為在拯救香港，實際上會導致香港將來面對更加困難的處境。

吳：所以經過這次風波，很多人開始反思香港的教育問題。

劉兆佳：不完全是教育出了問題，大學、中學裡面本身很多人就是憤世嫉俗，對中國和中共都心存怨氣，仰慕西方文化，覺得中國政府沒有讓香港走向民主化，對個人的生存和發展也不太滿意，一些人覺得自己的價值沒有實現。所以有一部分責任在於教育教學出了問題。這麼多年來，中央政府也好，香港政府也好，允許在學校出現很多對國家民族不利的政治灌輸和對基本法的錯誤理解。這完全是從香港本位出發，否定國家利益和中央權利。

　　另外一個更重要的理由，可能是年輕人對香港很多狀況不滿，特別是他們本身的發展機會不多、社會流動機會不夠，加上對香港所謂缺乏民主政治，以及貧富懸殊、財富集中、經濟壟斷的情況看不過眼。當然還有具體到房屋問題，買不起樓，即使買得起也只能住一個非常狹小的單位，現在還有一些人已經成年，要被迫和父母同住在狹小空間裡，所以對社會怨氣很大，為什麼出現這種不公呢？他們也歸咎於香港本身的體制以及香港的資本主義，再進一步就認為香港政府沒有處理好香港的問題，才讓他們現在陷入不好的境況。

對於提倡維持香港原有制度和生活方式五十年不變的「一國兩制」政策，以及背後推動這一政策的中國共產黨，肯定也不滿。「一國兩制」本來就是通過維持現狀來穩定香港人心和投資者信心的，但當時已經有人覺得他們不太接受這個香港，因為把現狀中的各種不平等的東西都維持下來，而且還強化了一些商界精英的權利。隨着回歸後貧富懸殊越來越嚴重，香港經濟的活力和競爭力不斷下降，財富集中情況越來越嚴重，向上流動的機會越來越少，更具體地反應在房屋問題上，肯定會產生一批憤世嫉俗，同時把責任推到政府和中央頭上的人。當然他們本來在學校、家庭裡面，通過媒體，已經對中國共產黨有所不滿。就算中國發展起來，對他們來說只是增加內地對他們的威脅。他們也知道，就算要留在香港發展，也會遇到越來越多來自內地的挑戰和競爭。

所以，你會感到奇怪，為什麼他們不把怨氣投射到有錢人身上，而要投射到中國政府和特區政府？全世界都有這樣的情況。在香港，很多人都希望迫使政府出一些對自己有利、對投資者不太有利的政策，希望通過奪取政權，來為自己和自己所屬階級爭取利益。

所以，現在問題不單出在學校，還出在社會上。很多人會心裡不平衡：你瞧不起的人好像做得比你更好，而且對自己的態度也是越來越瞧不起。所以他覺得自己的利益越來越受威脅，這是宏觀環境層面的歷史性改變。很多香港人，特別是年輕人，還沒有能夠接受一些現實情況，還沒有接受香港已經回歸中國的事實，還沒有接受中國共產黨要在中國長期執政的事

實，還以為中國政府會在他們的壓力下就範，還以為其他國家會站在他們那邊、為保護他們而向中國政府和特區政府施加壓力。

在我這個年齡的人看來，這都是非常可笑的事情。但問題是適應過程中，無可避免會產生衝突、鬥爭，鬥爭的結果肯定是客觀趨勢壓倒主觀願望。這是一個痛苦的過程，但只有這樣，人們才能在一個現實的基礎上處理好自己的問題，以及香港人和國家之間的關係，處理好「一國兩制」之下，應該做、不應該做，能夠做、不能夠做哪些事情。

吳：這個過程要持續多久？

劉兆佳：這個過程本身並不一定會表現為暴力衝突。暴力衝突只是一個階段性的事情，而這個過程本身其實並不見得完全是負面的。從客觀角度來看，我希望不會因為香港的情況和內地同胞對香港人反感而讓中央出台對香港發展不利的政策。國家崛起肯定會給香港帶來機會，問題是你要先克服主觀上對這個發展抗拒，來重新裝備自己，調整自己的心態，好好利用這個發展機遇。現在香港不是面對一個越來越衰弱的中國，而是面對越來越衰落的西方，問題是怎麼把心態調整過來，改變對國家、對內地同胞的態度，然後好好利用國家對香港的優惠政策所帶來的機會。不要因為心理上有怨氣和抗拒而放棄很多機會。

就算很多人不願意利用這樣的機會，也總會有人利用這些機會，取得成功的話，再慢慢帶動其他人，逐步克服心理障

礙。幾十年前,中國改革開放初期,很多香港開工廠都不願意回內地,不願意在珠三角蓋廠房,特別是一些此前把廠房從內地搬到香港的,要他們重新回去發展,他們不願意。沒辦法,現在香港土地越來越貴,工資越來越高,肯定有些人為了生存會跑到珠三角發展。當一間幾個人或者十幾個人的廠,變成幾百人、幾千人的大廠,產生的示範效應,肯定會推動其他人回內地發展。無須強迫他們利用這些機會,只要把機會放在他們眼前,而且為他們提供利用這些機會的條件,最後必然會有人去並飛黃騰達。其他人要不要跟過去?肯定會。所以這個客觀過程肯定會發生。

現在很多年輕人還可以享受上一代所取得的成果,還可以「啃老」,維持一定的生活水平,有些人甚至對台灣式的「小確幸」已經很滿足,但這只是過渡期。當他們父母這一代走了之後,他們有沒有飯碗?能不能好好照顧下一代?可不可以繼續不利用內地提供的機會來發展?現在香港一些年輕人還可以得到父母的庇護,做他們所謂「拯救香港的偉大事業」,再過一段時間怎麼辦呢?特別他們現在做的事情已經危害到香港的經濟命脈,恐怕還會加快這個客觀趨勢的發展,迫使他們更需要從香港以外找尋機會。他們現在做的事情產生的效果跟他們的主觀願望正好背道而馳。

吳:除了教育、民生層面的問題,在處理香港問題的過程中,重啟政改是怎樣的一種存在?很多港人覺得這才是解決問題的關鍵。

劉兆佳：我覺得稍有常識的人都會問，改變政治體制就能改變其他事情嗎？現在幾乎所有西方國家都是民主體制，有沒有阻止西方走向衰落呢？這個衰落的過程反過來讓很多人覺得民主制度不行。他們認為就是因為民主制度不行，才讓西方出現那麼多貧富不均的情況，才讓西方經濟走向虛擬化，讓實體經濟慢慢消失，讓西方越來越無法雄霸世界。現在很多西方人也質疑民主體制是否有用。

現在問題就是，就算香港出現一個民主政體，會產生什麼效果？第一，香港跟中央繼續對抗；第二，一些資本家會撤走；第三，內部分化、衝突會更加嚴重。除非香港在取得民主政治的同時，改變了對中國內地的看法和對抗中央的心態，而且不會利用手上的權力改變香港的福利政策和稅收政策，不然恐怕香港得到了所謂的民主政治，其社會、經濟、生存條件反而會遭到嚴重影響。

過去幾年很多國家都採用了民主選舉制度，但哪一個國家因為民主選舉而在經濟蓬勃發展？特別是美國強加在別人頭上的「民主」，比如伊拉克、阿富汗、利比亞，得到了什麼成果？香港很多人還不明白香港這個地方是沒有民主選舉，沒有普選政府，但香港有人權、法治、自由和廉潔的政府，這在全世界都是首屈一指的。也許有人會說，沒有民主政治，這些東西都沒有保障。問題是很多事情都不一定完全是由政治體制來保證的。很多地方有民主，但沒有自由；有些地方有民主，但在實施上是多數壓迫少數。所以在研究西方民主理論的同時，也要研究每個地方的具體情況。美國現在所發生的的種種

現象，如兩黨之爭勢同水火，嚴重癱瘓美國的管治能力，這些有沒有人去研究過呢？美國所謂自由，也是一種黨同伐異的自由。美國的「民主體制」，讓美國的貧富懸殊問題無法解決。

問題是很多年輕人看不懂，對香港的過去不了解，對西方國家如何運作也不了解，他們反映的只是對現狀有些不滿。他們想當然地以為，有了雙普選香港問題就迎刃而解，但事實並非如此。而且在香港對如何理解「一國兩制」以及如何處理與中央政府的關係也有不同理解，民主選舉只能令香港的鬥爭白熱化。

吳：香港現在很大一部分民意都認為之所以有這些問題可能都是因為沒有真普選，如果有了普選，至少特首就不只是為北京和「大老闆」服務，而是會聽一下選民的聲音。

劉兆佳：的確有人這麼講，但我覺得，真的相信的人不多，香港還沒有缺乏理性到這個地步。香港是高度現代化的商業社會，始終需要某種程度的理性。最近幾個月很多人失去了理性，也許他們被仇恨、恐懼掩蓋了理性，但這種情況不會持久。當發現失業率上升、很多企業倒閉、人身安全得不到保障，他們就會覺醒過來。

所以，很多教育程度比較高的人以為會有簡單的解決辦法，是因為他們看不到有什麼辦法，於是把雙普選當成救命稻草。其實過去幾十年，全世界出現的鬥爭，都沒有具體的目標。究竟世界要往哪裡走，也沒有目標。所以，過去幾十年全世界的社會運動，只能帶來一些破壞性的作用。但究竟走那一

條路線？資本主義不行，社會主義也不行，社會民主主義好像
也有問題。

現在你看到的只是因對現狀不滿而進行的破壞、發洩，他
們還提出了什麼理念？頂多是提出要雙普選，但他們心中也知
道雙普選根本解決不了很多社會、經濟、民生的問題，反而會
帶來更多問題。當然在絕望過程中也無妨拿一些自己也不太相
信的東西當救命稻草，作為驅動你行動的力量。但問題是，這
種情況也不會持久，因為你沒有一個真正相信的目標，也不
會為了這些目標而長期奮鬥、作出犧牲。因為你自己也不太
相信。

現在香港問題已經不完全是香港內部的問題了，還受到中
美鬥爭、中央撥亂反正的影響。當然中美雙方會在香港形成新
的鬥爭環境，不過暴力行為肯定會受到約束。暴徒的人數現在
越來越少，他們不能和警察進行陣地戰，只能進行遊擊戰。他
們也不敢和警察進行正面交鋒，只是趁警察沒有到來之前進行
破壞活動。這種與民為敵的行為有前途嗎？只會激發更多香港
人反對他們，所以暴力行為無以為繼。

所以我認為，政治鬥爭的部分不會停，而整個結果會是反
對力量越來越受到壓縮。

吳：這場運動會對特區政府後續的施政產生怎樣的實質
影響？

劉兆佳：現在香港管治已經不完全是特區政府的事情了，現
在是中央、特區政府跟建制派聯手組成一個新的綜合管治力

量。在很多方面特區政府更需要中央的說明，假如中央不出來大力支持警察，警察的士氣恐怕很早就出現問題了。而現在他們士氣很好，越來越有經驗。這都是暴力分子始料不及的情況，他們本以為很快會打垮警察，把他們家人起底，對他們進行個人指控、污蔑等等，但沒有看到結果，反而警察的表現越來越好。所以香港警方是止暴方面的最大保證，根本不需要出動解放軍或者武警。

在綜合管治力量的加持下，必然會壓縮內外反華勢力在香港的活動空間，然後在社會、經濟、民生問題上推行一些大刀闊斧的改革，特別是擴大香港的產業基礎，為縮小貧富懸殊、為弱勢群體多做點事，為年輕人開拓更多發展機會。

吳：之前的動作也是這個思路。

劉兆佳：但力度不夠，現在需要加大力度，所以特區政府也有一些危機感，而且現在這種情況為特區政府和中央政府推動一些重大改革提供機遇，所以最近就有開發商向特區政府捐出土地，這樣政府在開發土地的時候遇到的反對聲音就會少一些，也不排除會開展一些稅制改革。中央政府也會在很多方面大力支持特區政府，包括克服一些既得利益者的反對，所以不完全是負面的情況，也有正面意義，能把特區政府和建制派的危機感激發出來，形成改革的動力。香港的資本主義制度走到今天，不進行改革不行。如果貧富懸殊得不到改變，肯定會有人出來反對。

換人不換局
香港三座大山難推倒

🗫 **葉劉淑儀**

香港立法會議員、新民黨主席

📅 2019 年 8 月　　📍 香港新民黨辦公室

訪談手記

在香港，葉劉淑儀一直是頗具爭議的人物。不同於香港高階公務員普遍的溫文爾雅，葉劉淑儀不僅在一些敏感問題上大膽直言，而且做事風格亦是雷厲風行。尤其在基本法二十三條立法問題上，葉劉淑儀不僅因執意立法致使民望不斷下滑，並在 2003 年 7 月 1 日五十萬人上街遊行後成為最不受歡迎的政府官員，而且其本人亦在同年 7 月 16 日辭職，成為首批辭職的問責局長之一。而後幾經沉浮，葉劉淑儀仍不遺餘力在香港政壇拼殺，並兩度宣佈參選行政長官，最後均因未能獲得所需之 150 個提名票而放棄參選。修例風波爆發後，葉劉淑儀再次大膽直言，稱「換人不換局」無法從根本上解決香港問題。筆者在新民黨總部採訪葉劉淑儀時，她詳細陳述了自己的見解和判斷，並不斷展示着她如何通過社交媒體與香港民眾互動。無疑，葉劉淑儀的表達是直接的、毫不拖泥帶水的，有時候甚至是帶着某種自我炫耀的，但時下的香港，不正需要這樣的魄力和簡單直接嗎？

吳：日前你針對反修例提到，「換人不換局」可能起不到任何作用，「換人」的意思大家都知道，但是「換局」有多種解釋。在你看來，當下的「局」是什麼？如果「換局」要怎樣換？

葉劉淑儀：「換人」是比較容易的，而現在的「局」就是民怨很深，基於很多內部的問題，土地房屋的問題很嚴峻，貧富差距很大，香港青年的出路的確是非常窄，而且香港的競爭力下滑，所以很多青年對前途都很洩氣。特別是中國加入世貿組織二十多年來，經濟急速冒升，的確對香港經濟是有衝擊的。比如香港的集裝箱碼頭輸送量不斷下跌，就是遇到了來自內地的競爭。香港年輕人，就算是優才，也遇到了強烈的競爭。比方說在這樣的國際金融中心，很多的國際律師事務所、諮詢顧問、會計師越來越多地任用內地優才來擔當這些工作。

　　過去香港是轉口港，而在中國改革開放之後，香港「中間人」的角色就淡化了。所以香港年輕人的出路是越來越窄的。為什麼這麼多香港的高考狀元們都想念醫科、牙科？因為一般除了當專業公務員、金融人士，其他很多畢業生月收入都只有一萬多港幣，而以香港的生活水平，月薪一萬多港幣的生活水平是不好的。

　　無論是三年前的旺角騷亂，還是這一次的暴亂，我們都發現參與的年輕人中有大學生，包括港大的。而很多使用暴力的是廚師、運輸工人。參與旺角暴亂的很多都是體力勞動者，是沒有什麼收入上升空間的人。

　　所以「換局」就是，香港無論是經濟還是社會問題，都

需要大刀闊斧地改革，才可以改變這個局面，這是內部的問題。還有另外一個局面，就是「一國兩制」22 年以來，我是這條路一路走來的人，香港回歸的時候是很樂觀的，真心覺得明天會更好。但是現在，年輕人對「一國兩制」沒有信心，覺得自己在國家的地位越來越低。

所以，年輕人的國民身份認同感沒有增加，也就是對國家的認同沒有增加，對「一國兩制」的信心不說減少，也沒有增強。這個局怎麼改？

香港無論如何都是國家的一部分，絕大多數的年輕人移民是很困難的，移民去西方的發達國家是沒有人要的，這些國家都要優才，除非他們移民到台灣、泰國、馬來西亞。所以這個局是應該改的，我希望找到一個破局的方法，去解決香港內部的經濟與民生問題。還有就是「一國兩制」快 25 年了，破局可以增加香港人對「『一國兩制』是香港最好的出路」的認同。

吳：現在的香港，無論是經濟、民生的問題，還是「一國兩制」的問題，都是結構性的問題，破局並不容易，甚至特區政府有的時候一味向商界讓步，也讓原來的「局」越來越複雜。另一個問題是「一國兩制」的認同感，其中有歷史遺留的問題，更不用說現實層面，港人對內地存在着不信任，甚至有一種恐懼感。基於這些問題，如何才能真正破局？

葉劉淑儀：香港的經濟、民生問題中，最難解決的就是土地短缺，因為要填海。根據香港的制度，填海造地要逐步在立法會申請撥款，還要面對司法覆核，很多環保人士會通過司法覆核

拖慢整個程序，東大嶼起碼 20 年到 30 年才能實現，其實現在的機會是比較渺茫的。

土地是比較難解決的，而其他方面，比如林鄭月娥過去談過的「三座大山」，都可以解決。「三座大山」之一就是領展的問題，房屋委員會賣了 180 個公屋商場給領展，領展就不斷交租，導致公共房屋商場的租金很貴，而且把小商戶趕跑。一些過去的個體戶、小商戶的生意都不能維持，增加了貧富差距。但這是可以解決的，通過法律歸還加租的幅度就可以，可以實施租管，過去香港都是有租管的。我提出過一個私人條例草案，給特首討論。

另外一座大山，就是市民經常投訴的地鐵車費問題，其實也可以解決。因為現在的模式跟私人的運輸公司一樣，是一個只加不減的機制。其實可以改變成一個利潤管治機制，好像電力公司一樣。我有一套建議，要是特區政府可以實施，車費可以大減。

其實領展和地鐵是香港股市表現最好的公司，因為有壟斷。政府給他們壟斷，他們壟斷修鐵路，壟斷了最好的發展房屋的位置，但是從地產賺來的錢，不用來補貼車費，這是不應該的。這些都可以改，市民會歡迎的，市民會感受到政府希望打造一個比較公平的社會。還有其他的問題，比如醫生短缺、人手不夠，都可以解決的，所以要大刀闊斧地來幹。

而國民身份認同的事情就比較困難了，但也不是不可以解決。要了解原因，給出應對的辦法。原因是什麼？第一，是教育出了問題；第二，是價值觀出了問題。因為二十多年來，特

區政府都沒有在價值觀上掌握話語權。比方說在港英年代，有文字記載的，英國人用什麼價值來管治香港？是民主嗎？不是。是人權嗎？不是。是用儒家的思想——克勤克儉、勤奮向上、愛護家庭、重視教育、互助互愛。

香港有互助委員會。六七暴動之後，英國通過十年建屋計劃、暑期青年活動計劃，讓每個地方都有音樂統籌處，有很多的文娛中心，讓港人聽音樂、學音樂、搞文化活動，充實生活，還有民政主任制度。這些都是在價值觀上鼓勵互助互愛，這就是獅子山精神。英國人就叫香港人勤勤力力、好好工作，發展經濟就沒事了。

但是英國在撤退前的十多年，就開始推民主、人權。香港的人權法是 1990 年代通過的。個人私隱保護條例、平等機會條例，還有所有反歧視法例，所有有關人權的條例，都是 1990 年代通過的。英國人在離開前改造香港，改造成西方民主政體那種價值觀，不得不說很成功。

吳：用內地現在的說法就是港英政府在香港回歸之前「埋了很多個雷」。

葉劉淑儀：港英政府「埋雷」是一方面，另一方面是香港回歸後的四個特首都沒有把握話語權，而是給人牽着鼻子走，所有公務員都是幹什麼都害怕。比如香港的智慧城市為什麼打造起來這麼慢呢？今天看報紙就知道，香港的智慧燈柱有三大功能不能啟動，因為侵犯私隱。所有人都把人權和私隱放在最前，就造成年輕人只知道要自由，沒有責任感；只知道個人的

自由，沒有看到整個社會的需要；只知道索取，沒有想到給予。價值觀出了很大的問題。

所以現在年輕人越來越自我。我畢業的時候是負責養家的。當年大家都是這樣的，現在行嗎？我也同情年輕人，由於房價高，他們努力工作也買不到一個像樣的居所，這很值得同情，應該幫他們解決問題。

吳： 剛剛提到大刀闊斧改革的問題，提到了住房、醫療，甚至具體到地鐵票價。發現了問題，也有了路徑，而且很迫切，但為什麼不能大刀闊斧地推動呢？你也提到一個很重要的問題，就是年輕人只知道要自由，沒有責任感，沒有看整個社會的需要。香港多年來一直蟬聯全球最自由經濟體，北京也一直把這個當作香港的一個成績單。造成這一切背後的根源是什麼？

葉劉淑儀： 吃老本，經濟的思想是不斷有進步的。現在西方也不是推崇完全的自由經濟。所有最成功的經濟體，比如美國，都有很多的規管，包括對金融、銀行非常強的規管，沒有哪裡的經濟是完全自由的。而且香港的經濟在貨物貿易方面確實很自由：自由港、沒有關稅。但是服務業不是，服務業有很多的壟斷和保護主義。很多真正有見識的財經界人士也說香港需要打破很多。

你說我的建議聽起來很合理，但為什麼沒有實施呢？當然你可以說因為香港的政體已經改了，不是 1997 年以前簡單的行政主導。當年港督是立法會主席，官員是議員，官員在立法局佔大多數，政府有票。而其他議員都是委任的，你不聽話就

不委任你，所以基本上推什麼措施都沒有碰到很大的反對。

現在不同了，彭定康（Christopher Francis Patten）1993年廢除了港督兼任立法局主席的慣例，他自己退出了立法局。1995年所有官員都退了，港英政府也一票都沒有。有一本書叫《最後的港督》（The Last Governor），當中也有記載，當時陳方安生跑到港督府說不要這樣，我們沒有票，不要讓我們全部撤退。他不聽，因為他要在香港推西方模式的民主。英國人在最後的20年改造香港，改到非驢非馬。

所以現在政府推很多政策、法律都要看夠不夠票，有時夠票也不行，比方說移交逃犯條例。而且政府把握不了民意，不能領導民意，給人家殺到片甲不留，完全是一面倒。反對派做了很多宣傳，稱香港的前途漸行漸暗，說因為有了這個條例，你和鄰居吵架也會被移送到內地，把香港人嚇唬得不得了，港府就是這樣輸了民意票。無論是香港的經濟、社會政策，或者是政府的機器，完全是過時落伍的。

吳：你提到「過時」，那麼整個特區政府的公務員制度是不是也「過時」了？

葉劉淑儀：公務員基本上還是優秀的，但是現在香港政府已經非常政治化，所以高層的官員一定要有政治技巧。香港的官員很怕見媒體。我已經發表文章批評過了，政府連一個發言人都沒有。外交部、商務部、美國白宮都有一個發言人，每天出來回答問題，反駁一些假消息。香港沒有，太被動了，反應太慢。政府對社會發放消息應該快、多、真，但其實是又慢又

少，我不說假，但是很官方。

　　高級官員懂麼？不懂，所以不敢出來見人，所有局長都是。香港發生了這麼大的衝突，民政局長去了哪裡？溝通的渠道 18 區都有的。當年英國就設立了民政主任制度，我也當過旺角的民政主任，這就是一個官民溝通的渠道，為什麼現在發揮不了作用了？這個不是管理領導的問題嗎？

吳：這是一種傲慢，還是官員本身就害怕與公眾溝通？

葉劉淑儀：都有。可能是傲慢，可能是怕見人。公務員都是坐在有空調的房間寫文件，他們寫文件很棒的。但是一講到出來見市民，很多人是害怕的。你看香港政府的很多官員，電郵都不願意署自己名字，不只是警察，連一般公務員也怕，那麼這種心態是不是過時了？不只是低級公務員，高級的也是這樣。公務員需要面對市民。

吳：與市民溝通是對下負責，但是對於特區政府來說還存在一個對上負責的問題。在對上負責方面，特區政府還存在一個問題，就是基於各種原因，總是讀不懂中央的意見。比如 2014 年的《「一國兩制」在香港特別行政區的實踐》白皮書，是關於「一國兩制」的首份白皮書；十九大報告涉及香港的部分又是一個重要的定調；2017 年習近平訪港的講話也是很重要的。基本上這三份文件是給香港定了調子的，解釋了以後要怎麼走、着力點是什麼。但特區政府給人感覺還是不太能拎得清，或者至少他們的理解總是和中央的用意存在偏差。

葉劉淑儀：我也同意，因為內地的文化跟香港不同，再加上一些講話也不是很直接，以至於絕大多數香港官員聽不懂。

吳：所以對於這樣的「不同」，北京是不是也有責任？

葉劉淑儀：已經在改觀了，各種宣講會也多了。

吳：你覺得這會起作用嗎？還是只是一種形式主義罷了？

葉劉淑儀：對有些人有用，對有些人還是沒有。有些官員連國家安全的重要性也看不懂。

吳：在這麼多問題和現實的倒逼之下，北京會不會加強對香港的全面管治權？畢竟因反修例引發的這場風波，北京對香港明顯有些不放心，而且特區政府的管治能力和權威也受到了很大的挑戰。

葉劉淑儀：2014 年的「一國兩制」白皮書是第一次將中央的全面管治權與香港的高度自治權放在一起來說。全面管治權當然令有些香港人很害怕，其實香港人一直都有誤會，特區政府沒也有好好地解釋。香港擁有的是高度自治權，不是全面自治權，高度自治權就是有限的自治權。香港現在主要有兩個陣營，一個提倡「自由」、「兩制」，另一個陣營強調「保衛國家」、「保衛主權」。

　　2014 年中央發表白皮書，信號就是擔心香港會失控。果然 9 月就發生了「佔中」；2015 年立法會否決了政改方案；2016 年發生旺角騷亂。2016 年新的立法會組成時，有些年

輕人在宣誓的時候侮辱國家，給了政府一個機會，把他們DQ（Disqualification，取消資格）。建制派在立法會的兩個部分——直選以及功能組別罕見地有了優勢，所以就強勢了。

但是反對的力量只是潛伏，沒有消失。這種只有「兩制」沒有國家的思想，還有市場。而對這件事的處理，就是DQ了六個議員、檢控了幾位，但都判得很輕。這也只是檢控了非常有限的搞事分子，其他還在潛伏，現在都跑出來了。

現在模式已經很清晰了，和平示威的人很多，但是每一次和平示威之後都有人出來搞事，搞事的頂多一兩千人，都是青年新政、獨派、傘派。他們中有些跑去了德國，西方國家給他們保護，給他們難民的身份，或者是給他們獎學金，都是這一批人。反對的力量沒有消失，還在靜靜壯大。

所以要落實管治權，不能光靠一份白皮書，是要多方面着手。比方說香港的安全現在很有問題，鞏固香港安全的方式也有問題，現在警力很有限。要是動員解放軍，付出的政治代價就會很大，面對今年11月的區議員選舉，面對台灣的選舉，面對國際的輿論，政治代價很大。只可以把解放軍關在軍營，他們也不適合在城市做維穩的工作。警力其實是有限的，警方的部署也不是完美的，以為警官年齡一到57歲就退休了，一代一代退休，能留下多少經驗呢？我不敢說，因為我離開了一段時期。警方的指揮有沒有問題？警方的裝備是不是過時了？還有最大問題是警方受到很大的政治壓力，士氣受到打擊，所以出現了7月1日立法會被嚴重衝擊的事。其實這種衝擊不是簡單的行為，因為立法會是權力機構，是政府管治

的版塊之一。而且示威者把特區的區旗也抹黑了、在議會揮動英國旗、撕裂基本法，其實是顛覆行為。還有，月底他們要去中西區，不是瞄準中聯辦嗎？中聯辦也是個權力機構，不是顛覆是什麼？法律不足夠、警力不足夠、法庭不幫忙，所以特區管治問題很多。

所以我說「換人不換局」是不行的，就是這個意思。

吳：如果把特區管治聚焦在一個點上，就是特首。因為特首本身的認受性的問題，所以在很多方面，大家對她會存有不滿，認為她不是一人一票選出來的，所以認受性很差。基於這樣的現實情況，你覺得不管以後換人還是不換人，又或是換誰，在有限的認受性的條件下，特首究竟應該怎麼做？

葉劉淑儀：這是泛民的理論：若不是一人一票直選的特首，就沒有認受性。特首是由中央委任的，根據基本法，特首對中央負責，也對香港市民負責。中央這方面的認受性是有的，而說到市民的認受性，雖然特首不是直選產生的，但是如果政治技巧高一點，表現出來是為廣大市民服務，那就是有認受性的。

吳：經過這次反修例，很多問題都暴露出來了，包括經濟層面上的貧富懸殊、階層固化，政治層面可能牽扯到政改、普選等等。

葉劉淑儀：二十三條也沒有落實。根據基本法，二十三條是應自行立法，四十五條是可以循序漸進，最終的目的是普選。哪一個重要？當然二十三條重要。

「三大困難」
倒逼港府自我革命

 湯家驊

資深大律師、香港行政會議非官守議員

📅 2019 年 9 月　　　📍 香港

訪談手記

　　兩年前，正值香港回歸二十週年，筆者在香港圍繞「泛民與中央打交道為何這麼難」的問題採訪了湯家驊，當時湯家驊對「一國兩制」還是樂觀的，並始終在強調中央與香港之間的對話與互相了解。兩年後，修例風波爆發，筆者在同一地點見到湯家驊，他還在強調對話的重要性。但與此同時，他也坦言自己之前過於樂觀了：「過去三個多月發生的事情，對我來講也有很大的啟發性，因為我第一次理解到香港有這麼多人對『一國兩制』不但有不同看法，而且有時候完全是錯誤的理解。」

吳：親歷香港這三個多月的風波，在諸多「現象」之外，你有哪些感受和不一樣的觀察？

湯家驊：修例只是一個藉口，而不是現在發生這麼多矛盾的真正原因。真正原因還是有一些人對「一國兩制」有很不同的理解跟期望，特別是政改的問題。香港有不少人認為，香港有沒有民主是因為《中英聯合聲明》，認為內地違反了《中英聯合聲明》。所以你看到他們跑到了英國和美國，說內地違反了國際間的條約，說英國和美國有責任要求中國遵守《中英聯合聲明》。也因為這樣，他們覺得應該得到美國和英國的支持。所以他們在香港做事，覺得背後有很多人的支持——不但在香港有數以百萬計的人支持，還有美國人和英國人的支持。所以特區政府說什麼他們都不信，做什麼都不怕。

　　但是，這和事實有很大距離。第一，《中英聯合聲明》完全沒有提到香港普選、政改的問題。《中英聯合聲明》是兩個國家分別在同一個時間發表的聲明，但雙方沒有一個交換的概念。如果你看聲明內容，中方有兩個聲明：一個是要取回香港的管治權、國家的主權；第二個是取回主權後，香港保證未來五十年什麼都不變。什麼也不變代表真的是什麼也不變，所以沒有提到政改，政改是要變的。

　　所以中方的聲明和附件一就顯示了中央的根本政策和方針，其中沒有談到政改的問題。唯一談到的香港政治體制的一點，是香港特首由協商選舉產生，而協商就不是民主選舉了。

　　香港有沒有民主，和《中英聯合聲明》沒有關係。中央有

一個承諾，要給香港人有普選，但這個承諾不是在《中英聯合聲明》裡做的，而是在基本法。基本法是中央對香港的一個承諾，從北京的角度來看，這是中國內部的問題，沒有第三者參與的，所以不關英國和美國的事。這裡存在一個很大的矛盾。一方面很多香港年輕人覺得沒有民主是因為中國答應了英國卻沒有履行，所以如果現在沒有民主的話，英國人有責任介入香港的問題。而從中央的角度去看，這完全和其他國家沒有關係，是中國內部發展的事情，任何外國的參與都是不尊重中國主權。所以這是一個根本的矛盾。

第二，有一些人覺得「一國兩制」是形式上的東西，而不是實際上的東西，名義上是「一國」，實際上是「兩制」。但是從北京的角度來看，「一國兩制」是一個實際上的問題，實際上中國在香港實行國家主權，因為有了國家主權才有「兩制」。在「一國兩制」下，「一國」的界限在哪，「兩制」的界限在哪，大家有不同的看法。

這兩個主要的矛盾，回歸二十多年以來一直存在。到今天，矛盾有了大的爆發。以往我們依靠對話來解決不同的看法，但有一些年輕人覺得用行動、用暴力才可以解決深層次的矛盾。所以今天看到了對「一國兩制」很不同的理解和期望。處理這個問題是沒有一個容易的答案的。

吳：從特區政府和中央的維度看，目前各自的「答案」是什麼？

湯家驊：從特區政府的角度來看，首先要確保的是中央不會在

這個事件上動用解放軍或者武警。基本法有一定的規定，所以不能夠違反「一國兩制」，也是因為北京在香港有管治的主權。當然他們有責任，也有能力去派軍隊維持香港的治安，實際上是沒有問題的，但政治上有很大的問題。

政治上，很多人不會這麼看，他們會認為中央在香港違反了「一國兩制」，所以香港沒有「兩制」這回事，只有「一國」。西方國家，特別是西方傳媒，從憲法的角度去理解，「一國兩制」這個概念是不容易去說服國際社會的。所以從這個角度來看，我希望香港的事香港自己解決，香港的警察自己解決香港的問題。這是香港第一個困難的地方。

第二個困難的地方是我們不希望有任何藉口讓北京派軍隊、武警到香港。所以不希望在這三個多月裡有一些特別的、不可接受的結果出現。在香港的暴力衝突中，沒有死一個人，而巴黎、曼徹斯特的暴亂都有死人。有美國記者問我，為什麼香港三個多月沒有死一個人。在美國衝擊白宮、議會，肯定會死十個八個人，但香港沒有。我說這不是偶然的，是刻意的，香港警察必須要有非常大的克制。很多人問：「為什麼不直接把這些人都抓起來？現在街上使用暴力的人不是那麼多，都抓起來是可行的，但是香港警方沒有這麼做。

第三個困難是很多香港人對這件事的看法有非常大的誤解。比如特區政府提出了修訂一個逃犯條例。其實「引渡」一詞在英文中有一個分別，英文中叫 Extradition，而不是 Rendition。Extradition 就是有一個人在香港以外犯了事，逃到了香港，犯事的地方要求香港政府把這個人抓起來，交還給

犯罪發生的地方，接受當地的審訊。而 Rendition 則是指有人在香港犯了事，可以被抓起來，然後送到內地，接受內地法庭的審判。逃犯條例是 Extradition。但是在 6 月 9 日香港的《明報》做了一個民調，訪問了一千多個當天遊行的人，九成的人以為逃犯條例是一個 Rendition 法律。大家以為如果他們在香港批評北京的話，特區政府可以把他們抓起來，送到內地去，由內地的法庭去審判他們。

這中間發生了什麼事情？我覺得問題是，特區政府說什麼他們聽不進去，他們聽他們認為可信的人，或者可信的傳媒。而他們信的人和傳媒，把整個事情扭曲了。他們信這些，不信法律是怎麼寫的，不信特區政府是怎麼解釋的。所以根本上，香港社會有很多人對特區政府和中央政府有很大的不信任。因為不信任，所以他們說什麼都沒用。

比如最近有人說在太子站死了三個人，這些他們是信的。因為網上有這樣的說法，一些人就拿了很多花去拜祭，在那裡大哭，說死了三個人。政府解釋了三天，請了警察、消防員，請了很多很多不同的部門，包括醫院的醫生，都說沒有死人，但他們不信。所以信與不信的問題是最大的困難。

我剛才說了三個困難：一個是對「一國兩制」的誤解；一個是外國傳媒的看法；還有就是有一部分香港人不認可特區政府說的話。未來會怎麼樣？相信現在這個情況會繼續一段時間，短期內看不見會有重大的改變。

吳：你提到不希望中央介入。其實不到萬不得已，出動解放軍

也不會成為中央的選項。只是如果特區政府一直沒有辦法「止暴制亂」，又該怎麼辦？

湯家驊：不是沒有辦法，而是很多辦法都不可以用。從中央的角度看，他們當然明白如果要平亂，是可以做到的，他們有很多的軍力可以用，但是用了之後政治效果怎樣是另外一回事。現在中國和美國正在開展貿易戰，貿易戰影響中央怎麼看香港，看香港問題應該怎麼解決。所以現在希望這些暴力的情況慢慢改變過來，但是短期內改變的機會不是很大。

吳：你剛提到這麼大規模的運動到目前「沒有死一個人」。從內地的視角來看，會覺得這某種程度上體現了香港警隊的克制，但同時也會不解，因為施暴者的犯罪成本太低，有時候剛抓進去沒多久就放出來了。你作為資深大律師，對此怎麼看？

湯家驊：這是「一國兩制」造成香港在根本上和內地不同的地方。因為「一國兩制」，香港的法律制度是普通法，最基本的元素就是沒有被法庭定罪的人都是無辜的，不可能在定罪前把他關起來。所以一些人被警察抓起來，法庭一定是要釋放的，直到開庭決定他有罪，才能把他關起來。這是制度上的一個很根本、很重要的元素，是改不了的。如果法庭把他關起來的話，他可以上訴，可以申請人身保護令。基本法第三十九條說了，《國際人權公約》在香港是有效的。《國際人權公約》說不可以把沒定罪的人關起來，法律只允許關押四十八小時，

四十八小時之後一定要放。

這個困難我們當然明白。關押四十八小時對一些使用暴力的人沒有足夠的威懾力，所以現在可不可以把一些已經認罪的人早一點送到法庭，由法庭去判？這樣就能讓行使暴力的人受到判決的影響。香港只可以這樣，因為不能改變香港的制度，制度就是這樣，所以只能接受。

吳：你前面也提到了信任的問題，香港年輕人不信任特區政府，也不信任中央。香港回歸已經二十二年了，為什麼會走到今天這一步——撕裂、互不信任，乃至對抗？

湯家驊：香港回歸二十二年來，從來沒有朝這個方向做任何功夫，其中一個很大的原因，是很多人相信香港應該有民主發展，但是到了 2015 年政改失敗，他們認為這是中央違反了對香港人的承諾。因為這件事，他們覺得中央是不可信的，覺得香港特區政府是不可信的。

你一定明白，香港有很大比例的人，他們的父母是從內地跑過來的，他們認為共產黨是不可信的。五十年前的共產黨和現在的共產黨是很不同的，但是有不少香港家庭，根本上都對中國共產黨沒有好感和信任。加上政改失敗，他們就覺得更加不可信，這個問題不是一天兩天可以改變過來的。現在香港提出了很多不同的方案，希望能在這方面做得好一點，但是已經失去了一代的年輕人，要改變他們不是那麼容易的。希望他們能慢慢成熟起來，可能會改變看法。

吳：從經濟民生入手，對改變香港年輕人的看法是否有幫助？

湯家驊：我覺得有幫助，但幫助不是那麼大。就算解決了房屋的問題，他們還是要民主改革，這不是問題的答案。民生的問題很重要，必須去做，但不是一個全面的答案。

吳：之前港澳辦記者會上談到政改這個問題，在正本清源的同時，其實也有善意和彈性。

湯家驊：我希望有多一些對話的機會。我很多年前就不斷提出，香港「一國兩制」有一個很根本的矛盾，就是「一國」是到了哪條線？「兩制」到了哪條線？怎麼去處理「一國兩制」根本的矛盾？應該通過一些對話的平台去解決。要先建立互信，才可以有對話，有對話才可以解決問題。不可以一跳就跳到解決問題那一步（政改）。所以現在需要從零做起。林鄭現在和香港市民有對話，這是她表現誠意的第一步，但不可能因為一次對話就建立起互信。在建立互信之前，要表現出誠意，現在是從第一步做起，還有很長的時間。

吳：記得兩年前採訪你的時候，你說要讓更多的港人認同「這個制度」。你當時所說的「這個制度」，是怎麼樣的？經過反修例這場運動後，你對於「這個制度」的理解是否發生了變化？

湯家驊：過去三個多月發生的事情，對我來講也有很大的啟發性，因為我第一次理解到香港有這麼多人對「一國兩制」不但

有不同看法，而且有時候完全是錯誤的理解。之前我是太過樂觀了，現在我明白到，實際上香港有很多人對「一國兩制」理解有很大的問題，要他們接受「一國兩制」、明白「一國兩制」，工作量還是很大的。

吳：我在採訪台灣中研院的吳啟訥時，他認為「一國兩制」在香港的實踐與鄧小平當年的設想有很大差距。對此你怎麼看？

湯家驊：複雜多了，當時是 1980 年時代，現在即將要 2020 年了，所以無論是國家、香港，還是在世界，都有很大的改變。當時看到的事情可能簡單一點，現在複雜了很多，不但是「一國兩制」本身的複雜性，還有美國和台灣的因素，這兩個因素讓香港「一國兩制」問題更加複雜，這些不是當時可以看到的。那時候還沒有互聯網，現在互聯網上資訊流動非常快，基本上你在網上說什麼都有人相信。因為在網上沒有制約，也沒有人負責，所以現在用一些扭曲的、沒有事實支持的理論去鼓動一些人做出一些違法暴力的行為，比那個時代容易得多。這是互聯網最危險的地方。怎麼去辨別錯誤的信息？不是那麼容易的。這不單是香港的問題，美國特朗普的當選、英國脫歐也是因為很多人被別有用心的人引導而發生的。

吳：鄧小平當年說「一國兩制」五十年不變，這樣的承諾對港人究竟意味着什麼？我們接觸的一些港人會反問並給出答案：那麼五十年之後呢？是資本主義的那一制同化掉社會主義

的那一制，還是反過來？

湯家驊：這個是不可能的。五十年不變的概念不是一個現實的概念。因為社會是在進步的，社會是一定有改變的。這些改變對這個制度一定會有影響，比如互聯網的發展就是一個最好的例子，香港人的一般日常生活習慣也改變了。所以五十年不變是制度上的不變，但人是可以變的。

吳：那是不是可以理解為，在整個香港的社會共識下的改變，是在「五十年不變」的範疇之內；而諸如中央的一些干預所導致的變化，是很多港人所不能接受的？

湯家驊：他們是這樣看的。但這也是一個不太公平的看法，我也問他們中央的干預是干預了什麼呢？他們都說中央干預了選舉，中央不允許「港獨」參選，但是我說這是「一國兩制」根本的基礎。所以這不是干預，而是「一國兩制」本來就有的一個限制。正是因為有一些人對「一國兩制」的認識不全面，或者有一些誤解，他們的期望和「一國兩制」的本質有不同，所以他們把「一國兩制」應該有的事看為一個違反「一國兩制」的事。

　　所以還是回到剛才談的，就是一定要讓香港人對「一國兩制」有一個精確的、全面的認識。

吳：2014 年國務院發佈了首份「一國兩制」白皮書，裡面對於「一國兩制」以及全面管治權和高度自治權都有詳細闡釋，這個白皮書本身就是在做這方面的工作。

湯家驊：白皮書的原意是想讓香港人明白「一國兩制」是怎樣一回事，但效果恰恰相反。因為白皮書是用中央的語言寫出來的，不是香港人的語言寫出來的。整本書我看過很多次，我覺得只有一句話有點問題，就是說香港的法官要配合國家的管治。在香港，法庭是獨立的，不可能配合國家的管治，「一國兩制」最重要的不同就是法治。除了那一句，其他所談的都是對的，只不過他們用的不是香港人習慣的語言。所以白皮書本來是為了正本清源，可出來反而有很多的問題，被不明白「一國兩制」的人認為是一種干預。

但是我明白，中央是希望說明「一國兩制」是怎樣一回事，說明「一國」的重要性在哪。我看不見有什麼干預，但很多香港人有不同的看法。

吳：中央有自己的話語體系，以那套話語體系說出來之後，在香港要麼就是看不懂，要麼就是反感、抵觸，傳媒再放大，就完全跑偏了。

湯家驊：全面管治權是主權的代表，北京想說的是直接管治權背後的國家管治權。但說到這個國家的管治權，在「一國兩制」下先要以香港的管治權去處理香港內部的問題，處理不了了，才看需不需要國家行使背後的全面管治權，所以這個是有很大的分別的。但是要對一般香港人解釋不是那麼容易的，解釋了也不一定相信。

吳：還是回到「一國兩制」的源頭上，所謂「兩制」，就是社

會主義和資本主義。你怎麼理解香港的這一制，也就是資本主義？是不是到了重新定義香港資本主義的時候了？

湯家驊：這當然是一種看法，但國家現在也是在盡量走向市場開放。在基本法裡所提到的資本主義，其實有一個用意就是有別於中國內地的社會主義，說明香港推行的是另一套，我們姑且叫資本主義。

吳：香港在資本主義制度之下，長期奉行「大市場、小政府」，甚至發展到以為可以無為而治。這是否也是香港資本主義值得反思的地方？

湯家驊：很多人有一個誤解，認為「大市場、小政府」在什麼社會下都可以施行的。「大市場、小政府」應該是在一個民主很發達的社會才行得通的，在行政主導的情況下是根本行不通的。這是有根本上的矛盾的。

　　大市場是資本主義的重要元素，香港是有大市場的，但不代表政府就要小。基本法的原意不是要有「小政府」，而是要量入為出，不要花太多錢，但有些錢是一定要花的。比如填海建造房屋，這個錢是一定要花的，收入和支出不一定要完全平衡。世界上沒有完美的政府。

吳：接下來要在產業和資源配置方面有所作為的話，政府的手發揮的作用力要大一點。

湯家驊：要大一點。

吳：但是經過這場風波，特區政府基本上沒有什麼管治權威可言，管治能力也暴露了很多問題，這就很麻煩。

湯家驊：很多地方什麼都做不到，這也是很嚴重的問題。但是如果香港社會普遍對「一國兩制」有一個共識，了解、支持、接受「一國兩制」，那麼特區政府的工作就不應該那麼困難。最低限度在立法會那一邊也可以做很多不同的事，但是到了今天，這已經是很大的一個問題了。比如特區政府在大嶼山填海，現在做不了，無法通過立法會要錢。單純要票也是不夠的，還需要香港人接受，而香港人是很容易不接受的。

全球最自由經濟體
不值得驕傲

💬 **曾鈺成**
香港立法會前主席

📅 2019 年 7 月　　　　📍 香港培僑中學

訪談手記

修例風波爆發後，曾鈺成一直試圖身體力行做一些實際的事情：比如率先倡議政府採取兩種特赦——特赦罪行較輕者，定「止暴日」期限後犯案則無特赦；再比如香港理工大學暴亂發生後，曾鈺成與法律學者張達明、立法會議員田北辰以及多名中學校長一起，深夜進入理工大學校園，護送約一百名學生離開。而在採取這些舉動的幾個月前，曾鈺成在培僑中學接受筆者訪問時，亦對「修例風波」暴露出來的深層次矛盾與問題進行了總結與反思。他特別提到兩點：其一，香港官員沒有「指導思想」，公務員有非常強的執行能力，但完全沒有政治決斷的能力；其二，香港經濟是不折不扣的殖民地經濟，是高度壟斷型的殖民地經濟，過去主要是英資財團，現在是本地財團壟斷。在談到香港一直蟬聯全球最自由經濟體時，曾鈺成特別指出，這不值得驕傲。

吳：香港反修例運動發展到現在，各方分歧很多，但有一個「共識」是，大家都認為香港病了，而且病得不輕，正在發着高燒，過去頭痛醫頭、腳痛醫腳的做法明顯不管用了。你怎麼看香港的「病症」，還有管用的「藥方」嗎？

曾鈺成：行政長官最後一次公開講這個事情是兩個多星期前，她也說首先會暫緩修例，已經承認政府的工作做得不足，這是失敗的直接原因。但是她在最後一次公開講話時，點出了在這個危機的背後，其實是香港社會有一些深層次的問題。這些問題是在上一次，即 2014 年的「佔中」運動以後沒有解決的。總結「佔中」和這一次的經驗，林鄭明白了，光是化解危機是不夠的，當然現在這個危機還沒有過去，就算過去了，如果不解決深層次的問題的話，那可能過一段時間又會爆發另一次危機。

所以剛才說這個「病」，就是香港已經有一個很嚴重的「病症」。這個「病」，可能在病人狀態好一點的時候，大家都不覺得。但是一有反應，比如剛才說的「發高燒」，就看到這個問題了。但是「燒退了」，不等於「病醫好了」。

吳：這一次的逃犯條例，為什麼會演變成這麼嚴重的政治風暴？前特首董建華日前公開表示，將矛頭對準了台灣和美國，認為「他們的根本目的，就是要把香港變成國際博弈的戰場，令香港變成反抗中央的基地、牽制中國的棋子。」

曾鈺成：除外部勢力之外，這一次最突出的問題，就是參與反

對的一般香港市民人數眾多。這是最大的問題。最近的一些群眾性的活動，還是有很多人參加。絕大多數抗議者都是不贊同暴力的，他們都是堅持和平示威的。而他們明知道在和平示威中間或者和平示威之後，有少數一部分人會轉而實施暴力，衝擊警察、衝擊政府，但是他們還是要去。而且他們當中絕大部分對動武的青少年表示理解，儘管他們不支持暴力行為本身。

為什麼會這樣？就從逃犯條例本身來說，為什麼引起那麼大的震盪？國務院港澳辦的新聞發佈會也說了，很多香港市民對內地的司法制度和法治的情況不了解，或者有誤解，或者不信任。不管在過去十多年裡，國家在依法治國方面、在改進司法制度方面有多大的進步，香港市民還是不相信內地的法律制度。有太多負面的例子了，到最近還有。

問題是，香港人對此一般是不管的：內地是內地，香港是香港，「一國兩制」，內地怎麼搞是內地的事，不要影響香港的制度。但是逃犯條例讓很多香港人以為這個「防火牆」要拆掉了，要把香港人送到內地去接受內地司法機構的處理了。這就是引起這麼大震盪的主要原因。

吳：但逃犯條例針對的是逃犯，而不是普羅大眾，難道這一點「基本事實」港人不清楚嗎？

曾鈺成：理性地看當然清楚，但這個問題已經不是理性分析的問題了。從中反映出一個很根本的問題：「一國兩制」要成功，一定要靠中央政府和內地對香港，以及香港人對內地的信任、信心的不斷增加。回歸二十二年，這個情況還沒有發生。

今天的香港人對內地的印象，不能說比回歸初期或者回歸前要改善很多。反過來，中央政府對香港人的信心、信任，最近這幾年也下降了。怎麼看到的呢？像中央強調對香港的全面管治權，這些話以前是不會說的，不能突破「一國兩制」的底線。過去幾年香港發生的情況、出現的現象，也讓中央對香港產生了比較明顯的戒心，這是最值得我們擔憂的。「一國兩制」要走下去，要怎樣去重建、恢復香港人跟內地、跟中央政府之間的信任呢？要從這次事件展開來講。

吳：你說的北京對香港的「戒心」，其實不太恰當。北京始終把香港當作自己的「孩子」，哪個「父母」會對「孩子」有戒心？北京只不過是想讓香港更好地發展和繁榮罷了，但手法上可能有些不夠現代化，不符合港人的期待值。鄧小平當年就說得很清楚，一切衡量的標準，就是是否有利於香港的繁榮與穩定。

曾鈺成：因為很多香港市民心中在過去幾年積累了比較強烈的對特區政府，甚至對「一國兩制」的不滿。不滿主要體現在兩個方面。首先是政治方面，之前答應給香港人普選的。其實普選的議題從回歸以來一直都沒有停過，基本法的說法是循序漸進，的確也是循序漸進，雖然步伐慢了一點，但也是一步步有前進的。一直到 2007 年，當時人大常委會通過決定，說 2017 年可以普選行政長官。雖然很多人認為這個時間表比較慢，但畢竟是有希望了。

所以從 2007 年到 2014 年這段時間，政治上算是比較平

靜的。一直到 2014 年、2015 年，中央提出的「8·31 方案」沒有通過。這不是最重要的，最重要的是，這次失敗之後，時間表沒了。過去這兩年行政長官施政報告也沒有提什麼時候再重啟政改，那麼「循序漸進」到哪裡去了？什麼時候才有普選？沒了。一般的說法是：「中央給了你們，你們不要，不要就算了。」在很多香港人，特別是年輕人的心裡，普選真的是很重要的事情。現在希望也沒了，你叫他們心裡怎麼會高興？

吳：2012 年的時候，雖然北京沒有清晰回應 2017 年普選「門檻」的問題，但你對「真普選」信心滿滿。你在接受媒體訪問的時候說，這不是信念問題，而是邏輯問題，「沒有普選，無法管治，就這麼簡單」。

曾鈺成：是的。為什麼普選這麼重要呢？現在的行政長官是 1,200 人組成的選舉委員會選舉產生的。一般市民的觀感也是真的反應事實的，就是這 1,200 人中，工商界、大財團控制了很多議席。行政長官是他們選出來的，他們就是你的老闆。香港市民和大財團是有矛盾的。例如在房屋問題上，香港現在如果不填海，剩下來能發展的土地都在新界，也就是剩下的地都在幾個開發商手上，不在政府手裡。所以公屋輪候的時間越來越長。現在要註冊輪候公屋的話，要輪五年半，可能到明年變成六年了，越來越長。私人房屋的價格越賣越貴，現在幾萬元一平方尺，幾十萬一平方米，這樣的價錢，誰能買得起？

　　但是，為什麼政府不強制從開發商手裡收回這些土地來發

展公屋呢？因為他們是行政長官的「老闆」，所以市民不相信政府會代表他們的利益。1,200 人選了之後，還要中央任命，所以另外一個「老闆」是中央，也不是市民。如果香港市民跟內地有矛盾，政府是站在市民一邊還是站在中央一邊？例如逃犯條例，很多香港人就不相信這不是中央讓港府搞的。中央的官員也說了，內地有幾百個有名有姓的逃犯到了香港，奈他不何，所以市民覺得還不是中央向香港要人。若中央向港府要人，市民不讓，那麼港府站在哪一邊？

所以，普選不是一個政治理想的問題，是很實質的問題。行政長官要站在基層市民的立場，要站在香港人的立場，捍衛香港人的利益。如果你的老闆是香港的商界和中央，市民怎麼相信你呢？你越能幹，市民就越害怕，這是一個方面。現在普選沒希望了，市民還不出來嗎？

吳：還有一個「不滿」是什麼？

曾鈺成：香港現在不公平的現象、貧富懸殊的現象非常嚴重。香港現在的基尼係數肯定是發達經濟體中最高的，是貧富差距最嚴重的。以香港現在的富裕程度，香港很多基層市民的生活是根本不能被接受的。

吳：很多人住「劏房」、「棺材房」，居住環境太糟糕了。

曾鈺成：這真是一個世界奇景，居住環境的惡劣情況，你是想像不到的。現在內地實行社會主義，退休後有社會保障，香港是沒有的，老人家也不願意領取社會救濟。另一邊，富裕的人

住得好像皇宮一樣，什麼都有，所以相差太遠了。一般人，尤其是年輕人，都是滿腔熱血的，有正義感，怎麼能讓香港這個富裕的社會裡貧窮的情況還這麼嚴重呢？所以這也跟特區政府的管治理念有關。香港是實行資本主義的，在資本主義中，香港搞的一套是很右的、非常保守的資本主義。政府會說自己是「小政府」，不干預，全部都是市場力量在發揮作用。

吳：香港多年蟬聯全球最自由經濟體，特區政府和中央都把這個當做成績單，其實這個「光環」本身與普通民眾沒什麼關係，反倒可能是一種加劇香港問題的「負擔」。

曾鈺成：我也研究過這個問題。美國傳統基金會在評定自由指數的時候會看十個指標，香港其實很多方面都不是最高分。最明顯的是香港是「小政府」，稅很低，福利很少，這讓右派非常欣賞。

　　大概十年前，香港要通過一個規定最低工資的法律，很多的發達經濟體都有最低工資，傳統基金會飛過來幾個人，罵：「千萬不要，你們一通過最低工資法，你們的經濟自由度馬上就下降，我們就扣你們分。」後來香港還是通過了這個法律，通過後還是比很多其他的發達資本主義國家更右，自由度還是排在第一。但是我認為這不值得香港人和特區政府驕傲。中央也拿來說。所謂的財富再分配的概念，政府就非常看不清楚，所以造成很多問題。

　　我們這一代人，在年輕的時候，雖然是英國人管治，但是我們有一個堅強的信念：我小的時候家庭也非常貧困，但是我

們經過努力是可以上升的。現在的年輕人看不到這個前景。幾十萬一平方米的住房，一輩子也買不起，那我怎麼打拼？香港的很多年輕人結了婚，還各自在自己的父母家裡住。

但是特區政府每年有幾百億港幣的財政盈餘，都放到財政儲備裡去了，今年減了一點稅，但投資、搞養老、增加醫院，或者給貧窮家庭提供長期房屋、想辦法多蓋公屋，都是沒有的。

吳：「明日大嶼」計劃是想做這些事情。

曾鈺成：那要等二十年。

吳：你在前面提到了香港的深層次結構問題，以及內地與香港之間的信任問題。這兩個「問題」不是一朝一夕形成的，所以解決起來也不是一劑「速效藥」就能治好。面對香港正在發生的「亂局」，正在發的「高燒」，當下要怎麼辦？

曾鈺成：最關鍵的是理念的問題，關鍵是中央怎麼看。過去幾年，香港走向了一個惡性循環，中央認為香港人現在靠不住了。一方面，有些年輕人就是沒有國家民族的觀念，就是要衝擊「一國兩制」的底線，這個一定要大力打擊。另一方面，特區政府的管治不是有效管治，讓反對「一國兩制」的力量在香港發展，這也一定要嚴厲處理。

但是我的看法是，這些人（比如「港獨」）根本是沒有市場的。香港回歸的頭十年，中央強調的是爭取人心，說香港主權回歸了，但人心沒有回歸，主要工作是做人心回歸的工

作。但最近十多年不再提了。去年 11 月習近平接見改革開放
四十週年訪京團的時候，重提了這個說法，我聽到這個非常高
興。「一國兩制」是肯定有矛盾的，鄧小平也是知道的。在香
港社會中，反共的人很多，問題是要打壓這些人，還是要爭
取他們支持「一國兩制」呢？鄧小平有很廣闊的胸襟：「回歸
以後你們還可以繼續罵共產黨，但是你一定要支持國家的統
一，你不能做損害香港和國家利益的事。」同時要做大量爭取
人心的工作。

　　現在不是這樣，發現哪些人是「敵人」，馬上把他們壓下
去。這樣做的結果，就是大部分年輕人都很不滿。甚至這次參
加遊行的很多抗議者都已四十歲出頭，他們已經有一定的事業
基礎，一般是比較保守、不會出來跟政府對抗的人，這次都出
來了。

　　中央越抓越緊，年輕人就越反抗。我也和他們中的一部分
人談過，他們也很清楚，他們不是要搞「香港獨立」，他們知
道「港獨」是沒有出路的。但他們會說：「你對我們管得太死
了吧，為什麼不讓我們普選行政長官呢？」

　　所以關鍵是中央的念頭。香港病了，中央怎麼去斷症？斷
錯症的話，就會下錯藥。香港有人勾結外國人，要顛覆「一國
兩制」，要挑戰國家對香港的主權，這是「病」，那就要打。
港人沒有信心、害怕、擔憂，有些年輕人就這樣說：「你們不
是說 50 年不變嗎？現在一半時間都沒有過，你們就已經變
了。」你也很難說他們的感覺完全是錯的。現在中央對香港的
態度、特區政府對一般政治訴求的態度，跟回歸初期的確是不

一樣了。

吳：大灣區、廣深港高鐵、港珠澳大橋這些，難道不是「爭取人心的工作」嗎？而且習近平在 2017 年訪港時的講話已經說得很明白了，香港最迫切的還是要解決經濟民生問題。至於你說的「為什麼不讓我們普選行政長官」，嘗試過了，是港人自己給否決掉了。

曾鈺成：習近平每一次有關香港的講話都是非常平衡的，都強調是為了香港社會、香港人民的利益。但落實到具體的一些政策措施，就走樣了。比方說搞好民生、經濟，現任的行政長官也非常強調，她上任就說要集中力量搞好經濟民生。

但首先，一般香港人認為搞好經濟民生是應該的，而且並沒有什麼真的非常顯著的成就。比如她一來，房子有了，房價下降了，找到工作了。過去 20 多年，香港經濟增長是比較平穩的，每年是平均 3% 到 5%，但物價在過去 20 多年差不多增長了一倍，而大學畢業生的工資 20 多年只增加了不到一成。所以總體來看，一般人的生活水平反而下降了。要搞好經濟、搞好民生，這是短期內不容易看到成效的。即使改善了，市民也覺得這是應該做的。

此外，過去這兩年，有 6 個立法會委員被 DQ。很多不是反對派的法律界朋友都說：「頭兩個（梁頌恒、游蕙禎）被取消資格，是應該的。後面四個，有點過分了。連報名現在都要取消。」這些事，很多年輕人看在眼裡，心裡很反感。

吳：如果接下來討論劃定一個普選的時間表，再給一些希望出來，能否化解現在的執拗？

曾鈺成：這是很困難的事。如果中央重新檢討過去幾年在香港執行的政策、方針到底是不是對頭，而研究結果認為沒錯，那也沒有辦法，那就繼續下去、加大力度去打擊這些反對力量吧。

吳：所以你覺得今天香港的「病症」主要責任在中央？

曾鈺成：為什麼這麼說呢？特區政府沒有這個能力。英國左翼政治學者、中國問題專家馬丁·雅克（Martin Jacques）最近發佈的一段視頻，回答了這個問題。他說：「現在香港有一種看法，認為 1997 年以前，香港經濟繁榮是因為香港社會很聰明、很自由，因為它可以順應形勢，因為它是由英國管治。這在很大程度上是對歷史的嚴重誤解。香港在上世紀七十年代末至 1997 年回歸之間表現不錯，只是因為它幸運。」

　　雅克解釋，他說的「幸運」，是指中國從 1978 年起開始改革開放，而在中國逐漸開放的過程中，許多本來內地應該做的事，都要靠香港去做，令香港成為大贏家。到 2001 年中國加入 WTO，國家全面開放之後，香港便不能再依靠過去賴以成功的因素了，必須重新尋找自己的定位。但是，雅克指出，在回歸後，香港的政治和經濟體制幾乎沒有改變，於是便出現了兩個問題：第一，香港沿襲了殖民政府的管治架構，缺乏強有力的政治領導；第二，香港延續了壟斷型的殖民地經

濟，少數財團瓜分了經濟發展成果。這分析完全正確。

先說第一點，現在回歸後，港人治港，北京不替香港做決定了。比如說房屋發展的長遠政策該怎樣？要不要立法規定最低工資？香港自己決定。但香港官員沒有「指導思想」，公務員有非常強的執行能力，但完全沒有做政治決斷的能力。

第二，香港是自由經濟體，香港的經濟是不折不扣的殖民地經濟，而且是高度壟斷型的殖民地經濟。過去主要是英資財團，現在是本地財團壟斷。香港的經濟是非常不平衡的，全世界也只有香港一個地方，最富有的人都是搞地產的。內地的馬雲、馬化騰在香港不會出現，像 Google、Apple、華為在香港也不會出現。香港有能力創業的年輕人都跑到內地去了。

吳：這就有一個悖論，你剛剛說香港沒有真正有頭腦的、有指導思想的政治家，但中央又不能直接去幫港府考慮這些問題，一考慮就會被指責侵犯到香港的高度自治權了，那這個問題就沒法解決了。

曾鈺成：這是香港的問題。我多年前就說，香港沒有一個有力的政黨，也沒有出色的政治領袖。但反過來，要是香港真的有一個有影響力的政治領袖的話，那麼中央就會擔憂：「如果他不聽話怎麼辦？」這是非常深層次的問題。最近我看到一個視頻，內地一個官員問：「香港回歸 20 多年了，怎麼共產黨在香港仍然沒有地位？」好問題。共產黨絕對不能在香港有公開活動，但也不能讓香港有真正的其他政黨，而政治領袖又只能在政黨發展中培養出來。

吳：這些天有很多的謠言和說法，說解放軍要出動了，等等。雖然大多是捕風捉影，不過從中也看到人們對這件事的焦慮和關注度。

曾鈺成：中央官員很可能把香港問題放到國際大氣候當中去考慮，或者認為外國勢力是造成香港亂局的罪魁禍首。如果中央相信香港今天的問題主要來自「外因」，其他問題如特區政府「工作不足」——了解民情失準、疏導民意不力，都只是次要因素，那麼中央或許會認為對香港的政策毋須作重大調整，只須一方面加大力度支持特區政府依法施政，協助特區政府克服困難，另一方面提醒特區政府查找不足、改善管治。中國政府集中力量處理國際矛盾，待國際氣候好轉、外部勢力收斂，香港的局面自會雨過天晴，香港的問題自可迎刃而解。

吳：但顯然「外因」只是一方面，關鍵還是「內因」。

曾鈺成：沒錯，中央政府不大可能只從「外因」找問題。國家領導人不會看不到許多港人對國家有相當負面的看法，對香港與內地融合有非常抗拒的態度；不會看不到在特區裡成長的年輕一代中，不少人對特區的政治體制和社會現狀十分不滿，對「一國兩制」缺乏信心；不會看不到近期的示威活動中，有不少刻意針對「一國兩制」的行為，包括侮辱國旗區旗、展示港英時代殖民政府的旗幟，以及提出帶有明顯「港獨」意味的口號。這些現象反映了「一國兩制」實踐中的矛盾，不能純粹歸咎於外部勢力的干預或者殖民管治留下的影響。單靠「排外」

和「去殖」，不可能消除這些矛盾。

處理香港已經暴露出來的問題，中央會不會採取「一手強硬、一手柔軟」的策略？所謂「一手強硬」，除了嚴厲譴責衝擊「一國兩制」、破壞香港繁榮穩定的行為外，還要採取果斷措施，堅決打擊和遏止所有觸碰「一國兩制」底線的行動。近幾年中央強調對香港擁有全面管治權，但對於基本法授予特區政府的權力，中央以往是不會收回直接行使的。

如果要加強管控，不外乎通過兩種方式：一是更多運用中央直接行使的權力，例如人大釋法，或者根據基本法第十八條宣佈香港進入緊急狀態；二是加強對特區政府的監督，督促特區政府採取行動。例如今年 2 月，中央政府向行政長官發出公函，要求就禁止「香港民族黨」運作事宜向中央政府提交報告，就是中央政府監督特區政府對「香港民族黨」的處理。

吳：你之前在接受採訪時曾說，建議中聯辦名正言順地履行職務。這是因為中聯辦作為一線駐港機構有一些名不正言不順的做法麼？

曾鈺成：這個我認為是應該的。中央在香港有多少個機構？三個：一個是外交部特派員公署；一個是駐軍；一個是中聯辦。基本法對駐軍和外交部特派員公署都有明文規定，但看完整部基本法，根本沒有提中聯辦，所以它在香港根本沒有憲制地位。這裡有歷史原因：回歸前它是新華社，回歸初期它還是以新華社的名義繼續運作，後來才改名。但是基本法沒有提到。

為什麼絕對不能
姑息暴力

梁愛詩
香港律政司前司長及行政會議成員

📅 2019 年 7 月　　　　　📍 香港中環

訪談手記

　　與梁愛詩見面，是在位於香港中環的一家酒店。剛見面，梁愛詩似乎並不急於進入主題，而是輕聲細語詢問着我們的基本情況。待到開始討論與修例風波相關的話題，她的語氣就變得不同尋常。尤其是提到發生在香港的諸多暴力事件，梁愛詩數次痛心表示「絕不能容忍」。基於此，她對曾鈺成所倡議的「特赦論」並不認同，並認為對暴力的姑息只會讓香港一再沉淪。「如果動不動就用武力、暴力，動不動就百萬人上街遊行，這種民主制度，可以保障香港的繁榮穩定嗎？」這是梁愛詩的反問，也是她反覆強調絕不能姑息暴力的原因所在。

吳：你日前在接受傳媒訪問時，提到了「亂」和「變」。「亂」很容易理解，因為香港現在各方面之亂已經被全世界都看在眼裡。但具體怎麼「變」，對香港來說才是當務之急。香港修例風波至今，你覺得香港要怎麼「變」？

梁愛詩：從法律上來講，修例是完全有需要的，因為現行條例有兩個漏洞。首先我們要講為什麼要有移交逃犯這件事情。一個人的行為是否犯法，要看當時當地的法律，所以在那個地方受審是最公正的。而且人證物證都是在犯法的地方，你在哪裡犯罪，就在哪裡受審。這個條例本身有制訂的需要。

第二個，現在怎樣去做？有兩種做法。首先，做所有事情都要有法律的根據，而法律根據就是逃犯條例。一種做法就是如果你跟某一個國家有長期的安排，簽署了一個協定，這個不是法律根據，只是一個協定。所以做法是按照逃犯條例，由行政長官做一個命令，由立法會批准，作為一個附屬條例。有了這個命令，就不用再回到立法會了，做的時候就按照條例去做。

第二種就是以個案的方式。雖然雙方沒有簽訂任何協定，但是也可以做，不過做的時候，每一個個案要做一個單獨的附屬條例，要去立法會，經過 28 天到 49 天，才可以有附屬條例。在做附屬條例的時候，已經把所有的材料公佈了，逃犯在 28 天到 49 天裡一定會跑掉，所以這麼多年來，這種方式都沒有成功。

兩個漏洞，第一個就是關於長期協議的。當時這個條例就

說明了「不適用於中國其他部分」，中國其他部分就是大陸、台灣、澳門。當時香港也沒有跟這些地方簽署任何條約，而且這個條例原來是英國在香港實施的很少數的法律之一，叫引渡命令（Extradition Act）。因為其實國與國之間移交逃犯叫Extradition，一國之內移交逃犯叫Rendition，是兩個不同的單詞。所以向中國其他地方移交逃犯，應該叫Rendition，所以條例沒把它包含在內。

而且香港當時也沒有跟這幾個地方簽署任何的協議，所以可以等一下。1997年的時候，香港在做法律當地語系化，也就是一些英國的法律回歸後不能再在香港實施了，因此就把它當地語系化了，所以那個時候逃犯條例就沒有包含中國其他部分。現在因為殺人案發生在台灣，所以就覺得應該把「不包括中國其他部分」刪掉，以便以後可以用個案的方式去處理大陸、台灣和澳門的案件。

另一個是現在程序上的漏洞，就是需要這麼長的時間讓立法會處理，也應該修改。應該由行政長官啟動這個程序，到法院去，然後就可以抓人了，抓到人之後可以把他留下來，一直到有結果為止，這樣就不用去立法會搞附屬條例了。所以這是兩個需要修補的漏洞。在法律上是有這個需要的。

吳：雖然從法律上來看，修例是具有充分依據的，漏洞也很明顯，但不少港人其實是對內地的司法體系不信任，甚至是恐懼，也有不少人擔心自己因為一些批評中共的言論，被遣送至內地。

梁愛詩：香港回歸已經 22 年了，從來沒有人說香港保障人權方面是不夠的。逃犯條例本身已經有很多保護人權的條文，而這個條例也參考了聯合國制定的指引和範本，這是聯合國成員國都接受的合理安排。

所以本來沒有太大的擔憂，但香港的情況不一樣。不只是香港，其他的地方也有利用移交逃犯的問題。有些人為了本身的政治理由，希望香港人反對。所以修訂逃犯條例在法律上來講是完全成熟的，只是在實踐上，推動的工作做得不好。

有一些人說，香港不應該把逃犯送到大陸。但是，中國大陸已經和五十多個國家簽署了引渡條例，其中 39 個已經生效了，包括歐洲的多個國家（西班牙、法國、義大利等）。美國跟加拿大雖然沒有和中國簽訂協定，但也會把逃犯引渡回中國。最著名的案例是賴昌星案，加拿大把賴昌星送回了中國；中國銀行開平分行案主犯許超凡偷了幾個億美金逃去美國，美國也把他送回中國。這些都是很尊重法治、人權的國家，他們也覺得可以送，但現在他們說香港不應該送，這合理嗎？

所以這個條例我認為沒有不對的地方。而且很多人不明白，這個條例提供了很多的保障。比方說兩個地方都認定犯法的才會移交，還有就是如果案犯因為同一個案件在香港已經定罪了，就不會送去內地再審一次。而且如果是因為宗教、信仰、血統、國籍、政治思想等因素，受審可能受到不公平的對待，也不會移交。這些都是人權的保障。而且需要是刑期七年以上的嚴重罪行才會被移交。所以涉及的其實是很少數的人。

吳：條例本身確實如你所說沒有太大問題，但港府的操作手法太過於傲慢，也沒有充分聽取各方意見、盡可能凝聚共識，導致問題一步步走向失控。

梁愛詩：特區政府現在回頭去看，也道了歉，他們也承認有做得不好的地方。第一個是時間太匆忙。如果是平常的事情，2月份的時候已經就這個建議諮詢立法會、諮詢公眾，4月份才提交草案給立法會。本來是要經過草案委員會的程序，但是在草案委員會的階段，已經有一些立法會議員在拖延，這些議員是帶頭犯法。如果這個條例大家反對的話，應該要在立法會公開地辯論，即便建制派人多，泛民人少。話又說回來，如果說200萬人上街遊行，建制派也會通過條例嗎？他們不擔心影響明年選舉嗎？所以如果民眾不能接受的話，他們也不會支持。

　　如果講民主、講法治的話，這件事情就應該在立法會裡面解決，而不應該在街上，不應該用暴力的方式去解決。現在的情況是出乎任何人意料之外的。如果時間不夠，那可以要求有足夠的時間去辯論；如果是反對，可以投反對票。所以根本就不該用這種方式去解決，尤其不能用暴力方式佔據立法會、圍攻警察局，這是完全不理性的。

吳：香港問題背後有三對矛盾，分別是香港與內地之間的文化衝突和矛盾、意識形態的矛盾、既得利益和失落群體之間的矛盾。所以，雖然在法律層面上很有必要性，也很重要，但是基於這些矛盾，修例的重要性與必要性已經被意識形態和文化衝突壓倒了。

梁愛詩：種種問題，在一個穩定的社會都是可以解決的，而在一個動亂的社會裡，有辦法解決嗎？今天很多是深層次的問題，有些是全球性的，比如貧富懸殊、住房困難、年輕人向上流動的機會等。這是一個變遷的時代，很多的挑戰要去應付，但是這些問題能在一個動亂的社會中去解決嗎？肯定不能。

遊行示威沒有人反對，我也贊成，要表達意見可以和平示威。但是把和平示威變成暴力行動，我就不贊成。

吳：回看整個事件發展，一開始其實是和平示威，只是港府態度過於強硬，讓一些人不滿於「沒有被注意到」。

梁愛詩：這個強硬要看你是怎麼理解。特首說聽到了市民的聲音，她不是說 6 月 12 日要通過這個條例，她說的是會恢復二讀，意思就是會開始辯論。如果你相信民主和法治，這件事情是不是應該在立法會去討論清楚？

吳：可能還是時機的問題，當民怨沸騰的時候還強調修例會一直推進下去，確實容易引起激烈反彈。

梁愛詩：對特區政府而言，行政機關在立法會一票都沒有，所有的議員都是民選出來的。政府是主導條例的，但是沒有權力去通過條例。香港的制度要相互配合、相互制衡，立法會跟行政機關相互配合的事情可以通得過，但是得不到立法會支持的話，這個事情就被制衡了，就不能通過了。

吳：但對於示威遊行者來說，他們會覺得政府太傲慢了，太不把民眾的訴求當成一回事了，所以是一種情緒性的反抗。特區政府其實完全可以在那個時候把修例相關的工作先擱置。

梁愛詩：特區政府在 15 日那天，首先是道歉，其次是宣佈暫時擱置。當然，我現在不在政府，我不知道他們要面對什麼。一個行政長官要面對的不光是自己的團隊，不光是警察，還有議員等等，方方面面要兼顧，這不是一件簡單的事情。但是她為什麼堅持不肯這麼說，我沒辦法解釋，因為我不知道。但是我知道的是，那個回應不單是要平息事件，還要兼顧方方面面，還有長遠的打算。

吳：從暫緩修例到道歉，再到宣佈修例「壽終正寢」，在這個過程當中，示威者也可能會得到一個錯誤的信號，會認為通過一些暴力事件、激烈的行動，能夠逐步得到一個他們想要的結果。

梁愛詩：任何情況下，我都不主張用暴力去解決問題。暴力解決不了問題。大家理性地坐下來談才是解決問題的辦法。比方說二十三條立法的問題。政府為什麼拖了這麼多年，都沒有進行二十三條的立法？就是照顧到大眾的承受能力。所以我想如果沒有成熟的條件，特區政府也不會推動二十三條的立法，但是這不等於說二十三條不立法香港就沒有這樣的法律去管。只是不完善，但不等於沒有法律。

吳：香港今天面對的問題，其實不是香港獨有的，很多國家和

地區都在面對。經過這麼一番撕裂，對香港來說，最關鍵的是如何再出發。尤其是在特區政府管治威信降到最低點的今天，如何帶領香港再出發？

梁愛詩：這真的是一個很困難的問題。「雄關漫道真如鐵，而今邁步從頭越。」如果我是特首，辭職是很簡單的事情，但我覺得一個負責任的人不應該這麼做，所以這是不容易的。首先大家都要冷靜下來，都要反思，不單是政府要反思，市民也要反思，要去認真了解問題。在談到修例問題的時候，一個人說不相信內地，那麼他就什麼都聽不進去了。

如果你不相信內地，你就應該去了解內地的法律制度。內地的法律制度和香港不一樣，但不等於內地的法律制度不公正。內地經過司法改革，不能不承認，相比二十年前，有很大的進步。反對內地的人都應該去知道這樣的情況。

這些深層次的問題是很多年積聚下來的，不是政府短時間內能處理的。經過兩年的時間，新的政府三個重要的基建——港珠澳大橋、廣深港高鐵、中環灣仔繞道，都已經開通。還有大灣區，發展大灣區不是為了我們這些老人，是為年輕人找機會。政府也成立了青年人的發展基金。醫療方面，罕見疾病買不到藥、沒錢買藥，政府都給患者去解決問題。房屋方面，「明日大嶼」雖然是比較長遠的計劃，但也有一些是比較近期的，比如讓青年人去分享房屋。很多短期、中期的計劃都在做，這些事情不能一下子解決。

所以年輕人說他們失望、沒有機會，但你看看大灣區，

是充滿機會的。如果香港的情況不好，失去了在國際上的地
位，那麼香港人不跑去內地工作，你能做什麼呢？不是每個人
都有能力移民到美國、加拿大去的。

吳：感覺像兩條平行線，其中一條包括了大灣區、廣深港高
鐵、港珠澳大橋，其實是一個融合的、積極的「一國兩制」，
從經濟、民生切入，不斷加深陸港兩地融合，改變原本區隔式
的、消極的「一國兩制」，是很多人認為對香港比較有利的，
也是香港最好的選擇。但在這之外，還有一條線，就是不管粵
港澳大灣區還是其他的措施，很多人認為最核心是要普選，沒
有普選，這些東西可能都是空談。

梁愛詩：什麼是普選？

吳：就是重啟政改，然後投票選出行政長官。

梁愛詩：聯合國對普選沒有一個定義。從特區政府成立以
來，最初行政長官是 400 人選出來的，到第二屆政府是 800
人，如果 2005 年政改成功的話，人數也會增加。2010 年的政
改讓 2012 年行政長官選舉委員會擴大到 1,200 人。如果 2015
年政改成功的話，這一屆的行政長官已經是普選產生的了。

　　而對立法會來講，最初三分之一的議員是直選產生；第二
屆 24 個議員是直選產生，6 個是選舉團，30 個是功能組別；
第三屆已經是功能組別和選舉委員會一半一半。但那個時候還
是不平等，因為有一些人有兩票，有一些只有一票。2012 年
的立法會選舉已經是每個人都有兩票，在這方面來講已經高度

平等。如果你看看基本法起草的時候，姬鵬飛就說過，按照「一國兩制」的概念、繁榮穩定的目標，要照顧香港作為一個特別行政區的法律地位，要兼顧各階層的利益，行之有效的部分要留下來，按照相關的實際情況循序漸進地建立一個適合香港的民主制度。

所以如果中央政府不希望香港有普選的話，不會把兩個普選寫到基本法裡面，兩個普選也是《中英聯合聲明》裡沒有的。如果香港一步一步去發展，會有一個適合香港情況的民主制度，但很重要的是循序漸進，按照香港的實際情況。

上一次「雨傘運動」的時候，大家都不能接受提名委員會。根據基本法規定，「行政長官的產生辦法根據香港特別行政區的實際情況和循序漸進的原則而規定，最終達至由一個有廣泛代表性的提名委員會按民主程序提名後普選產生的目標」。「8・31」框架下面還有很多值得討論和發展的地方，比如選民的基礎，比如提名的比例，等等。

當時反對派一定要公民提名，這和基本法不符。本來按照 2015 年政改方案，香港可以不斷地發展，一直到大家都滿意的情況。而且你說重啟政改，除非是有一個方案，三分之二的立法會議員都同意，否則拿出來總會引起爭議，也是沒有結果的。

吳：在普選的問題上，中央有沒有可能做得更有技巧？因為「一國兩制」本身是一個很有政治智慧和政治彈性的制度設計。鄧小平當年也有「宜粗不宜細」的考量。當時的香港和

內地是一種情況，經過 22 年的實踐之後，今天顯然是另一種情況。所以他當時只給出了一些大的框架、一些原則性的設定，而沒有糾一些比較細的東西。對於今天的中央來說，全面管治權如何同香港的高度自治權達到一種比較和諧的動態平衡？否則每次中央對香港說什麼、做什麼，大家都覺得是在違背「一國兩制」，是在「干預」香港的高度自治權。

梁愛詩：這還是對「一國兩制」不明白。「一國兩制」不僅是換一個旗幟、改一個名字，是要經過一個心路歷程，獲得對國家的認同、對國民身份的認受。這個一直以來香港沒有做好，但是不能說是因為鄧小平說了「宜粗不宜細」，就要往這個方向去發展。

吳：這種情況在香港是普遍存在的。

梁愛詩：普遍存在，但還要考慮是不是要按照原來的循序漸進、是不是適合香港的實際情況。如果動不動就用武力、暴力，動不動就百萬人上街遊行，這種民主制度，可以保障香港的繁榮穩定嗎？

吳：你有沒有擔心中央會因此進一步加強對香港的全面管治權？

梁愛詩：這不是加不加強的問題。一直以來全面管治權在基本法通過的時候就寫了的。香港特別行政區直轄於中央人民政府，這不是全面管治是什麼？

吳：但不少港人的理解是，北京的全面管治權更多聚焦於國防、外交層面。

梁愛詩：這是一個錯誤的理解。其實每一次中央政府要做一件事情的時候，都被反對派往前推。1997 年的時候有誰去鼓吹「港獨」？沒有人做這件事情。又比如 2016 年 DQ 立法會議員。如果立法會議員乖乖地按照法律去宣誓的話，他們現在還是反對派的議員。如果是中央不按照基本法去做的話，那特區政府根本沒辦法管治。這不是中央加緊對香港的管治，而是反對派一浪一浪地推過來。

吳：這種一浪一浪地推，可能會產生一個反效果，就是中央會對香港越來越不放心，對香港的自治能力也越來越懷疑。

梁愛詩：是這個效果。所以本來中央希望香港能夠管好自己，但是如果香港人經過二十年還不了解「一國兩制」，還要一步一步推進，去跟中央對抗的話，那麼「一國兩制」不是「兩制」對立的，也不是「兩制」割裂的。

所以不能讓錯誤的事實繼續下去，要分清楚黑白是非。這麼多年有很多的困難，很多人不管法律、不講道理，只講觀感。這一趟遊行示威完全是情緒化的。如果那麼情緒化都叫民主的話，它會把你帶到什麼地方？

吳：這個情緒究竟是怎麼來的？看上去很清楚，就是對內地的不信任，甚至是恐懼感。

梁愛詩：如果因為他們怕就要將就他們，那讓他們走錯路都不要干預嗎？

吳：不是不要干預，而是這就是香港的事實——存在這種情緒，存着這種不信任和恐懼感，而且是很大範圍地存在。要怎麼去盡可能地紓解？

梁愛詩：我們花很多時間去講，給他們解釋「一國兩制」。我到學校去，每年都講很多次，但的確有一些缺陷的地方，比如教育的問題、傳媒的問題，都沒有做好。引起了這麼多爭議，我們要看看要怎樣改進。

吳：你對以後樂觀嗎？

梁愛詩：不是樂不樂觀的問題，為了香港的好處，這是我們一定要做的事情。

但是另外一方面，我們不能被情緒牽着鼻子走，走到歪的道路上。不能讓錯誤的情緒去引導，否則就完全不要管了，成為一個無政府的狀態。

吳：此前香港前立法會主席曾鈺成呼籲要特赦示威者，你是如何看這個提議的？

梁愛詩：如果講法治的話，法律面前人人平等。如果他們這樣可以被赦免的話，下一次有什麼事情，大家就用武力去解決，那麼香港就不用講法治了。因為法治不光是要政府守法，民眾也要守法。市民要把這個作為一個常態，不是擔心要

被抓去坐監，或者被懲罰，而是守法本就是應該的。一個法治社會最重要的標誌是市民是否守法，當然權威的政府在行政方面、立法方面，都要按照法律去做。

吳：現在很多人在提要成立獨立調查委員會來解決這些問題，對此你怎麼看？

梁愛詩：這是一個解決的辦法，但是政府反對這麼做。它的理由是已經有一個警監會了，那是獨立的法定機構。問題在於調查委員會的調查範圍。如果只是針對警察使用武力的話，那麼警監會就可以做了。如果是更大的問題、背後的問題，比如有沒有外國勢力干預，那麼調查委員會也做不到。還有其他深層次的問題，什麼時候才能有一個結果？要確定一個調查範圍，還是不太容易的。最好是大家能有一個比較合理的共識，但是我也不知道政府面對着什麼困難。

第四章

香港國安法

國安法
為何難解港人心結

💬 **林朝暉**
北京港澳學人研究中心理事

📅 2020 年 5 月　　　📍 線上

訪談手記

　　全國人大以雷霆之勢推出香港國安法，成為今年因疫情影響而推遲的兩會的最大關注點。面對這一已經表決通過的國安法，香港社會究竟反響如何？人們主要的顧慮又是什麼？在曾任香港學聯副秘書長的林朝暉看來，港人對國安法有點懵，也有點看不懂。而在懵和看不懂之外，人們對於香港的未來也充滿悲觀論調，甚至不少人認為「一國兩制」已死，未來只剩下「一國一制」了。此外林朝暉亦強調，國安法雖然無法解開港人鬱結在心頭的心結，但既然已經推出了，也不是壞事，因為對香港來說沒有比現在更差的局面。快刀斬亂麻，總比原地踏步要好。

吳：這次香港國安法推出後，香港社會的總體反應如何？

林朝暉：我覺得香港人的反應往往不是集中於一個點上，是長期積怨而成。就像反修例只是一個爆發點，其實之前對林鄭的不滿意也是長期的，對中央政府也有怨氣，可以說從「佔中」以後這個心結一直存在。宣佈要為國家安全立法後，我觀察發現部分港人有很強的無力感，感覺砸東西沒用、砸誰都沒用。反倒越來越多人將目光鎖定在 9 月份的立法會選舉上，覺得要徹底佔領立法會，情況才能有所改觀。

吳：也就是說把焦慮和無力感寄託在立法會選舉上？

林朝暉：對，大家心裡都很清楚，既然中央說要立法，絕不可能因為香港反應大就不立了，抗議示威說到底也沒用。網絡上討論很熱烈，不少人覺得香港已經快死了，已經離「一國一制」不遠了。

吳：除了這些比較極端的論調，香港社會對國安法主要的顧慮是什麼？

林朝暉：第一類反應是認為中央對香港真的失去耐心了，未來治港也不打算繼續按照「「一國兩制」、高度自治」的共識走了。本來香港社會從 2003 年開始，討論焦點就是政改、貧富差距等問題。大家普遍認為需要政治改革來破局；後來對政改的訴求演變成「佔中」，但「佔中」又被視為是「顏色革命」；繼而到這次的騷亂。看到社會在一步步惡化，從原先簡單的政

治經濟改革訴求，愈演愈烈。

尤其是香港社會恐共的情緒一直存在。加上在政治經濟種種積累的問題沒有解決的前提下，林鄭卻想當然啟動修訂逃犯條例，相當於直接戳中了香港社會普遍存在的恐共情緒。現在推出香港國安法，也被認為是借題發揮了。香港更多是第二類反應，不管是之前的「佔中」還是去年的反修例：本來只是一個政治訴求、民生訴求，怎麼每次都被說成是國家安全問題？以致今天（國安法）立法很多人會顧慮，以後是不是連反對意見都不能提了？

吳：為什麼會是借題發揮呢？香港修例風波以來發生的暴力「攬炒」等，大家都看在眼裡，這些已經不是正常表達訴求的路徑和行為了，修補香港的國家安全漏洞確實有必要性和緊迫性。

林朝暉：香港的遊行、集會、示威這些權利是被保障的。無可否認，反修例中摻雜着一些危害國家安全的活動，而中央藉當前局面把多年的「夢魘」匆匆解決。但中央及對港部門也需要分清楚、講明白，不能把全部港人一概而論。從一開始，年輕人上街只是為了表達對政府的不滿，後來是對警察的不滿，他們想要自己的訴求得到回應，「港獨」從來不是多數人想要的。

現在人大推出香港國安法，很多香港市民雖然看不懂，但從立法本意來講大家也是理解中央用意的，因為這個國安漏洞靠基本法第二十三條立法堵不住，只有中央出手來做。但具體怎麼做，至少有幾點需要講明白：其一是在港設立執行

機構，港人現時對香港警察都不信任，更別說國安了；其二是後續涉及到具體案件，能公開到什麼程度；其三是涉及到言論自由等意見表達方面的情況，究竟該怎麼判斷。雖然「兩辦」都說遊行、示威、集會自由不受影響，但政治表達和國安問題之間的界限怎麼劃定，這是香港人關心的。此外，既然香港國安法推出了，不少市民會追問，政治改革還有普選的問題是不是會有所推動？之前一直說因為第二十三條立法的問題沒解決，所以沒辦法在政改問題上放開，後續安全性漏洞補上後，政改和普選的問題要怎麼辦？

吳：你提到的這幾點確實是重要的。不過回到你說的修例問題，也是需要分階段來看的。一開始示威者可能確實是為了表達正當訴求，但後來情況明顯發生了變化，尤其是「光復香港、時代革命」這樣的口號喊出來後，還能說只是為了表達對政府的不滿嗎？這確實已經構成危害國家安全的隱患了。

林朝暉：我覺得香港人很好哄的。這樣講可能香港民眾不喜歡聽，但事實就是這樣。一些人喊着「光復香港、時代革命」，在不少中產階級和普通市民看來，口號的真實意涵不過是想要自己的聲音被聽到，自己的訴求有所回應。人們真的會跟着這些極端的聲音走嗎？絕對不會。但凡聲音被聽到，訴求有回應，很快就會偃旗息鼓的，從 2003 年到後來的一系列事件，都是這個脈絡。我相信大部分香港市民都不會支持「港獨」，只有極少數人還抱持着這個執念。與其說「光復」，倒不如說更多港人希望不要加速「融合」，想盡可能多地保留香港原有

特質；而所謂「革命」，更準確是想要徹底的「政經改革」。這才是絕大多數港人的意願。

吳：當真實的意願被暴力甚至「攬炒」的行為蓋過時，就可能導致各種誤判。港人對中央有想像和誤判，中央可能對港人的意願也存在一些不解的地方。基於香港目前嚴重撕裂的現實，以及內地和香港之間長期以來各自想像的情況，你覺得中央就算解釋了香港國安法的必要性、緊迫性，港人真的能聽得進嗎？

林朝暉：雖然可能解釋起來有困難，但有幾個點也應該可以先說明白、大膽提，不應該迴避。首先，政治反對派在香港的位置究竟是怎樣？是否政治反對派就等於國家安全的威脅？因為反對派目前的投票支持度在香港佔 60% 以上，中央不允許他們跟外國有聯繫，也不允許有資金支持，那其他呢？怎麼定義政治反對派？其次，不能提「港獨」，但是表達對北京的不同意見和看法是否被允許？ 第三，如果特區政府推出有違民意的政策，比如修訂逃犯條例，是不是只要反對特區的政策就代表冒犯國家安全？這些是比敵對勢力更難解釋，卻是極為重要的部分。

我們看從回歸到今天，所有的政治風波都是因為民意沒有被好好引導，政改和普選大家本來以為會是一個出路，但是一步步爭執變成今天這樣。現在內地媒體都在說國家安全如何如何，卻沒有人提香港人切實的訴求是什麼，關鍵問題是什麼。香港這邊也有不少陰謀論出來，兩邊輿論引導上都有很大

問題。

吳：對，一直以來各自想像的成分就挺多的，而且媒體報導近乎平行時空。

林朝暉：我經常說，無論港澳辦、中聯辦誰來解釋，甚至現在重啟了發言人制度，可還是在用北京那一套八股文在講，港人聽不懂的。而唯一能按照港人思維模式來講的特區政府，對北京的理解又很淺薄，說白了港府也不見得真的搞懂了。

吳：你剛提到香港人其實挺好哄的，有沒有覺得香港也被美國給哄了？這次香港國安法推出後，美國方面反應很熱烈：總統特朗普說會有非常激烈的反應；國務卿蓬佩奧（Mike Pompeo）說要取消香港特殊的法律地位。近來，「向特朗普發信反香港國安法」的呼籲得到不少香港市民回應，參與者希望藉推特（Twitter）、臉書（Facebook）和白宮網站連署三種方式向特朗普請願，試圖透過國際壓力來給中央施壓。

林朝暉：我覺得不是被美國給哄了，是被我們自己搞亂的。雖然黃之鋒他們很喜歡去美國說上幾句，以為美國能幫忙。但說實話，黃之鋒這些人在年輕人當中的號召力還有以前那麼強嗎？有人真的聽他們的嗎？他們不能代表多數年輕人。這次很多年輕人出來，甚至我身邊一些高學歷人士及行業精英都站了出來，他們只是不同意警察的做法，認為警察怎麼有那麼大的權力，質疑他們的專業判斷及手法是否過火了。我相信只要能把警察的執法問題公允處理了，問題就解決了一半，民意也會

慢慢回來。

吳：警察的問題也包含在「五大訴求」中，但對比西方國家警察執法的力度和情況，不覺得香港警察已經很克制了嗎？

林朝暉：如果非要拿美國警察的執法力度來對比，我覺得是個極端。香港人更願意跟以前比。我以前也組織過街頭運動，我的年代沒有嗅過催淚彈，現在香港民眾不能想像他們生活的城市裡會有這個東西。在國外沒問題，大家都很習慣，像法國每隔一段時間就有很大型的社會活動。不過需要承認的是，香港警隊從來沒有面對過這麼大型的社會運動，這是第一次。雙方都有點失措及失控。但問題的根本是特區政府早在修例通過前已經知道主流民意反對，還是硬要通過法案。自己不直面民意，反而把警察及中央放在民眾對立面，特區政府難辭其咎。有時我會覺得中央很無辜。

吳：中央對維護香港的憲制秩序有最大責任，對維護國家安全負有最大責任，所以也就沒有「無辜」之說。不過回到警察的問題上，反過來看警方使用催淚彈，不也恰恰證明了運動本身已經升級到了很嚴重的地步嗎？

林朝暉：我同意香港這個局面是很嚴重的，但是港人會覺得，怎麼政府不找解決方案，反過來怪民眾反對？甚至後來還把這股反對民意的不滿情緒及行動，升級至國家安全問題。普遍群眾感覺很懵，他們對中央及對港部門是否有什麼危害國家安全的行為，對此有什麼證據，我們不得而知。但普通群眾感

受就是，政府對運動的根源不處理，反過來還責怪提反對意見的人。

吳：現在推出香港國安法不就是為了解決問題嗎？按照中央的說法，修補國家安全漏洞是頭等大事。這個問題不解決，其他問題，比如經濟、民生以及社會問題，都沒有辦法有效解決。

林朝暉：止暴制亂是很好理解的，但推出香港國安法並沒有真的解開港人的心結。

吳：現在港人最大的心結是什麼？就是警察的問題？

林朝暉：最大的心結是特區政府不聽民意：修例本來就有很多人在反對，港府硬要通過，後邊又把警察推到前面來頂，去擋所有的反對聲音。現在既然推出了香港國安法，雖然心結還在，但我個人覺得也不是壞事，因為沒有比現在更差的局面了，需要快刀斬亂麻。國安的問題不解決，政改和普選的問題也只能原地踏步。

吳：就算國安法立了，短期內重啟政改的可能性也不是很大。

林朝暉：拋開重啟政改這個具體的問題，我覺得過去很長一段時間時間裡，中央都沒有在用一個戰略眼光來處理香港問題，或者沒有清晰地傳達給港人，有的只是針對具體事件的戰術。現在國家對香港的總體規劃是什麼？之前的經濟融合是不是一個整體思路？香港在國家發展大局中的具體位置是什麼？「一國兩制」跟鄧小平時代相比有哪些地方在與時俱進？

這些都需要講明白。香港精英和建制派不少人都很迷茫，因為不知道自己的位置在哪裡。政制改革的方向也應該在一個大戰略藍圖中訂定，也應該嘗試跟港人解釋。

吳：之前消極的、區隔的、被動的「一國兩制」確實積累了很多問題和矛盾，但現在明顯能看得出來局面在變化，「一國兩制」在走向積極、融合和主動。當然，這個換擋期不可避免會有摩擦甚至是衝突。比如這次的國安法，具體到執行層面，可能會存在不少問題。內地的執法習慣跟香港很不一樣，稍有問題就可能被無限放大。

林朝暉：我自己很擔心。中央一直依賴的建制派，在香港的民意基礎真的很差，還有人投票給建制派的原因是顧念中央，不是認同建制派本身。誰來幫忙在香港本地解釋，甚至有效地把市民的憂慮提給中央及對港部門？就怕泛民主派做不來、建制派又幫倒忙。

吳：確實，這次人大直接出手立法，也是在間接「打臉」特區政府和建制派。不過長遠來看，這次國安法確實能起到解套第二十三條立法的效果。不然香港一而再再而三地陷入到大規模的撕裂當中，對香港來說是更糟糕的局面。

林朝暉：同意。就像我前面說的——快刀斬亂麻。相信會有短期的陣痛，但長遠來看是好事。

國安法不是
哈利波特的魔法棒

 鄧飛

香港將軍澳香島中學校長、香港教育工作者聯會副主席，
2021 年當選立法會議員

📅 2020 年 7 月　　　📍 線上

訪談手記

　　香港國安法雖然已經表決通過，但香港的全面改革才剛剛開始，尤其是教育層面出現的問題，是時候直面和進行一場改革了。在香港將軍澳香島中學校長鄧飛看來，今天飽受外界爭議的香港教育層面的一些問題，帶有很大的誤讀成分，而且不要高估網絡時代下老師對學生的影響力。鄧飛亦強調，無論有沒有國安法，執法部門都不要只把執法對象鎖定在前頭充當犧牲品的青少年身上，更應該看到幕後的操縱者。把他們繩之以法、了解他們行動的來龍去脈，對青少年的教育才能起作用。否則，一邊教育青少年，另一邊政治傳銷人員對他們進行洗腦，教育就事倍功半了。學科、教材的問題當然要改革，但要先解決最根本的問題。

吳：從提出到正式生效，香港國安法帶來的輿論關注已經持續了一個多月，在你的觀察裡，香港社會對於國安法的態度，有哪些階段性的變化？

鄧飛：香港的民情出現了兩個極端。建制派士氣大振，一掃過去一年來的憋悶。但反對派，尤其是有獨立傾向的反對派，紛紛開始轉變口風，為過去的言論洗白，開始說「我支持基本法」、「反對獨立」等等。比如李柱銘、陳方安生等都頻繁發聲，稱自己過去不是要搞獨立，是擁護基本法的。還有一些人選擇與暴力行為割席，這些都很明顯。

吳：鑒於大陸法系與普通法系的差異，內地與香港在司法層面也存在執法慣性的不同。香港國安法在具體實施過程中，你認為會面臨哪些挑戰？

鄧飛：我並不認為兩地之間的法律體制存在本質上的矛盾。現在雖然內地是大陸法系，香港是普通法系，但世界的大趨勢是，大陸法系與普通法系逐漸走向趨同，而不是分離。正如港澳辦副主任張曉明提到的，內地的刑事訴訟也遵循無罪推定原則，必須講證據。這些最重要的原則，兩個法系是相通的。

　　與此同時，就算在普通法系之中，也不是只看案例而不重視法條。尤其是在涉及國家安全這一類敏感而重要的法律範疇，實行普通法系的國家如美國、英國和新加坡，也都是法典化的。保護國家安全的重要議題並不僅依靠普通法中的案例。所以香港國安法其實與普通法系並不衝突。

　　我比較在意的一個問題是，落實國安法之後，會有很多香港人認為可以依靠這一部法典解決所有問題，而現實情況並沒有那麼簡單。香港國安法只針對四種比較嚴重的罪行：顛覆國家政權、分裂國家、勾結境外勢力和恐怖主義，並沒有涵蓋所有事務。

　　所以，不能寄希望於這部法典能解決所有政治上的不滿，這種希望是不恰當的，香港國安法不是哈利波特的魔法棒。在此之外，其他該繼續的事情還得繼續。

　　其一，中央政府已經多次強調，香港國安法出台之後，並不意味着二十三條立法就不重要了，這個工作還得繼續。

　　其二，本地原有懲戒暴力極端行為的法條也要重新啟動。香港特區法律中有一個刑事罪行條例，能為處理帶有政治目的的暴力行為提供充分的法律依據。此外，本地的執法部門、檢控部門和司法部門都要活躍起來，並不是說把所有事情全部交給國家安全機制就行。

　　其三，教育也需要跟上，不能說整個社會只有法律沒有教育。教育是為了防患於未然，法律則是懲治於已然。除了學校的教育，還有整個社會的教育。當前，簡單推行憲法、基本法和國家安全法的教育遠遠不夠，還應該依靠更廣泛的學校教育和社會教育來阻止諸如「港獨」等極端思潮蔓延，讓香港回歸到本來的面目。如此，香港的經濟和民生才能重新發展起來，整個社會不可能把所有精力放在政治事務上。

吳：香港教育局長近期在接受媒體採訪時說，香港國安法生效

之後將會在課程中介紹該法的一些重要內容。確如你所說，單純依靠一部法律很難解決香港的所有問題，尤其是香港積重難返的深層次結構性矛盾。具體到教育層面，怎麼做才能起作用？重點應該包含哪些方面？畢竟只宣講法律的重要性，還是太過表面了。

鄧飛：香港國安法生效之後要在教育上下功夫，這非常有必要。如果我們不教政治，反對派也會教，而他們傳遞的是扭曲過的、完全不一樣的理念。具體來說，教育方面應該注意幾點：

第一，香港國安法尤其要結合國家憲法和基本法來教，三方面結合起來才會有效果。教育局長說要納入課程，他指的並不是要重新設立一門具體的課程，而是延續舊法，用香港的話來說就是「滲透式教學」，即把相關內容滲透到不同學科和課外教育。我對這種方式持保留態度，因為如果這種方式有效果的話，過去這幾年香港也就不會發生那麼多事。從 2012 年的反國民教育到去年的反修例遊行，這八年來，香港的相關教育都是採取滲透式，沒有獨立學科和統一課程。我還是認為教育必須要正規化、條例化以及系統化。簡單來說，至少要在初中階段開設獨立學科。提供統一的教材、課綱和相關師資培訓。當然，這種方式並不一定能夠完全解決問題，但比起碎片式的滲透教學，效果會好很多。畢竟憲法、基本法和國家安全法都屬於法學教育，技術含量要求相對較高，按校本處理是遠遠不夠的。很多老師也沒有受過專業的法律教育，讓他們去給

學生講法律，就像讓文科老師教理科科目，挑戰太大。如果沒有統一的課綱、教材和師資培訓的話，老師教出來的東西可能會完全變調，這會衍生出什麼樣的後果？很難預測。舉個例子，什麼是顛覆國家罪？這在法律上有非常嚴格的定義。而隨着執法行動的開展，就會出現新的案例，這些新的案例也應該充實到教學內容當中。這個過程要求很高的專業度，如果沒有統一的培訓，很多老師都不知道怎麼教。如果連定義都搞不清楚，大家只能望文生義，這肯定不行。

第二，香港的教育廣義上說是一種價值教育和品德教育。這麼多年以來，香港的青年都已經習慣了反對派的政治論述。這其中最大的特徵就是把香港和中國割裂開來，看做兩個完全不相關的社會實體甚至「民族」。這不是最近才發生的事，已經成了習慣。面對這種情況，應該採取何種更好的方式，讓價值教育和品德教育重新回歸到「一國兩制」的正確表達上來，並且讓青少年能夠接受？這就是一個移風易俗的過程。

最後是傳媒的教育。反對派媒體利用過去十多年的網絡發展，把他們的論述更高效地傳播給青年人甚至老年人，對他們進行大規模洗腦。客觀來說，反對派媒體做得比建制派媒體不知道成功多少倍。就算他們釋放的是非常明顯的假消息，也會有人相信，尤其是年輕人。這種情況下，我們也要做好媒體素養教育，教會青少年分辨網絡媒體中流傳的信息，什麼是假的、什麼是扭曲過的。這些在學校教育裡都要加進去。遠的不說，去年或者「佔中」發生以來，反對派製作了許多高品質的

傳播產品，其中內容本身充滿了誤導和錯誤，但有很多人深信不疑。最經典的一個案例是，反修例示威中，有一段流傳很廣的三分鐘短視頻——一個賣肉的小販對着鏡頭說，擔心自己因為說錯話就被押送回內地。這完全是睜眼說瞎話，但問題是，這段短視頻非常成功，喚起了很多人的恐共意識。這個案例就是一個非常重要的教訓，我們應該反思，為什麼這麼明顯的謊言還會有人信？所以，在青少年的教育問題上，媒體素養一定要跟上。

除了以上提到的憲法、基本法和國家安全法的教育，思想品德和「一國兩制」的價值教育以及媒體的教育之外，還有一個方面也需要注意。這一點與價值教育沒有太直接的關係。但它引導我們思考一個問題，即要培養什麼樣的香港青少年？簡單來說，香港的新高中課程其實多少有些重文輕理的傾向，這是全世界都罕見的：重視文科，理工科在衰弱。這是基礎教育中一個很重要的問題，必須做一個檢討。如果未來香港經濟要轉型，要發展創新科技，但理工科教育被落下了，情況能好嗎？

問題說了好幾年。2017 年的時候，香港科學研究院院長徐立之教授就發表了一個報告，猛批新高中課程導致選修理科的學生比例下降，這對香港的人才培養和經濟轉型十分不利，而且會帶來政治後果。因為如果經濟不能再上一個台階，向上流動的通道就會塞滯。而這個通道關閉之後，過個五年十年，政治運動又會捲土重來。所以，關於新高中課程，是不是也必須做一些改善，而不是任由重文輕理發展下去？教育

部門應當充分考慮到現在的問題可能帶來的後果。

吳：香港重文輕理這種現象具體是怎麼出現的？

鄧飛：三言兩語很難說清楚，也不是刻意這樣安排。為了減少學生的壓力，我們沒有安排很多學科數目，基本上就是中、英、數學和通識，再就是兩到三門選修課。很少人選三門，一般都是「4+2」的模式，以前每個學生要考七八門功課，現在只需要考六門，甚至有很多人只需要考五門。選修課中有文科、商科和理科。這三大類選修課，人數都很少，必修的四門課——中、英、數和通識又擠佔了很多時間。

再加上生源逐年減少，香港學位供應過多。這在內地是不可想像的，大部分內地城市，教學資源都是供不應求的，但在香港就完全反過來了。2000 年參加香港會考的考生可能有八萬人，到今天也就只有四萬七了，幾乎減半。但學校的數量沒有少，教師也沒有少，這就造成一個結構性問題：無論是從學生總量的角度來看，還是從分課的角度來看，每個學科，當然也包括理科，生源都是不夠的。

由於這幾年過度政治化的社會氛圍，大家對通識教育科更加關注，如此一來政治氛圍又更濃烈了，然後選理工科的人又更少了。還有就是香港的理工科經濟沒什麼發展前途，香港基本沒有理工科產業。

吳：過去幾年，媒體對香港的教育問題比較關注三個方面：首先是取消了中國歷史的必修課地位，導致香港年輕人對中國歷

史的理解漸漸走偏；其次是香港教協作為香港最大的一個單一行業工會，領導機構卻一直由反對派把持；還有就是通識教材的問題，涉及教育的深層次改革，一定會觸及這個方面。你怎麼看香港教育在這三個層面上的問題？有沒有誤解的地方？

鄧飛：我覺得這些基本上都是誤讀，與香港的實際情況完全不符。第一，中國歷史從來不是必修課，就連內地高中文理分科之後，理科生也不用讀歷史了。回溯到 1997 年之前，香港也沒有將歷史列為必修課。香港有些有識之士說，小時候讀的中國歷史課是必修，但問題在於，他們小時候香港還沒有普及教育，大部分人連基本的受教育機會都沒有。直到上世紀八十年代，香港才實施九年義務教育，許多內地人很難相信這一點，甚至覺得這是違反直覺的。

那個時候很多香港人都處於半文盲狀態，這種情況下討論歷史課是不是必修並沒有意義。所以，取消中國歷史課的必修地位與現在的情況沒有必然關係，反而是這一番盪還推動了落實歷史必修課。

另外，除了推動初中的歷史必修課之外，還至少做了兩方面的工作。第一，把經濟、文化和科技的歷史也加入了歷史課當中。因為以往的歷史課過多關注政治歷史，經濟、文化和科技的歷史往往被犧牲了。現在已經注意到了歷史課中非政治因素的聚合，如此才能更好地讓學生掌握中國歷史的完整面貌。如果把所有的目光都放在「宮心計」上，這種歷史教育是偏頗的。

　　第二，增加了香港的本地歷史，把香港的歷史和整個大中華的歷史脈絡結合起來。這一點做得非常好，目前已經開始在推動和摸索。香港是中國唯一沒有地方誌的城市，最近幾年才成立了一個地方誌辦公室，重新整理了一些本地歷史，才有東西可以教。

　　而關於第二點，教協的歷史很悠久，可以追溯到上個世紀七十年代初，可以說是一個盤根錯節的政治工會。既然是工會，捍衛老師的飯碗就是一種天然責任。無論怎麼改革，總會讓老師改變原本的生活習慣甚至工作待遇。對老師來說，工作量可能會增加，職業保障度可能也降低了，這個時候他們肯定會找工會抗議。隨着香港政治氛圍越來越濃厚，這種訴求也會以政治化的方式呈現。

　　因為教師工會出來遊行示威的話，如果喊出「保護老師飯碗」的口號，道德優越感就不強，所以就會用政治訴求把這個道德感拔高。議員為了保住立法會席位，為了鞏固在教師群體中的支持度，用廣東話說，也只能「盲撐」到底。

　　還有一點，香港的通識教育與教材關係不大，基本上是純粹的社會時事分析，社會時事就是教學素材。香港與內地教育的一個最大區別是，內地的教材都是官方出版，是權威用書。但香港的教材在教育局審定之後，商業出版社可以自由出版課本，自由向學校推銷。問題是，學校挑了課本之後，老師的應試筆記才是最重要的。所以，在香港折騰教材的效果並不大。年底特區政府應該會出台關於新高中課程的研究報告，對通識教育科下一步到底何去何從，會有一個交代。

吳：我們看到，修例風波期間，不少在校學生和年輕人走上街頭，其中不乏暴力「攬炒」者，如果涉及學校教育的三個問題都是誤讀，那問題到底出在哪裡？

鄧飛：可以說是整個政治氛圍的影響。通識教育恰好研究社會時事，現在最吸引人、最精彩的又是政治時事，這就導致通識教育這個學科變成了政治教育的一個平台。這種情況下，處於青春叛逆期的中學生在政治上就「早熟」了，對政治的興趣與叛逆心理結合，往往表現出一種偏激行為。

另外，學生的行為不一定和學校的教育有關，拿去年的事件舉例來看，我們觀察到根本不是教育界人士在指揮、操控青少年去參加各種政治行動，甚至是暴力行為。我們不知道是什麼人在背後組織，但可以確定不是老師，不要高估網絡時代下老師對學生的影響力。

有一點可以確定，每若干個青少年背後就有一個平台，有一個到三個成年人在指揮。我一直好奇，指揮的人是誰？他們有沒有違法？如果違法的話，為什麼沒有對他們採取執法行動，而警方只逮捕衝在前面的年輕人？

這些年，老師和家長對青少年的影響力在下降，不像以前。我們上學的時候網絡沒有那麼發達，新聞媒體也比較單調，那個時候老師和家長對學生的影響力是壓倒性的，因為青少年獲得信息的渠道有限。但今天，一個手機，就可以獲得巨量的信息，非常方便。這就導致家長和老師對學生影響力的下降。

　　青少年在這樣的環境下，有點類似於被政治傳銷洗腦了。背後操縱的人在網上利用一個個平台組織各種政治活動，包括拉人鏈、唱歌等等，最極端的是變成一種「黑暴」。我們都觀察到有人在背後組織，但奇怪的是，這樣的人從來沒有被繩之以法，這是我很好奇的一件事。

　　所以，無論有沒有國安法，我都認為執法部門不要只把執法對象鎖定在前頭充當犧牲品的青少年身上，更應該看到幕後的操縱者，把他們繩之以法，了解他們行動的來龍去脈，我們對青少年的教育才能起作用。否則，我們一邊教育青少年，另一邊有政治傳銷人員對他們進行洗腦，教育就事倍功半了。學科、教材的問題當然要改革，但要先解決最根本的問題。

吳：的確越來越多人會認為，現在的香港年輕人是被政治犧牲掉的一代人。作為中學的校長，你對香港這一代年輕人還抱有期待嗎？

鄧飛：總會有的，要看我們成年人怎麼做。因為人總會長大，不可能永遠停留在十來歲的那種心智狀態。只要社會政治氛圍慢慢降溫，經濟能做到轉型，包括和大灣區、內地的經濟融合起來，給個人創造更多機會，所謂被犧牲掉的一代人也不用太擔心。年輕人隨着年齡增長，會重新走上健康的職業發展道路。

　　但反過來，如果政治氛圍高溫不退，香港經濟轉型沒有成功，經濟依舊在「堰塞湖」折騰，青少年變成青壯年，還是沒有一個職業前途的話，那就很難受了，誰也不知道會有什麼樣

的政治後果。

吳：香港國安法推出後，「移民」成為香港的熱搜詞。其中有
對自身境況的擔憂，也有對中美對抗之下香港出路的擔憂。關
於香港的未來，你怎麼看？擔憂嗎？

鄧飛：整個中國如果處理得好就沒有什麼值得擔憂的，香港與
整個中國的發展脈絡是割裂不開的。不可能存在一種情況，中
國發展很好，但香港垮掉，反之亦然。所以，即便中美對抗日
趨白熱化，只要中國的發展勢頭沒有減弱，那麼香港的前景也
不會差到哪裡去，我沒有什麼好擔憂的。

　　短期之內會不會有經濟波動？可能會有，但從目前的經濟
數據看起來，還沒有大的波動：第一，資金還是拼命流入香
港；第二，樓市和股市還在漲；第三，內地的採購經理人指數
（PMI）還在上升而不是下降。

　　長遠來看，肯定有各種不確定性因素，但短期內，無論是
內地還是香港，我都沒有看出有太多負面波動。再加上中國堅
持繼續改革開放，作為一個開放的經濟體，再怎麼也不會差到
哪裡去。

被移民熱潮
掩蓋的真問題

 伍俊飛

香港天大研究院副院長、哈佛大學燕京學者

📅 2020 年 7 月　　　📍 線上

訪談手記

　　北京在香港和國際社會投下的「重磅炸彈」——香港國安法，正在香港這攤池水中激起一陣陣或大或小的水花。而作為眾多「水花」中的突出部分，即香港自修例風波以來持續高漲的移民熱潮，也更加引人關注，並成為反對派眼中港人對抗北京的最後掙扎。從「六七暴動」到「八九風波」，再到九七回歸前，香港曾發生過不同程度的移民潮。這些與今次被香港國安法推高的移民潮有何同與不同？香港移民熱潮背後，有哪些亟待特區政府直面的真問題？長期關注和研究香港問題的伍俊飛認為，目前尚看不到大規模移民潮，只能說是移民熱。而縱觀歷史上的幾次移民潮，有一個共同點，那就是內有外推力量，外有吸引力量。也就是說，經典的移民理論「推拉模型」的確可以部分解釋香港的移民現象。

吳：香港國安法從啟動到正式表決通過，這期間「移民」成了香港的熱門詞彙。根據香港 Google Trend 的數據，當有關香港國安法的消息流出後，「國安法」與「移民」兩個關鍵字旋即成為當日搜尋引擎中的熱門字眼，兩者的關聯率更一度升至 0.99，意味着社會大眾對香港國安法的第一反應便是移民。你長期在香港生活和工作，也親歷了「佔中」、修例等風波，怎麼看被香港國安法推高的香港移民熱？

伍俊飛：根據香港中文大學傳播與民意調查中心於 5 月 25 日至 29 日就「香港國安法」所做的民調，香港市民移民海外的意願有所增強。其中，37.2% 受訪者考慮移居海外，比 3 月份同類調查結果增加 13 個百分點。但持不同政治傾向的市民態度差異巨大：自稱建制派的受訪者只有 10% 考慮移民，而自稱本土派的受訪者有 63% 聲稱有移民想法。更重要的是，調查結果顯示，認真計劃和着手進行移民的受訪者只有 12%。這些準備移民的市民中，大多數會由於教育背景、經濟實力、家庭聯繫等方面不達標而無法成行。因此，我相信可能會有數量不少的港人移民海外，但目前尚看不到大規模移民潮，只能說是移民熱。

吳：港人想要申請各類入境簽證，首先需辦理由香港警務處簽發的「無犯罪紀錄證明書」，俗稱「良民證」。根據警察公共關係科發佈的數據，2018 年每月申請「良民證」的數字為 1,500人至 2,400 人不等，但這一數字到去年 7 月突增至 3,000 人。據統計，去年 6 月到今年 4 月，平均每月申請「良民證」的

數量達到 2,935 人，較 2018 年同期激增 50%。由此可見，香港國安法引發的移民熱或許只是修例風波掀起的移民浪潮的餘波。如果以申請「良民證」數量的增加為依據之一，你對今次港人的移民熱有何預期？這究竟是一個偽命題還是一個真命題？

伍俊飛：香港警務處簽發的「無犯罪紀錄證明書」是體現移民趨勢的真實指標。從增加幅度來看，申請該證明書的市民數量確實在大幅上升，但由於基數太小，所以實際總數並不算高。實際上，從已公開的數據來看，當前平均每月申請該證明書的人數還不及持單程證來港的人數。從 2010 年初至 2019 年 11 月，內地共有 447,730 人持單程證來港，其中以 25 歲至 44 歲人數最多，平均每月 3,700 多人。

吳：雖然這不是香港第一次面臨移民潮，每次移民潮的根由也不盡相同，比如「六七暴動」之後、「八九風波」之後、1997 年香港回歸前，以及 2014 年「佔中」運動之後，均出現了不同程度的移民問題。但透過現象來看，「不同」背後有着幾乎相同的底色，那就是港人對香港未來的迷茫與憂慮。你怎麼看香港幾次移民潮的同與不同？有資產管理機構總結今次移民潮有年輕化、平民化的趨勢，該怎麼理解這一趨勢？回歸前的移民潮，以及後來的回流，對於這次移民潮有怎樣的啟示？

伍俊飛：香港這幾次移民潮有一個共同點，那就是內有外推力量，外有吸引力量。也就是說，經典的移民理論「推拉模型」

的確可以部分解釋香港的移民現象。香港政治環境的變化、居住條件的惡劣、福利措施相對薄弱、經濟增長緩慢、年輕人機會減少等因素一直是讓市民選擇離開香港的重要因素。歐美國家更好的居住條件、更高的生活品質長期對港人具有吸引力，而當前英美基於政治目的大打價值觀牌、為部分港人移民開綠燈更是有拉動效應。

在某種程度上，今年的移民熱是前幾次移民潮的延續。此前港人形成的移民習慣、移民文化以及海外人際關係網絡促進了港人移民的考慮。根據法國社會學家布林迪厄（Pierre Bourdieu）的理論，某社群中移民的人越多，其成員移民的傾向就越大；有過移民經歷的人，再度移民的可能性一般會更大，並願意積極帶動親朋好友移民。香港一直是一個移民社會，在這種特殊文化的薰陶下，一代代新人往往自然而然地追隨前輩走上移民道路。幾代港人通過血緣、鄉緣、情緣在海外形成較大的移民網絡，這也為後來者提供了榜樣和方便。

今年的移民熱存在年輕化、平民化的趨勢，這是可以理解的，因為他們是香港當前深層次社會矛盾的受害者。在英美等國家打出價值觀牌並拋出橄欖枝之後，他們表現出強烈的移民傾向，值得關注和理解，也更促使特區政府下定決心解決深層次社會矛盾。九七回歸之前移民海外的港人，大約有三成後來陸續回到香港，其原因主要是移民後實際生活與預期值存在落差、難以融入當地社會、中國經濟高速增長、香港「一國兩制」貫徹與落實等等。相信此次移民熱中的許多人會重新走上這條老路。

吳：自修例風波以來，我們也一直在思考香港的人才問題。對應於「走出去」，還有一個「引進來」的問題。有評論認為，特區政府從來沒有憂慮過人才招攬的問題，因為港府理所當然地認為大家都想來香港。但修例風波以及香港國安法引發不少人對於香港走向「一國一制」的擔憂，這會否影響香港對國際人才的吸引力？更進一步，這會否對香港的人口結構造成影響？港府應該如何反思香港人才優勢今非昔比的問題？

伍俊飛：香港其實本來就存在人才荒。目前香港人才不足的現象，已經影響到各行各業，而以科技產業尤為嚴重。比如在市場需求相當大的計算機編程、數據分析、人工智慧等領域，工程師多年短缺。這也是香港互聯網行業遠遠落後於內地的主要原因。香港目前擁有的人才，以國際標準來衡量，許多水平並不高，競爭力並不強，這是香港人口素質逐漸下降的表現之一。如果想複製金庸、高錕等前輩所處的燦爛年代，那麼香港就需要穩定的社會秩序、開放的社會氛圍、自由競爭的環境和良好的營商條件。部分狹隘港人鼓吹的本土化，只能把香港引入死胡同。實施國安法，只是香港社會改革邁出的第一步，未來任重而道遠。

吳：據悉不少港人之所以有移民傾向，是考慮到香港的教育出了很大問題。從修例風波也不難看出，從中學到大學，香港不少年輕人走上街頭，甚至不乏激進「攬炒」者。一些家長也曾在接受採訪時表達了對下一代教育的擔憂，擔心他們成為政治運動的犧牲品，故而不得不選擇移民。你怎麼看移民潮背後的

教育問題？香港的教育究竟出了什麼問題？香港國安法落定後，香港教育有哪些切實的舉措進行全面改革？

伍俊飛：香港的教育界，不僅存在去殖民化的任務，更有滑向突破文明底線的危險，是香港持續動亂的推手之一。一名小學教師在網課上稱鴉片戰爭的起因是英國為了在中國消滅鴉片；考評局經理楊穎宇鼓吹「沒有日本侵華，哪有新中國」；中學文憑考試歷史科考題要求考生回答是否認同「1900 年至 1945 年期間日本對中國帶來的利大於弊」。工作人員歪曲史實、考評局出題違背公正中立原則，缺乏基本的人類良知，再次表明我們需要認真檢討和改革香港的教育體制和內容。香港教育界把內地塑造成「他者」，把英美虛構成人間天堂，這確實誤導了年輕人的價值觀，部分催生了他們移民的願望。落實基本法規定的「兩文三語」政策、普及國家標準語是香港教育脫胎換骨的必由之路。

吳：在香港國安法表決通過之前，英國曾向港人伸出橄欖枝——英國外相藍韜文（Dominic Raab）公開表示，一旦中國實施香港國安法，英國政府會研究容許近三百萬名英國國民海外護照（BNO）持有人延長在英國逗留的期限，相關討論的熱烈程度也因此達至頂峰。7 月 23 日，英國政府正式出台相關政策文件，為香港 BNO 護照持有者開闢了入籍通道，申請者無須有工作即可去英國。你怎麼看移民潮中的「外部力量」？對於這輪移民潮，「外部力量」的實質影響力有多大？

伍俊飛：移民系統理論（Migration Systems Theory）強調國際關係、政治經濟、集體行為和制度因素對移民的影響，認為移民往往在像英國和香港這樣兩個相互交換移民的經濟體之間進行。該理論認為，由於殖民歷史、政治影響、經貿往來和文化聯繫等原因，移入地對移出地進行長期的政治和經濟投資有助於形成移民鏈，而強勢的一方容易收割利益。比如，薩斯凱‧薩森（Saskia Sassen）認為海地、墨西哥等國的移民之所以流向美國，是因為美國這一外部力量在這些國家設立軍事基地、增加資本投入、擴大文化交流，長期在當地維持巨大的影響力。

作為前宗主國，英國的做法主要基於外交、政治和經濟的算計，實際上未來循此途徑移民英國的港人並不會太多。然而，此舉既配合了美國特朗普政府對中國的打壓，也意在轉移視線和國內壓力，以掩蓋英國詹森（Boris Johnson）政府應對新冠肺炎疫情防控不力的事實，更有望為英國帶去豐厚的資金和認同英國文化的廉價勞動力。

我認為，特區政府宜鼓勵市民留在香港，但允許來去自由，不應限制持有英國國民海外護照的港人移居英國。一方面，在中美關係持續惡化的形勢下，中方不宜激化中英矛盾；另一方面，香港歷史上曾經是一個高度開放的移民城市，不斷接收來自內地的民眾、薈萃全球華人才俊，人口自由流動是香港成為國際大都會的關鍵原因之一。

第五章

香港選舉制度改革

經濟民生才是檢驗香港治理效能的核心標準

黃平

中國社會科學院台港澳研究中心主任、香港中國學術研究院常務副院長

2021 年 3 月　　　　　　北京

訪談手記

在已經結束的中國兩會上，雖然最為關鍵的議程是「十四五」規劃和 2035 年遠景目標，但香港選舉制度改革卻成了各方關注的焦點。這也是繼國安法之後中央對香港亂局撥亂反正的又一劑猛藥。早在上世紀八十年代就開始關注並研究香港的黃平，從這次選舉制度改革談起，談了自己對於香港問題的看法。值得一提的是，黃平一直從事社會學研究，並在過去先後擔任過中國社會科學院社會學研究所副所長、美國研究所所長、歐洲研究所所長。可以說，黃平對香港的觀察，不僅有更長時間脈絡裡的親身體驗，更有非常廣闊的比較研究視野。在訪談中，黃平特別提到香港回歸這麼多年，各方對於很多香港問題的研究是不夠深入的。黃平亦在最後呼籲，學界確實要反省檢討在研究層面、學理層面怎麼跟上、接上，並爭取第二個二十五年裡，在經濟、社會、歷史、教育、輿論、民生、就業、住房等諸多方面下大力氣研究。

吳：在全國人大所發關於完善香港選舉制度的九條決定中，有兩個說法很值得關注：一個是九條之前的 —— 香港回歸後重新納入國家治理體系；一個是九條第一條 —— 切實提升特區政府的治理效能。我們知道自中共十八屆三中全會提出國家治理體系和治理能力現代化以來，治理體系和治理能力都是並列存在的。你怎麼理解將治理體系和治理能力的要求作用於香港？

黃平：我的理解未必準確。據我所知，我們常講 1949 年新中國建立後在制度建設方面的中國特色，既包括前三十年建立的人民代表大會、党領導的多党合作與政治協商、民族區域自治，也包括改革開放之後的開始實行的基層選舉與自治和在香港、澳門實行的「一國兩制」。自香港、澳門回歸後，「一國兩制」就成了中國的國家制度和國家治理體系中的有機組成部分，也是中國的一個制度創新。在香港回歸前，整個香港的治理體系，包括法治層面和憲制層面，都不在中國的治理體系裡面，是處於英國治理架構之下的。而從 1997 年 7 月 1 日開始，香港的憲制和法治就都納入到中國的治理體系之中了。

吳：所以這次強調「重新納入」，相當於「一國兩制 1.0」解決的是主權回歸問題，雖然彼時對香港的治理名義上納入了國家治理體系，但其實過去二十四年並未真正落實；而「一國兩制 2.0」的要義，就在於要名副其實，這也意味着接下來香港的治理，尤其是特區政府的治理效能尤為重要和關鍵。

黃平：我理解「重新納入」這個表述的意思是，在英國人來以前，香港本來是中國當時治理體系的一部分，已經在中國的治理架構中，後來被納入了英國的架構裡，回歸後又重新回到中國的治理架構裡面。香港已經是中國的一個特區，就必然成為中國治理架構中的一個有機部分。

吳：從歷史看，中共在香港回歸以前走的是底層路線。但隨着九七的鄰近，為了回歸，採取了官商共治，開始走上層路線，這個路線一直延續至今天。雖然官商共治解決了回歸之際的問題，滿足了當時的需要，但經過這麼多年也積累了不少矛盾。隨着「一國兩制」進入 2.0，中央會否調整治港路線？

黃平：至少回歸以來發生了這麼些事情，有的是沒有預料到的：二十三條立法通不過、2019 年的修例風波，甚至一次比一次嚴重。從中央或國家的角度看，除了那些反華亂港者一心一意搞亂乃至破壞之外，我們的具體工作也一定要反思。其中一個象徵性的行動是，要走到香港貧民居住的地方去，雖然說這些問題的解決沒有那麼容易，但這一步邁出去了，至少是象徵性的，表明了要關注底層的問題，不是只走上層路線。特區政府也要回到中下層普通民眾和青年中去，關注並妥善解決好民生問題。

吳：這一次選舉制度改革強調「愛國者治港」，這是最底線的要求，但是外界也很擔心「愛國者」會不會是「忠誠的廢物」。不能說把泛民相應地打下去了，好像建制派就天然地愛

國了。至少我們看到過去這麼多年，治港者並沒有很好地解決經濟民生問題。愛國的問題可能解決了，但是治理效能的問題卻仍然很突出。

黃平：首先是愛國，這是底線。而能力方面，政府不能越治越差，例如民生問題，不能越來越嚴重。香港不是沒財力，不是當年我做內地貧困研究時的貴州、雲南、甘肅、寧夏等地區。從最近熱播的《山海情》中也可以看到，內地貧困地區都在一天一天明顯改變。一個更明顯的比較是深圳：與香港一河之隔，深圳起步比香港晚，但變化飛快，比較起來香港卻似乎一天不如一天。這樣的局面，有反對派作對、搗亂的因素，當然也與特區政府的一些官員的治理能力相關。

　　與內地相比，香港官員們毫無疑問看上去光鮮亮麗，不僅上班穿西裝、打領帶，而且外語和風度都很好，內地基層的官員則顯得土裡土氣。但是比較一下治理能力就知道看人看事不能只看表面。對很多香港官員來說，修例風波以來也經歷了前所未有的鍛煉。之前很長時間，他們似乎沒什麼壓力，過於放任自由的資本主義，美其名曰「小政府、大市場」，在治理上一直才採取的是消極干預，經濟上則是積極不干預，這也是官員治理效能總是顯得不盡如人意的緣由吧。

吳：除了特區政府治理效能之外，目前香港社會至少有六成人對目前的選舉制度改革是不認可的，對中央也是不信任的，認為這樣的安排抑制了香港社會對於民主的訴求，使得香港的民主進程一夜回到了回歸初期，甚至不乏有人斷言「一國兩制」

已死。中央怎麼去面對這樣的難題？

黃平：這個問題不能只看一時的「民調」，而要取決於怎麼做和做的效果。看文字、看規定、看全國人大的決議，以及看常委會屆時對基本法附件一、附件二的修改，這是一個層面；而操作層面的具體落實、確實見效，是另一個層面。至於你說的不認同和不信任的問題。香港的「民意」已經很長時間是扭曲的了，不管出台什麼，第一時間都是懷疑，是抵制，是不信任。這次選舉制度改革是要確保愛國者治港這條底線，所以關鍵不在於「民意」現在作何反應，而是看真正執行之後，一年、三年、五年、十年之後，真正讓香港繁榮穩定，也真正落實好「一國兩制」。

以九七回歸前後為例，從 1992 年到 1997 年回歸前，我也時常來香港，當時一些港人很擔心回歸，說什麼「九七大限」。1997 年 6 月 30 日半夜，一些香港人在現場留着眼淚看着英國人走，表現出很心疼、很擔憂的樣子。當時就有過一波移民潮，不少人選擇移民加拿大、澳大利亞，但後來很多又回來了。

所以，回到這一次的選舉制度改革，擋住的只是極少數反對國家在香港行使主權的人，擋他們的目的是為了確保「一國兩制」的實施和改善香港的治理和民生，甚至更為長遠的法治與民主。不是說從此以後就沒有任何反對派了，從此再沒有爭論了，不是從此任何一個方案就是特區政府或者特首怎麼說就怎麼弄了，而只是把那些本來就不能入局、不該入局的不愛國

者甚至一心一意反對和破壞國家主權和安全的人擋住，以便在確保國家主權安全的前提下既貫徹好「一國兩制」、維護好香港的繁榮與穩定，也更妥善地解決好包括香港就業和住房在內的民生等深層次問題，再沒有那麼多非法的阻擾和障礙，再不至於什麼事情都一味地泛政治化，甚至一味地反中亂港。

所以，現在斷言「一國兩制」已死，甚至因為有人選擇離開就認為香港沒有希望，是非常短視的，也經不起時間的檢驗。關鍵還在於如何實踐，今後的三年到五年很重要。真正的考驗，不只是文字上怎麼斟字酌句，還要看如何實踐和操作。如果實踐的結果是香港的繁榮穩定有保障，就業、住房等民生問題有改善，社會氛圍和認知也會或快或慢地跟着改變。

吳：如果香港在新的週期中轉圜得比較好的話，雖然「8．31」現在是一個爛尾橋，走不下去了，但雙普選還是有可能的。

黃平：這方面還有幾個要跟進的，比如二十三條立法，「8．31」的後續，再就是下一個二十五年，「一國兩制 2.0」如何行穩致遠，特別是香港的經濟和民生和年輕人的就業、住房和發展前途。香港究竟是變得更繁榮更穩定，還是繼續被人稱為壞港、臭港、死港，這是最重要的。當然西方和香港已經形成了某種媒體氛圍，但反過來看，治理本身是實踐，不是憑嘴說出來的。

吳：你一直從事社會學研究，回看過去二十四年，從社會學維度來思考，香港社會除了治理效能不足外，最根本的問題是什

麼？為何會一步步走到今天這樣？

黃平：我覺得最大問題是香港的社會結構出問題了，尤其回歸以後某些方面還在繼續惡化。「一國兩制」中香港的那一制，也就是資本主義，有多種多樣的形態。今天很多國家所走的資本主義道路已經不同於十八、十九世紀早期的資本主義，不再是原始的、野蠻的資本主義。所謂「自由競爭」就是自由掠奪、弱肉強食，他們也引入了很多社會主義的因素，比如通過二次分配緩解貧富懸殊問題，通過稅收制度和福利政策解決教育、醫療、住房、養老等問題。這在社會政策方面至少部分限制了大資本家和資本集團贏者通吃。

就此而言，香港的社會結構，包括階層結構，回歸以後變得更分化、更固化。資本集團不但財富越來越多，還壟斷公共資源。按理說公共資源是要政府出面來搞，可在香港很多公共服務和設施也在大資本家、大財團和大家族手中。「一國兩制」、「港人治港」是創造性的制度設計和創新，一開始也確實缺乏經驗，在這個過程中，一些本該政府幹的事情交給了資本和市場，有的還是在大資本家手上。這個問題不在於誰心腸如何，而是社會結構不合理，導致在社會經濟和民生等方面問題積累，時不時就由於各種內外氣候變化而爆發。

吳：政協委員和人大代表是不是也這樣認為？

黃平：我只是政協委員之一，也不能說都這樣認為，但是至少國家正在反思，正在重新思考。我也認識一些老人，有的當

年參加過基本法起草，他們都在認真思考這個問題。回歸以後，香港是中華人民共和國的一個特區，香港居民是中華人民共和國的公民，香港居民在享受「兩制」中的資本主義這一制的同時，作為國家的一員，有國家認同的問題，也有在國家大發展的過程中妥善解決好自身的定位和隨着國家整體的發展而發展的問題。在社會公正和社會保障方面，即使仍放在「四小龍」中，香港也是做得最差的。社會學意義上，香港的社會結構出了問題，社會政策也沒有及時跟進。如果社會結構上出現階層固化、貧富懸殊，社會政策至少應該進行相應的調整與緩解，可香港就是沒有跟上，甚至乾脆缺乏相應的社會政策。還有，內地各級幹部每一年都有嚴格的考核、考評、檢查、驗收、審計、紀檢，而香港缺乏嚴格的官員考核制度。

吳：所以說「忠誠的廢物」還是有的。

黃平：這個說法欠妥。當然香港政府的治理能力有大大提高的空間，但現在首先是要解決忠誠問題、愛國問題，再一個就是能力問題。如果連個健康碼都搞不定，核酸檢測也要抵制，什麼都一味地向英美看齊，或者泛政治化，或有人反對就不做，那怎麼行呢？

吳：提到認同感和信任問題，很多人會懷念 2008 年前後，彼時內地與香港的關係達到了空前的高點。那個時候香港也有深層次矛盾，也有二十三條立法的困難，可為什麼當時會有那麼高的認同感？

黃平：國民心理的形成既和長期的、深層次的社會結構、社會政策有關，也受到一時一事的具體影響。你看 9‧11 發生後，美國人一下子都特愛國，9‧11 發生的時候美國整個社會氛圍很快變了，原來罵政府的都不罵了，大家同仇敵愾的樣子。汶川大地震這麼大的災難，是自唐山地震之後我們受到的最嚴重的一次地震，很容易形成某種心理層面的共振效應。表現在內地與香港關係上，就是很廣泛的支援、支持、捐贈，後面是空前的認同感。一些事件可能是偶發的，但可以馬上影響到很多人的心理。

吳：對於內地與香港關係變化背後的深層次問題，香港管制團隊也好，中央及涉港機構也罷，有沒有做過深入思考和研究？據我們所知，中央對港研究在回歸後很長一段時間裡是很缺乏的，甚至有時候刻意在迴避。

黃平：我自己認為，我們的研究，包括本地各個社團對香港的研究，很多是不夠深入的。香港也有很優秀的學者，不少是有歐美背景的學者，但他們瞄準的是歐美的學術標準、學術評價、學術排名，寫英文文章跑到歐美雜誌去發表，甚至直接研究歐美，真正做香港研究的學者其實不多。我們也看到的一些很好的學者和研究，還有很多是做評論，在媒體上做點評。內地的香港研究者也很少，港澳研究在內地學術領域裡也是很邊緣的、很小的一個學科。背後的原因，一方面是有難度，接地氣難；另一方面也是政策性激勵不夠，還沒有一套體制機制去鼓勵一流學者專注於研究香港。

吳：社科院也去得晚了，早一點去就好了。

黃平：至少八十年代我們的學者就去了，或者在研究了，連我們年輕人也到新華社香港分社等機構掛過職。為了順利回歸，我們做了很多細緻的工作，可回歸後，就以為萬事大吉了。這個方面學界也確實要反省、要檢討，研究層面、學理層面，怎麼跟上、接上？要爭取第二個二十五年裡，在經濟、社會、歷史、教育、輿論、民生、就業、住房等諸多方面，下大力氣研究。從這個意義上我認為，為了真正堅持好「一國兩制」不變形、不走樣，內地的研究人員要更積極參與到「一國兩制」行穩致遠的研究中來，而不是把「港人治港」理解為只是當地人的事，好壞都由香港人自己承擔，那樣我們學者也是不負責任的。

香港亟需
重新認識中國共產黨

💬 **林朝暉**

北京港澳學人研究中心理事

📅 2021 年 3 月   📍 線上

訪談手記

　　曠日持久的香港修例風波，如同被打開的潘朵拉魔盒，不僅將香港積重難返的問題與矛盾全部釋放出來，而且也倒逼中央加速對香港管治危機撥亂反正。從國安法到今次的選舉制度改革，中央的決心和意志力被世人看在眼裡，而香港社會在大變局面前的迷茫無力亦具體可感。在香港青年林朝暉看來，香港在回歸之後自己有點犯傻，用錯制度了：每四年一次立法會選舉、區議會選舉以及每五年一次的特首選舉，太頻繁的選舉自然會讓社會泛政治化。今年是中共建黨百年，全世界都面臨着如何認識中國共產黨的難題，香港亦不例外。林朝暉坦言，香港政界在解讀內地政策的時候，很少從全局去思考問題，永遠強調的是香港在中美「新冷戰」中怎麼贏，根本不懂國家層面及內地知識分子的戰略眼光，不明白北京着眼於一個國家和民族的未來，甚至人類的整體利益。概而言之，港人對一個政黨的理解，還停留在以西方政治的視角去理解的水平，認為政黨內部的一些行為方式是固定的、靜態的，也是可以預估的。

吳：對於香港選舉制度改革，據你所知香港社會目前有什麼樣的反應？

林朝暉：香港的反應需要區分來看，一些是參政的，一些不是參政的。先說不參政的，香港市民中的建制派支持者很多都支持選舉改革，因為他們認為這是讓香港恢復安定、回到正常軌道的一種方法，這種方法是對的，而之前沒有去糾錯。建制派的選民當中也有不少人認為，過往的選舉方式是不公平的，有利於某種煽動，讓正常的聲音沒有辦法表達。因為比例代表制之下，最容易贏得選舉的做法是提出一些激進的主張，而建制派的選民相對都比較溫和、保守。

另外一批支持泛民主派的選民也不能忽略。裡面有更多人認為，從頒佈國安法到現在，香港不止是政治表達空間變小了，以後連參選空間都變小了。這個說法在香港泛民主派的選民當中是蠻普遍的。我身邊也有不少年輕的泛民選民，有能力的可能選擇移民，或者準備多一本護照，持觀望態度。有一些更極端的就很悲觀，這種人永遠都有。

吳：那對於參政者呢？

林朝暉：在參政者裡面，激進派知道自己沒有空間了，其實很多都已經投降了，各種求情。當然也有人認為，我就要「從容就義」，那就坐牢，都有。但是溫和的泛民主派也有不少人表態說會遵守以後新的規則。

而在建制派裡面，我發現一個有趣的現象，就是建制派當

中出現了兩撥人，這兩撥人嘴裡說支持選舉改革，但沒感覺他們很開心。以後在沒有了明確的激進反對派的情況下，他們的政治角色功用就小了。以往他們盲目地支持中央就好，盲目地支持政府就好，也不需要從政水平，但現在對建制派有了新的要求，需要更高的水平。

第二點，中央從現在起等於是自己承擔了政改的責任，成了第一責任人。這個先例一開，以後就沒有什麼政治議題會成為主要的選舉議題。以後選舉議題或變成政策立場左右的問題、經濟立場的左右問題。我相信現在所有建制派中，不管是所謂的走基層路線的政黨，還是走中產路線的民建聯、工聯會，所有政黨給香港人的印象都是既得利益者，都是經濟右派。儘管他們說自己是經濟左派，但沒人相信。

中央其實說得很清楚，這次改革是為了解決香港深層次矛盾問題，這才是未來的關鍵點。如果這樣的話，等於是說經濟政策左傾是必然的方向。經濟政策左傾，建制派明顯是沒有政策準備，沒有理論準備，也沒有論述準備，人才儲備更沒有。

我相信現在的建制力量就算擔心改革，也得事事喊着改革。但是也有另外一些人，希望從制度落實過程當中的一些細節拖後腿，嘗試維持既得利益，又可以獲得比較大的話語權，讓政策不要往左傾。只要經濟政策出現左右搖擺，他們就可能會有一段日子失去話語權，屬於比較落魄的階段。他們也嘗試在選委會、議會的組成等細節上面給壓力，甚至投入精力來影響政策往他們比較舒服的方向走。

這裡面要平衡的是均衡參與，得考慮到要有反對派存

在，還得考慮這個議會的自我更新能力。我說的自我更新是政策更新能力，也就是在既得利益跟香港普羅大眾的利益的平衡當中有解決深層次矛盾的能力，而不是完全一面倒，永遠都是往既得利益方面走。

吳：你提到的各方博弈和平衡，其實從立法會改革的兩套方案也不難看出，比例究竟是「432」還是「333」，各方爭議很大。最終選擇「432」，從中既可以看出中央想要保障絕對的安全，也意味着中央現在對香港非常不放心。當香港進入到一個新週期，中央和香港之間該如何建立新的互信？

林朝暉：這裡面有一個很大的假設，認為是中央對香港不信任，我覺得不是中央對香港不信任，反過來是中央看清了香港問題的癥結。儘管在泛民主派眼中，他們可能看到的是建制派佔所謂的三分之二甚至更多，是一種絕對安全。但我認為也不要把所謂的建制派佔絕對多數看成是鐵板一塊。改革方案裡面有很大部分會通過一些其他方式去傳遞國家意志。這個比例絕對不是傾向傳統的既得利益集團，而是傳遞了中央對於改革，甚至某些方向的想法，不止是為了避險。

其次，如果中央真的不信任香港、要避險的話，方法太多了，可以在選舉的資格上設門檻，甚至以其他的手段讓風險永遠不出現。推動選舉改革也反映中央對「一國兩制」的初心是不變的，還是希望港人治港。我不認為中央對香港不信任，中央還是有一個基本判斷，相信香港大部分的人。如果我們把激進的反對派排除掉，選舉制度的方法改變了，制度影響人的行

為，大部分人還是支持「一國兩制」的，還是支持香港發展行穩致遠的。

最後，重建信任裡面很重要的一點，中央這次在改革裡面也有反覆提醒，即改革更關注的是如何解決香港深層次矛盾問題，而不是很多人看到的如何政治避險。以往為了維持繁榮穩定，很多界別根本上就是既得利益集團。當時可能沒有考慮到如何讓一些有心想改革香港，甚至推動某種社會範式轉移的候選人被提名上來，這在現有的制度裡面根本不可能。此次改革是希望傳遞國家意志，通過新增部分議員讓立法會有自我更新能力，讓中央可以有更大的話語權。這一點也體現了一國的優勢，體現香港真的是背靠一個社會主義國家，只有社會主義體制才能做到。

吳：從國安法到選舉制度改革，很多人會問，這些漏洞都堵上後，香港真的能走出泛政治化的泥沼嗎？畢竟香港走到今天，有着複雜的歷史因素和現實因素。在你看來，香港從泛政治化走向聚焦經濟民生，最大的阻力是什麼？

林朝暉：泛政治化更多是制度造成的，當然也有人為的因素。我們回歸後自己有點犯傻，用錯制度了：每四年一次立法會選舉、區議會選舉，還有每五年一次的特首選舉，太頻繁的選舉自然會讓社會泛政治化，這二十多年更嚴重了，所以這次我們也承認是對過去選舉制度糾錯的做法。這個糾錯是中央一個很正確的判斷。泛政治化不是根本，泛政治化只是表像，背後還是政經制度的根本問題，還有市民的核心利益問題，這都

得先處理。

　　能否走出泛政治化，關鍵是新的議會、新的選委會、新的特首第一步做的是什麼。我認為新一任特區政府一定要明確目標。新的國家意志是否一致要消滅貧窮？香港現在最需要的是消滅貧窮，還有尋找新的發展機遇、創造更多中產職位。現在不管是特首還是立法會議員，大家嘴裡說大灣區，但是誰真正懂得大灣區發展機遇在哪？大家動輒提到中美貿易戰對香港造成影響，但香港在未來世界格局下應如何定位及自處？ 接下來幾年，政治上的爭拗停歇後，恐怕香港參政者真的需要靜下心來專心做戰略、做政策，尋找出路。

吳：所以你對香港接下來尋求出路是樂觀還是悲觀？

林朝暉：我比較樂觀，現在國家意志變得很清晰，在制度設計裡面也能體現了，未來的政府在議會裡也能穩住某些票。不過我也擔心有兩個矛盾。首先，建制派在往左傾的時候，沒有理論準備，沒有政策準備。以前的政策基本上沒有很大的改動，都是政府負責統籌派點錢、做轉移支付，也不清楚自己要幹什麼。不像內地，每個城市發展思路都很清晰，哪個領域先攻堅，哪個領域要鞏固，而香港沒有這種思維。其次是未來特首人選從哪裡來。香港過往幾任特首除了公務員之外，也是從既得利益集團出來的。如果未來特首的提名制度需要繼續向既得利益妥協，又是否能真正照顧到民生？

吳：按照北京相關官員的說法，香港接下來的改革會帶有很強

的內地改革邏輯，也就是從「香港特色」到「中國特色」。

林朝暉：過往很多人對「一國兩制」的理解是井水不犯河水，只強調兩制——香港是香港，內地是內地，這個是很不對的。香港既然是在「一國」的單一制國家框架裡，憲法對香港是有效力的，國家社會主義執政黨對香港也應該有影響力。國家對香港這個地方政府的制度微調，甚至對未來方向糾錯，這是應當的。再者，今天所提到的深層次矛盾問題，不完全與意識形態有關。只是從頂層制度設計、利益分配制度、社會結構重整方式來自我完善、自我修正，這種對資本主義制度的自我修正，英、法這類歐洲國家對選舉及社會制度同樣改了很多次，因此不一定與意識形態有關。但我相信以社會主義為綱的國家執政黨必然會在洞察香港問題本質、改革決心和手法上與歐美國家略有不同。

　　放眼世界，中國共產黨作為執政黨具有很強的自我更新能力。就像夏寶龍主任說的，全盤照搬西方選舉制度對香港不管用，同時香港這幾年出現的問題，中央也看在眼裡。如果鄧小平當年的中國特色是在社會主義計劃經濟裡面加上市場經濟的元素，那麼今天香港的改革就是在資本主義那一制裡面，加上社會主義那一制的元素。我始終關心的是，能夠讓香港貧苦大眾有向上流動的機會，生活過得有尊嚴，應當是優先的事。一個能讓香港市民過得好、符合香港實際情況的「香港特色資本主義」並無不可。

吳：對港人來說，之所以不能全面準確理解「一國兩制」，也

源於對中共、對社會主義那一制的不解。今年是中國共產黨成立百年，全世界都面臨着如何認識這一百年大黨的難題，香港更是不會例外。

林朝暉：如何認識中國共產黨，我認為得讓有內地經歷，而且對中共及其一路走來的歷史有深刻思考的人去多講。現在的學校裡面很少人講。香港的建制派議員有幾個很懂中共歷史呢？也沒幾個。香港政界在解讀內地政策的時候，很少從全局去思考問題，永遠強調的是香港在中美「新冷戰」中怎麼贏，根本不懂國家領導及內地知識分子的戰略眼光，不明白北京着眼於一個國家和民族的未來，甚至人類的整體利益。概而言之，港人對一個政黨的理解，還停留在以西方政治的視角去理解的水平，認為政黨內部的一些行為方式是固定的、靜態的，也是可以預估的。我常跟香港年輕人說，中國共產黨是學習型政黨，是在不斷學習和自我更新的。「一國兩制」同樣如此，也是摸着石頭過河，這是中國共產黨發展戰略很形象的概括。

對於這次改革，我只想強調一點：國家政府發現香港的政治化局面、深層次矛盾問題香港無法自行處理。香港自行處理的結果只能是，過去十多年其他問題不斷被政治問題耽誤、政府及政黨缺乏改革魄力、既得利益者認為香港市民活在水深火熱中與己無關。中央在不更改普選最終目標的前提下，適度介入改變遊戲規則，加入第三名玩家，催逼香港尋求改革及社會利益重新分配的新出路。就解決香港問題的果斷而言，中央明顯遠比特區政府有能力和遠見。

台灣難逃自我實現的預言
最終「香港化」

黃宗昊

上海交通大學國際與公共事務學院講師、台灣研究中心研究員

📅 2021 年 3 月　　　　　📍 線上

訪談手記

　　從出台香港國安法到改革香港選舉制度，眼見中央對香港接連打出法律組合拳，「『一國兩制』已死」的哀鳴在台灣再次蔓延。台灣究竟該從香港變局中讀懂什麼？尤其當「一國兩制」的台灣方案已經擺在大陸領導人桌上，全面準確理解北京大動作背後的邏輯就顯得尤為重要。在大陸多年的台灣學者黃宗昊並非典型的台灣人，對兩岸的認知也不同於多數台灣學者，他常常調侃「我這些觀點在台灣可能會被打」，可調侃之後，他又一如既往大膽表達着自己的真實想法。比如對於「香港為何會一步步走到今天」這個命題，黃宗昊坦言「北京對香港太寬容了」。而對於台灣的未來，黃宗昊則表示，台灣的悲哀或者悲劇是正一步一步把空間越走越窄，就像一個自我實現的預言，最終徹底「香港化」。

吳：作為在大陸多年的台灣學者，你怎麼看北京今次對香港選舉制度的改革？怎麼理解最為關鍵的「愛國者治港」？

黃宗昊：這次修訂最關鍵的，是強化了選委會的作用：選委會不僅負責選舉行政長官候任人、立法會部分議員，還有提名行政長官候選人、立法會議員候選人的權力。面對今次以選委會為中心的選舉改革，台灣很多媒體和學者可能會認為這是民主倒退，比較負面和悲觀。從西方式民主的視域來看，確實是這樣。但如從源頭觀察，選委會是如何產生的？由哪些人構成？可以說，選委會包含了香港各個界別，有多達 1,500 名委員，具有廣泛代表性。這不是一種密室政治，也不是一小撮人關起門來就把立法會 90 名議員給敲定了，更不是北京指定好了 90 人直接下發。整體來看，如果我們把民有、民治和民享作為三個基礎原則，可能在這次改革中，北京想要的是減弱民治，強化民有、民享。這其實跟大陸改革開放以來改革的精神和風格更趨一致了。

　　至於「愛國者治港」，這句話源自鄧小平，其實再正常不過了，一點都不奇怪，更是一個普遍的原理、一個對從政者最底線的要求。香港的政治運作不能以顛覆國家政權，或是瓦解既有政治體系作為目標。不管誰來統治和治理香港，前提都是不能搞「港獨」、不能背叛或者脫離這個國家。在這個前提下，不同意見和聲音是可以被允許和寬容的。這個要求，放眼世界上其他任何國家，基本上都是成立的。即使是西方民主國家，也會要求在野黨扮演「忠誠的反對黨」，而不是「反體制

政黨」。很難想像有國家會允許叛國者作為一個合理的政治勢力而存在。

吳：愛國者治港是底線要求，這是容易理解的。香港社會目前擔憂的是，「愛國者治港」最後會演變為「忠誠的廢物」治港。

黃宗昊：我也看到有不少這樣的擔憂和說法，但在我看來這種擔憂是沒有必要的。1，500 人的選委會來自各個界別，人才濟濟；香港也是一個相對多元的社會，輿論的監督無處不在，還是剛才說的，這不是一種密室政治。很難想像選委會挑選出的行政長官僅僅是一個「忠誠的廢物」，我想他或她如果真是如此，應該也很難坐穩位子。我們不能認為「忠誠的廢物」一定不會存在，但即使存在也一定是極少數人。這個說法之所以盛行於香港社會，一方面可能是人們對過往的香港治理團隊有怨氣和怒氣，認為其中不少人恰恰是「忠誠的廢物」，另一方面則是藉此表達對北京這次選舉制度改革的不滿。

吳：針對北京對港的選舉制度改革，台灣從民間到政界都對香港前景表示悲觀，尤其值得關注的是來自藍營的唱衰，比如國民黨黨主席江啟臣表示香港給台灣的「啟示」就是不會接受「一國兩制」；趙少康也高呼香港立法會已死，再搞下去就是「一國一制」，現在台灣更沒人會接受「一國兩制」；連馬英九都感歎，「一國兩制」的構想已正式進入歷史，「『一國兩制』等同宣告死亡」。在你看來，今次香港選舉制度改革，給台灣帶來了哪些啟示？「一國兩制」真的如台灣政要所言，死

了嗎？

黃宗昊： 你在問題裡列出的都是台灣藍營的人，這就很說明問題。當然綠營唱衰或是批評「一國兩制」一點也不稀奇，但藍營政客現在也來跟風，曲解「一國兩制」，更多的還是出於己方政治利益的考量。其實在台灣不管是藍營還是綠營，都強調台灣跟大陸是兩個政治主體，兩方都不會接受「一國兩制」。能夠自己當家，為什麼還要接受「一國」呢？藍營政客現在跑來碰瓷「一國兩制」，主要是由於近幾次選舉的失利，特別是2020年的敗選，他們會將原因歸為台灣的年輕人越來越「天然獨」。所以將來藍營要翻身，特別是想在年輕人中間爭取更多的認同，就要在兩岸路線上越來越往中間走，甚至逐步向綠營靠攏。具體到香港問題上，就是對於「一國兩制」的曲解和唱衰，馬英九等人會出來說這些話也就不讓人意外了。實事求是地說，「一國兩制」是否死亡？當然沒死！如果死了，那就是「一國一制」，香港的治理模式就會變得跟大陸其他城市一模一樣。但是現在明顯不是，這是明擺著的事實。

對台灣而言，目前台灣跟大陸還不是同一個政治主體，當然不會接受「一國兩制」。一旦真的走到統一的那一天，我相信「一國兩制」的台灣方案也會跟香港的很不一樣。在此之前，發生在香港的很多事情都會被台灣的政客所利用，不斷「吃豆腐」、「撿槍」，搞成「大內宣」，在台灣內部製造恐慌情緒，讓民眾抵制大陸。事實上，越這樣做，反而越是逐步趨近統一，而非他們所期待的遠離。

吳：我們知道，「一國兩制」這一制度設計當年最先是用於解決台灣問題的，只不過最後實踐於香港。通過觀察這麼多年香港的實踐，結合 2019 年的「一國兩制」台灣方案，你對於「一國兩制」在台灣後續可能的實踐有怎樣的預判和分析？

黃宗昊：如果你問典型的台灣學者，他們會說這個問題根本就是政治不正確（擔心會被扣上「不愛台灣」的帽子），或者說這是個偽命題。因為按照台灣主流看法，台灣肯定不會主動接受大陸提出的「一國兩制」台灣方案，就算最終接受也是被動的、不得已的，只會在大陸統一台灣之後。如果真的走到這一步，他們的想法也比較簡單，既然「人為刀俎，我為魚肉」，大陸說什麼就是什麼，台灣事先考慮了也沒用，索性就不去思考這個問題了。

　　如果站在大陸的視角思考，哪天統一後需要一個「一國兩制」台灣方案，那麼大前提已經很清楚了，應該就是「愛國者治台」。這個愛國者不見得要「又紅又專」，但一定不能搞「台獨」，不能以顛覆國家政權為出發點。具體來說，根據從香港汲取的經驗，如何確保愛國者治台呢？台灣方案至少會有三點：第一，肯定會有國安法來兜底，防止那些想用不正當手段顛覆國家政權的勢力；第二，會解散並禁止主張「台獨」的政黨，基本上不會允許民進黨繼續存在，這不是說不允許有反對派，而是不允許有搞獨立的政黨；第三，調整教育。目前台灣學校課本裡面，不斷地把主體意識和分離意識灌輸給小朋友，他們長大後自然而然就是「天然獨」。我始終認為，香港

走到今天，恰恰不是因為北京太高壓、太嚴厲，完全相反，是因為北京太寬容了，從 1997 年香港回歸以來，始終沒有過多干預香港內部，香港才會變成今天這樣。吸取了香港的教訓，有一天「一國兩制」台灣方案實施的時候，該堵的漏洞肯定會堵上，該提前出台的法律肯定會提前從出台，當然該給台灣的空間和自由應該也還是會給。

吳：不過香港和台灣很多人還是會認為，香港之所以變成今天這樣，是井水犯了河水才導致的。

黃宗昊：對，持有這種觀點的人從根本上就誤解了「一國兩制」。「兩制」是以「一國」為前提的，既然是一個國家，香港是中國的特別行政區，本身就是中國體系的一部分，怎麼會認為彼此的關係是井水不犯河水呢？難道意思是說，表面上主權回歸了，但實際上你管不了我，也沒資格管我嗎？對世界上的任何國家來說，都無法接受國內存在這樣的狀況，除非是喪失實質管控能力的「失敗國家」。當然退一步說，如果香港一切和平，好好過日子，保持繁榮和穩定，沒有人鬧獨立，也許北京還是會繼續聽之任之，不戳破「井水不犯河水」的想像。但這是以「一國」和香港的繁榮穩定為前提的，不是無條件的。

吳：按照北京的說法，此次完善選舉制度的主要目的是構建符合香港實際情況、有香港特色的民主制度。結合這次選舉制度改革，你怎麼理解「香港特色的民主制度」？官方發佈的決定中也提到，香港回歸後重新納入國家治理體系，切實提高特區

政府的治理效能，結合疫情發生以來的種種事件，該如何重新
認識和理解民主與治理的關係？

黃宗昊：每個國家和地區其實都是有自身特色的，民主制度在
各個國家的實施情況也各不相同。就像政治局委員楊潔篪在中
美高層戰略對話中說的，美國有美國式的民主，中國有中國
式的民主。作為世界上唯一具體實踐着「一國兩制」的地區，
香港當然可以有香港特色的民主制度。在西方的視域下，民主
政治簡單講就是選舉政治。香港在修例風波之前，也在沿着這
一路徑前進，最終的目標是雙普選，北京也給予了明確的承
諾。可修例風波發生後，香港的民主政治已經偏離了常規，或
者說脫離了北京的預期，因此才會有此次大動作的調整。從北
京在修例風波之後的動作來看，中央希冀的應該是一個去政治
化的民主，亦即行政長官與立法會成員將注意力放在具體的政
策議題上，切實改善香港的經濟與民生，而不是一直圍繞着政
治問題打轉。要想做到這一點，你問題中提到的治理體系和治
理能力就至關重要了。

　　當然，北京也不會為了達到治理效能，就將民主的形式一
概推倒。香港還是有選舉，行政長官和部分立法會成員仍然維
持由選委會選舉產生，只不過強化了資格審查，需要是愛國者
才能加入治港團隊。對「愛國者」身份的界定，其實是從反向
解讀的，亦即不需要證明有多「愛國」，只要證明不「叛國」
就能取得參政資格。之前談到對「忠誠的廢物」的疑慮，恐怕
也是對「愛國者治港」原則的過度解讀或誤解所導致。

吳：作為台灣學者，一個相對的局外人，回看香港一步步走到今天，你怎麼看各方在這其中的作用力？北京和香港各自該反思什麼？

黃宗昊：正如我在前面講的，北京之前對香港太寬容了，回歸之後就有點像是看到久別的孩子回家，以為一切問題都已迎刃而解。殊不知當初的回歸雖然是舊問題的結束，但也是新問題的開始，其重中之重的就是如何解決香港人的分離意識。畢竟已被英國殖民統治了一百多年，不可能什麼都不做就讓港人認同「一國」、認同內地。北京沒有去調整或者是積極處理這個問題，是一大失策。

其次，香港回歸以來，全球化加劇，帶來的後果就是貧富差距持續拉大，進而導致社會內部的暴戾之氣和怨氣高漲。對香港來說，地少人稠、房價高，在全球化的風潮下，香港人也累積了很多不滿情緒，主要源於內部矛盾，並不是因為北京做了什麼錯事。當不滿情緒和內部矛盾無處安放時，「反中」就成了最好的藉口。有些人就利用了這樣的情緒，所以 2014 年「雨傘運動」之後，香港的街頭運動越來越極端化、暴力化。現在北京開始將治理香港的重心和注意力放在改善經濟民生和解決內部矛盾上，算是亡羊補牢。

回看北京在香港普選問題上的承諾和做法，並非沒有誠意。中央早在 2007 年就給出了明確的時間表和路線圖，最終這樣的歷史機遇卻被反對派給糟蹋了。如果循序漸進穩健前行，不採取激烈的對抗性手段，雙普選有很大可能是會落地

的。所以你說香港該反思什麼？最該反思的，就是欲速則不達，在北京讓出空間的時候，沒有好好珍惜，只知道任性地對抗，最終讓機會之窗關上了。未來要再打開，並非不可能，只不過事倍功半的代價恐怕是避免不了的。這又和今天的台灣何其相似！

吳：你反覆提到北京對香港太寬容了，那麼反過來問，北京是不是對台灣也太寬容了？

黃宗昊：香港爆發修例風波以來，台灣政要們常常把「今日香港，明日台灣」掛在嘴邊，這又是一個煽動恐慌情緒的偽命題。香港是殖民地，而台灣的地位不同，原本比香港有更多的運作空間。但是台灣的悲哀或者悲劇是，正一步一步把這個空間越走越窄，就像一個自我實現的預言，最終徹底「香港化」。你會發覺在台灣發生的事情跟香港很像，都是在全球化帶來的貧富差距和社會矛盾之下，某些政客跑去煽動民族主義情緒和鼓吹民眾的分離意識。全球化的問題並不容易從根本解決，特別台灣又是一個注重貿易的外向型經濟體，那怎麼辦呢？很簡單，解決不了就轉移注意力，找一個替罪羊。這樣做雖然符合某些政客的政治利益，但對台灣的整體利益來講是巨大的損失。本來大陸對於統一的進程是不着急或者是可以寬容的。無所謂，慢慢來。但是現在由於台灣的藍營和綠營都不友善，反而使大陸更加擔心「台獨」，進而加速了統一進程，也讓「一國兩制」台灣方案的討論浮出水面。這真的是廣大台灣人民所樂見的嗎？

「一國兩制」的下半場

💬 **田飛龍**

北京航空航天大學高研院、法學院副教授，全國港澳研究會
理事

📅 2021 年 4 月　　　📍 北京航空航天大學

訪談手記

　　一場關於香港選舉制度改革的颶風終於落定。在這期間，北京航空航天大學高研院、法學院副教授田飛龍一句「忠誠的廢物」如同當頭棒喝，引發軒然大波。不少對香港管治團隊治理能力不滿的港人拍手稱讚，認為這句看上去簡單粗暴的大實話道出了他們的不滿和心聲。而有些內地港澳研究學者則對此頗有微詞，認為這話不該由內地來說，香港建制派亦有人站出來就用帖是否妥帖公然對嗆。對於這些爭論，田飛龍坦言自己本來是出於善意：「忠誠的廢物」第一沒有點名任何個人，就一個現象來做出科學分析；第二是加以鞭策與激勵，是有則改之、無則加勉，是及時提示處在新的政治遊戲之下，從中央到香港市民會對管治者有什麼樣不同的、更高的期待，是一個非常善意的引導，然後被某些人誤解。目前，雖然誤解仍在，批評也還在持續，但對今天的香港來説，「忠誠的廢物」何嘗不是一記有力的棒喝？

吳：這次香港選舉制度改革方案給人的總體觀感是嚴絲合縫、嚴防死守。從選委會的提名門檻到審核確認，再到選委會去掉區議會新增第五界別，以及立法會議席 432 的方案和雙議席單票制，無不在強化安全係數。結合去年的香港國安法，該怎麼理解中央對香港撥亂反正的總體思路和邏輯？

田飛龍：其實這一系列的撥亂反正是中央對香港政治氣候變化所作出的「組合拳」式的理性反應，針對的正是 2019 年的修例風波和作為修例風波直接後果之一的 2019 年區議會選舉。基於這兩點，中央認為原有的選舉制度存在漏洞，不足以防止反中亂港勢力奪權。同時在修例風波裡，中央也看到了香港的自治能力存在很大局限，香港議員和公務員難以擔當起「愛國者治港」的政治責任，缺乏擔當，不敢鬥爭，不敢堅持原則立場。所以在香港亂局的刺激下，中央對「一國兩制」的制度體制進行了重新思考和積極修補。

　　這個重新思考比較集中地反映在十九屆四中全會關於堅持和完善「一國兩制」制度體系的論述之中。此後我們看到，香港反對派並未理會中央的深刻焦慮和制度行動信號，不做任何有意義的對話與溝通，繼續推進完全自治的政治進程，提出「奪權三部曲」與「真攬炒十步」，對中央權威與「一國兩制」底線繼續肆意踐踏和突破。他們就是要窮盡利用基本法賦予他們的權力與空間，以及所謂的外部勢力，一步步從內部顛覆香港的憲制秩序，製造憲制危機，引入外部干預，造成香港無法管治的無政府狀態，最終反動派從亂中取利，然後造成所謂完

全自治的終級目標，以完全的「政治攬炒主義」決絕行動完成「時代革命」。這是一條反國家、反法治、反繁榮穩定的極端主義政治路線，被冠以「民主」之名並採取了街頭暴力與選舉機制相結合的、類似納粹邏輯的奪權策略。實際上，到 2020年這種威脅繼續存在，而且直接指向了原定於 2020 年 9 月舉行的立法會選舉。這樣一些焦點政治事件及其直接造成的制度安全威脅，刺激中央改變了原來「一國兩制」裡高度自我約束的權力行使習慣，開始將全面管治權與「一國兩制」當中的國家安全、選舉安全連接起來。中央考慮要主動積極地承擔起在國家安全、選舉安全領域的管治責任，其最終制定的方案或者選擇的結果就是港區國安法和這次選舉制度改革，這是兩個最主要的抓手。

但這還不是中央建立健全「一國兩制」制度體系的全部動作，北京將打出「組合拳」，接下來會深入挖掘和清理香港社會產生反中亂港勢力的社會土壤或文化土壤，所以未來的改革必然會指向香港的教育領域、公務員領域，以及社會文化領域，包括對媒體的監管等。而且這次愛國者治港基本上迴避了另一個領域，就是司法領域，涉及香港的司法獨立。司法領域不是愛國者治港的豁免特區，但跟立法、行政領域有所不同。怎樣既維持香港普通法地位與司法獨立的原則，同時又使得香港司法能夠識別並有效地保護國家的主權、安全和發展利益？這需要有新的制度平衡。香港的司法改革必須克服既往的「國家」盲點，以適當形式和智慧納入「愛國者治港」的核心要素，將香港普通法塑造為「一國兩制」制度體系的有機組成

部分。雖然有了香港國安法，但是香港司法仍需面對改革，包括司法的效率提升、司法公開透明度、司法量刑的公正性、司法對公共秩序的保護能力、司法人員的國家法知識與倫理，以及真正立足「一國兩制」的司法哲學與裁判法理學，等等。律政司已在探索和加強其法律官員的國家法知識培訓與運用能力，但香港法院的司法管理尚缺乏有關機制。

此外，還有外籍法官（我曾稱之為香港的「客卿司法」）的問題。在英國威脅要停止外籍法官合作機制的情況下，香港司法怎麼探討自主、自立之道，已不容迴避。司法獨立並不意味着高度依賴外籍法官，基本法下的司法當地語系化是香港司法獨立、司法自治範疇內的應有之義。這要求香港本地的法律人才承擔起司法管轄、司法治理的主體責任。我們可以研究例如新加坡那樣的英國殖民地是如何實現司法當地語系化及如何從制度上加強金融中心地位的，借鑒有益經驗。這一關必須邁過去，香港的司法獨立才能真正回到自身、回到國家法的常態和常軌。關於這些方面我覺得未來都會延伸觸及，它們構成一個完整的中央撥亂反正、建立「一國兩制 2.0 版本」的主要議題和作用點。

吳：分析今次選舉改制方案，不但能看到中央對於泛民的不信任，當然這也是預料之內的。同時對商界、建制派和港府來說，也無法高枕無憂：於商界，在選委會、立法會的比例明顯有所稀釋；於建制派，議席版圖也在重構；於港府，中央不像過去那樣更多授權其來決定選委會各界別和名額劃分，而是直

接出手。你怎麼看中央「全面出擊」的做法？中央對泛民、商界、建制派和港府的真實態度究竟為何？

田飛龍：按照我自己的理解，這次改革是由於中央檢討了過往「一國兩制」體系裡體現「一國」元素與「一國」有關的政治代表性過低，所以增加了與國家事務聯繫較密切，或在國家有關部門、有關行業擔當專業角色的人，把他們作為界別分組到選委會中，所以相對就限縮了本地建制、本地泛民甚至商界的原有比例。這是中央從「一國兩制」完整性的角度，引入了「一國」的維度，使香港的民主選舉真正落實到「一國兩制」框架裡面，均衡參與，避免過分地方化。而這在香港既往的選舉政治生態中是較少考慮且有意迴避的。

吳：香港未來數年的關鍵是善政良治能否實現，深層次矛盾能否解決，而這其中的關鍵是整個社會能否從政治層面的民主議題過渡到對治理的關注上來。國安法和選舉制度改革是中央事權，中央可以大刀闊斧去做，理直氣壯，可具體到治理上，中央能做的其實非常有限，主要還是需要依靠港人治港。但正如你之前說的，很多人其實是「忠誠的廢物」，中央在推動香港治理上，該怎樣去面對這樣的矛盾？抓手有哪些？

田飛龍：這是香港回歸以來，政權建設與管治能力建設一直存在的一個內在結構性矛盾。香港本身是一個精英社會，我們通常在政治定義上所講的愛國愛港力量，由於歷史和政治的複雜影響及其後果，在香港社會各階層裡面的代表性，包括說行業

領導力實際上是有限的。當然他們也很努力地成長，但僅僅靠傳統意義上的建制派或者愛國愛港力量，很難帶得動香港龐大的治理體系以及治理能力的要求，以至於常常就會造成忠誠的人缺乏能力，缺乏處理事情的知識與專業化的水準。同時我們又看到，那些自以為有能力的人、能解決問題的人又顯得不忠誠，以精英的自負和功利而忘卻了政治的責任倫理。所以忠誠與賢能，就像魚和熊掌一樣難以兼得，這就造成在香港如果中央放任不管，任由香港按照自己的方式運行，最後久而久之的結果就是滋生反中亂港勢力，建制派受擠壓甚至催生兩面派，而不忠誠的反對派逐步奪取香港的立法會主導權以及政府管治崗位。這就是中央改革要去解決的問題，因為放任不管香港必然導致管治權的旁落。但是，凡事都可能矯枉過正、過猶不及，用愛國者治港管得太嚴，限縮的範圍太窄，又會導致管治隊伍在香港社會缺乏實際領導力，缺乏讓人心服口服的基礎與能力，對於要解決的問題在政治與專業範圍內又難以解決，又會遭致更大的民怨。因此，香港治理之道，首在忠誠，要在賢能。

所以怎麼解決忠誠與賢能錯位、怎麼解決管治隊伍能力落差的問題，我覺得要從兩方面着手。一方面就是建制派本身要加強政治人才的培養和建設，要意識到新的制度不僅僅是肯定他們的忠誠、給他們更多政治的舞台來展現，而是對他們的能力提出了更高的要求，要有危機感，要有競爭意識，要有服務香港、服務國家的能力上的更高的要求。另一方面，我覺得對非建制派顯然不可能一棍子打死，或者說堵住所有的參政道路

和空間，而是要引導改造，有機整合。中央也說愛國者治港不是搞清一色，落到實處就是要容納溫和泛民與中間派。他們當中有很多在香港這樣一個專業社會、精英社會範疇裡面很有能力的人，他們要補的課就是變成忠誠反對派、忠誠中間派，他們要向國家展示他們對制度的忠誠，這樣國家才能信任他們，讓他們也進入管治體系來擔當權力崗位。非建制派的「政治心魔」一解，就像魔咒被破一樣，心智才會從容坦蕩，才能便可隨心正用。因此，非建制派應當由衷感激新制度對他們的「解放」效應，使他們從本土激進主義與外部干預中解脫，回到香港堅實的憲制秩序與自治大地之上，換一種心情舒暢、堂堂正正的政治「活法」。甚至一旦解決了忠誠的問題之後，他們在選舉與管治體系當中競爭力可能更加突出，國家對他們的信任如果能夠得到保持的話，他們的政治發展空間要比原來更大。

所以實際上是要從兩方面着力。建制派最大的問題是能力危機，所以要提升能力；而非建制派最大的問題是忠誠問題，要變成忠誠反對派、忠誠中間派，在解決了愛國者這一底線標準問題之後，讓香港各界更多的人才進入管治體系，採取選賢任能的機制來激勵他們、包容他們、肯定他們。這才是這一次選舉制度改革的初衷以及完整的目標預期，這樣才能夠打造一支比以前更強有力的、既更忠誠又更有能力的管治團隊來精準回應香港民生訴求和解決香港深層次的問題。

同時，雖然政治範圍內很多事情需要香港特區政府自己去解決，但是在「一國兩制」的框架裡面，中央對所有授予出去

的權力都有全面的監督權。所以中央建立健全對特區管治體系的監督問責機制，顯然也是下一步香港管治改良提升不可或缺的一個環節。得有人對他們的政績表現進行評分，得有人來聽取香港民間的意見，一些讓民怨沸騰的官員，必須要接受中央的監督問責，有些就得下課、下台了。這樣一種更強的問責制也應該加入進來。通過這樣周全的制度元素的考量，這一次的改革就不是一個簡單的忠誠確認，而是一個指向賢能政治目標的一次真正的香港版的治理現代化改革。

吳：所以「忠誠的廢物」這個說法，是很有力的一聲棒喝，打醒了不少裝睡的人。

田飛龍：其實我本來是出於善意：「忠誠的廢物」第一沒有點名任何個人，就一個現象來做出科學分析；第二是加以鞭策與激勵，是有則改之，無則加勉，是及時提示處在新的政治遊戲之下，從中央到香港市民會對管治者有什麼樣不同的、更高的期待，是一個非常善意的引導，然後被某些人誤解。我覺得誤解者顯然境界也是很不夠的，對自己既往的表現有些心虛，不能完整、正確理解新制度的規範意圖和要求。

吳：現在各方都在討論香港會否走向新加坡模式。但香港學新加坡，面臨兩個根本問題：一是如何建立管治團隊對民眾負責的長效機制；二是怎樣建立人才選拔體系。關於這兩點，新加坡都有具體措施，李光耀也有論述，但目前這次北京改革尚未涉及。在你看來，全面改革治港的人才選拔體系，在「愛

國者治港」內部形成良性競爭的可能性有多大？最大的阻力是什麼？

田飛龍：香港政治人才的危機在於香港公職人員沒有能夠自我塑造成真正適合「一國兩制」的管治人才，這是香港高度自治體系裡的一個長期痛點。藉助愛國者治港的選舉制度改革，這個問題我覺得正式提上議事日程了。一方面正如中國古代的治理，一個健全的治理體系既要有治人又要有治法，所以在這方面無論是建制派還是非建制派，可能都要有自身的政治人才培養機制與梯隊。

　　另一方面，中央對香港政務官、公務員，包括議員能力素質的培養提升，也可以有一定安排。比如說香港的公務員就可以跟大灣區公務員定期輪崗交流，通過在內地承擔相應的行政職位，了解兩種不同的政治文化、管理模式、治理機制。另外就是對於香港高階公務員，比如說司局長等，可以抽調他們到國家有關部委，還有一些國際組織當中去鍛煉，讓他們多層次的成長，不要只局限在香港本地而使得管治能力長期內捲化、不能得到成長。所以特區政府跟中央要想辦法打通其中的關節，讓人才滾動、流動起來。流水不腐，戶樞不蠹。當他們經過這些更加豐富的閱歷交流以及能力提升之後再回到香港，我相信他們思考問題就不會再是井底之蛙、一孔之見了。

吳：現在回過頭來看，2014年的首份「一國兩制」白皮書，和2017年習近平訪港時提到「蘇州過後無艇搭」，其實是非常關鍵的節點，但港人要麼沒有聽懂看懂，要麼選擇性忽

略。為了讓港人更好的聽懂地看懂中央的思路,從哪些層面可以有一些變化?比如最近全國港澳研究會就主辦了「十四五」的戰略規劃與香港機遇的研討會,邀請了內地和香港的各界人士,這在以往是少見的,但具體效果如何,還需要再觀察。

田飛龍:愛國者治港本身就意味着對治港者提出了一個新的要求,對國家法律、國家知識的認知缺口必須要填上。這方面香港自身的教育體系包括公務員教育的體系,可以彌補一部分,但國家有關部門的主動作為,也能夠填充相當大的部分。政治學習的要求和制度是中國共產黨治國理政取得進步和成功的非常重要的經驗,不斷加強政治學習,凝聚共識,砥礪能力,而在香港的管治隊伍裡也應該形成這種政治學習的機制。比如說,香港特區政府也可以考慮組建一個理論中心組,展開週期性的學習,請權威人士給司局長上課,面對面地去解釋和交流國家的一些大政方針、全球戰略及涉港安排。關於國家的考量是什麼,香港該有的決策是什麼,香港自己有什麼問題、有什麼需要,也可以現場有一些溝通交流。所以特區政府要有一個持續性的理論學習機制,這個很重要,上行下效,這樣一種學習機制是蠻重要的。不學習,不讀書,缺乏民意溝通,自以為專業精英,卻甘於理論視野狹窄、行政經驗內捲,過分依賴程序和慣例,對國家、民情與時勢一再失察,缺乏健全的判斷與決策力,不僅造成香港管治文化與體制的嚴重滯後,更造成一旦無法管治即「甩鍋」中央的「自治懶政」趨勢,不符合「一國兩制」對合格管治者的規範要求。學習機制

可以為香港管治更新帶來有益增量。

同時香港民主派也在適應改革，也在轉型。我注意到香港民主黨中委會通過成立「內地及政制事務專責委員會」，希望增加與內地相關的政治分析及論述工作，加強對政治局勢的研判能力，要學好中央文件，要請學者進行授課，並且要少走彎路，少犯錯誤。我覺得這個就很好，抓住了制度轉型的契機，對於這些傳統泛民主派也是一次政治上的新生。他們是可以通過這種政治學習，主動塑造轉型為忠誠反對派的，所以如果他們願意的話，其實我倒很樂意給他們講幾次課，幫助他們了解中央「一國兩制」的完整原理與政策，了解更加完整的國家的法律知識與國家的治理知識，包括國家的國際戰略。因為這方面不了解的話，在「一國兩制」之下，他們在香港參什麼政呢？思考與行為怎麼能夠跟得上這個時代呢？除了本地「攬炒」和勾結外國、拖累香港民主與發展，還能有何正面作用呢？

當然，這些方面還需要有一系列政策創新，也需要有相應的考核機制，着眼於人才隊伍的建設和治理能力的提升，自我塑造為「賢能愛國者」。中共有自身的長處和經驗，一些合理的要素完全可以用於香港官員，而且這其實是真正打造一個強有力管治團隊普遍適用的經驗。理論學習、與內地的任職交流，以及更嚴格的幹部考核與競爭機制，理想信念與治理能力有機結合、不斷成長，這是「一國」所長，也是「兩制」（香港）所需。

吳：接下來是有關「一國兩制」。站在中央的立場，其實是最擔心、最不想讓「一國兩制」出問題的，也是最希望「一國兩制」行穩致遠的。簡單說，在中央看來，「一國兩制」絕對不能死，因為「一國兩制」一旦死了，不會是香港的失敗，而只會是中央的失敗。可站在港台和英美的視角，卻認為中央就是想讓「一國兩制」變為「一國一制」，就是想讓「一國兩制」死掉。這是很諷刺的，但也是現實。你怎麼理解「一國兩制」對於中國以及中共的意義？為何在理解上會出現如此南轅北轍和諷刺的局面？

田飛龍：「一國兩制」肯定沒有死，為什麼？中國的現代化進程還在進行，「一國兩制」變成「一國一制」不符合中國現代化的整體利益，也不符合中國共產黨所制定的民族復興與走向世界的基本戰略規劃。因為中共將「一國兩制」的成功視為中國復興的一部分。但「一國兩制」必須是中國自己下定義的「活法」，所以其實不是討論它死法的問題，是討論它有什麼樣新的活法的問題，所以才有人提出香港「二次回歸」、「一國兩制」的 2.0 版、「一國兩制」的下半場等說法。

　　我自己將國安法和新選舉法定為「一國兩制」的一個新的憲法時刻（constitutional moment）。這些理論提法試圖塑造一個什麼樣的認識呢？就是「一國兩制」要換個活法。以「一國兩制」原來的方式，鬥爭衝突到一定程度，會形成各方都是雙輸甚至多輸的局面。你看修例風波裡誰獲利了呢？修例風波徹底否定了「一國兩制」原來很多的樂觀預設，包括香港法治

的權威性，沒有任何人從修例風波當中獲利。如果有的話，可能蔡英文獲得了一些，美國也獲得了一些，但美國的利益收成馬上也被國安法之下的一些利益損失對沖掉了，甚至得不償失。

至於「一國兩制」換的活法，就是使得香港社會嚴肅思考，什麼叫「一國」？什麼叫「兩制」？「兩制」如何與「一國」進行整合，變成一個整體？說實話，「一國兩制」原來的活法本身也是半死不活，因為井水不犯河水是兩張皮，原來的那種活法不過是一種維持現狀的方式而已，它不是一個「一國兩制」真正有機的生命展現。所以換一種活法是「一國兩制」真正成為一個整體和有機體，使香港無論在中國與西方處於什麼樣的合作或衝突關係當中都始終與國家站在一起，始終與國家共進退，與國家成為同一個政治命運共同體。而這樣的有機體和共同體建構，只有中央才能承擔責任，香港是既無這樣的意願，也無這樣的能力，甚至沒有這樣的許可權去對「一國兩制」進行整合。

可是香港與國際社會怎樣適應這種國家主導之下的「一國兩制」更有生命力的活法呢？關鍵還在於怎麼樣對待中國共產黨、怎麼樣對待中國模式以及中國持續崛起這樣一個基本事實。香港以及國際社會對「一國兩制」的理解始終就是僵化的，就是兩張皮，就是沒把「一國兩制」真正當作一個活物來對待。所以中央考慮的是「一國兩制」怎麼克服危機，活出一個精彩的整體、一個有機的綻放的生命。而西方世界，包括香港反對派考慮的是「一國兩制」怎麼樣長期半死不活，然後只

保留香港那一制跟西方之間互聯互通，使得香港長期作為反中亂港勢力與不忠誠兩面派把持的「政治快活林」，並在西方勢力需要時充當「新冷戰」棋子和顛覆基地，這在道德上和政治上都是不正當的，既損害國家主權、安全與發展利益，也壓制和破壞香港民眾的民主權利和發展權益。所以負責任地講，真正懂得「一國兩制」生命原理的還是中央，維繫和優化其制度生命的也是中央。香港國安法和新選舉法，都是危機狀態下的應急立法，是保衛「一國兩制」制度安全的保護性立法。

吳： 的確是這樣，我們幾年前就強調消極的、區隔的、被動的「一國兩制」迫切需要轉向積極的、融合的、主動的「一國兩制」。創設特別行政區、建立特別行政區制度的權力在中央，按照權責統一的邏輯，香港走到今天，「一國兩制」面臨的考驗，中央也的確難辭其咎。就像我們之前一貫強調的，過去「河水不犯井水」的治港思路，本身就存在很大的問題，香港的發展與繁榮也一再掩蓋了深層次的結構性矛盾。香港主權回歸並不是問題的結束，反而是如何有效管治等更為關鍵的一系列問題的開始，以為香港回歸了就萬事大吉了，從一開始就埋下了很大的風險和隱患。

田飛龍： 中央已經進行了嚴肅的自我反思和自我檢討，我覺得從 2014 年的《「一國兩制」在香港的實踐》白皮書裡面就體現出來了。2014 年的白皮書寫了很多，最重要的一個新概念就是「全面管治權」，這本身就是一個反思性的概念，表明中央以前該管的沒管，該做的沒做，所以必須要有一個制度、政

策上的補課。然後修例風波帶動中央進行更深入或者說更切膚之痛的反思。

除了港區國安法與這次選舉制度改革，同時中央也痛切地認識到香港社會確實存在深層次的經濟民生矛盾——香港的分配問題、青年人發展問題、階層平等問題、社會正義問題，等等。所以管治體系打造好之後，下一步顯然是要解決香港社會的深層次問題，使香港社會更加公平，使每一個階層的人更有希望和活力，使「一國兩制」當中的制度紅利能夠擴展覆蓋到各階層。關於這些中央其實是會去持續檢討和去做的。

在這個過程當中，中央更應該負起一個全面積極主動的責任。而且中央並不迴避問題，不害怕矛盾，也不怕外部的制裁和干預，而是始終從「一國兩制」本身對國家、對香港的根本利益出發，撥亂反正，精準施策。我相信這樣一個基本的管治風格，或者說習近平時代在「一國兩制」上積極作為這樣一種管治風格還會持續下去，這對香港社會重建、經濟發展、民生的調整與改良，以及融入國家發展大局，都是一個非常有利的氛圍和信號。

吳：之前採訪香港立法會前主席曾鈺成時他談到，九七前北京對香港存在很大的迷思，認為當時香港的管治制度好得不得了，所以起草基本法時，認為最好把當時香港行之有效的一套搬到基本法中，回歸後照辦就行了。此外中央還認為香港民主好得不得了，所以對香港回歸後一定要走民主化的道路沒有爭議，爭論的只是速度問題，所以中央官員也指出，《中英聯合

聲明》沒有提普選二字，但基本法說了行政長官普選產生，立
法會全部議席普選產生，大家的信念都是一樣，普選當然是好
的，民主當然是好的。結合回歸前的迷思和「教訓」，接下來
香港如何更好地從對於民主的執拗過渡到切實解決經濟民生問
題的治理效能的提升上來？

田飛龍：在 1997 香港回歸的時候，整個國家處於一個非常不
自信的狀態當中，同時改革開放比較單方面依賴香港、依賴西
方。所以那個時候我們對於資本主義、對於現代化、對於全球
化的知識，很多是依靠香港來理解、消化的。那個時候香港地
位高得不得了，這也造成了香港很多人習慣於俯視內地，對國
家不夠尊重，甚至對「一國兩制」當中的「一國」缺乏深刻的
理解與認同，造成了對「一國兩制」內涵的很多誤解與誤會。
今天我覺得其實中央已經高度自信了，對「一國兩制」發展規
律、矛盾處理方式以及它的最佳效用的理解也越來越科學、成
熟。在對「一國兩制」把握越來越清楚的情況下，也就知道什
麼該做、什麼不該做了，並且也注意去克服以往簡單拿來主義
所犯下的錯誤及政策偏頗。

　　今天回頭看，無論是港英時期的制度，還是香港的普選民
主，都有它的局限性。第一，港英制度本身固化了英國這個宗
主國或者很多英國代理人的利益，如果把港英的制度、港英的
公務員體系整體複製過來，當然也會有英國原有治權殘餘的痕
跡留在裡面，好的方面固然可以維持香港繼續繁榮穩定，為西
方承認；不好的方面也會演變為對抗國家，破壞「一國兩制」

的因素。所以要一分為二,辯證分析港英的制度,好則留,不好則去。

第二就是普選,因為香港的普選不是一個獨立政治體的普選,所以不能夠天馬行空、沒有前提,而是必須要以基本法為前提,要以國家安全為前提。同時普選也不是靈丹妙藥、包治百病,普選必須是以法治和國家安全為前提,同時將香港作為資本主義社會的均衡參與,精英主導型社會下精英的領導力、貢獻力等等結合起來考量。否則香港也會走向民粹化、過度福利化,染上現在歐美社會出現的政治正確與民粹化的「政治病」,反噬香港的活力與繁榮穩定。

現在確實是需要開始逐步用優良治理來反思原來對普選民主的迷思,將普選民主作為優良政體的一個環節、要素,而不是作為檢驗治理的唯一標準。要將直選作為民主的一個參考因素,而不是民主的全部。這些反思是難能可貴的,也是用亂局代價換來的,是對現代治理體系與民主規範原理更加成熟、更加完整的理解,也基本反映在如今中央的治港思路,特別是這一次的選舉制度改革當中。擺脫西方迷思和依賴,探索真正切合「一國兩制」的香港民主善治,激發愛國認同與發展新動能,重建和解團結的社會正義,是「一國兩制」下半場的關鍵所在。

第六章

香港二次命運探討

香港政治體制
從來不是三權分立

 駱偉建

全國港澳研究會副會長、澳門大學法學院教授

📅 2020 年 7 月　　　　📍 線上

訪談手記

　　2020 年 9 月，香港社會圍繞香港政治體制究竟是行政主導還是三權分立再起紛爭，回答「是」或者「否」者都很理直氣壯。香港政治體制究竟是行政主導還是三權分立？拋開情緒和意識形態，答案並不難給出。之所以每隔一段時間就會掀起爭論，而且「三權分立」之說在香港越來越有市場，最為根本的原因在於特區政府一直未能做到真正的行政主導。行政主導一定程度上延續了港英時期的模式，為的是政治穩定和強勢管治，但香港的政治現實卻是政治亂局和行政弱勢。久而久之，香港從政界到法律界，乃至普通市民，不少人習慣套用現成的三權分立來生搬硬套地解讀香港政治體制，直至寫進高中通識教科書。所以今日三權分立的論爭，既是這麼多年來行政弱勢和港府在政治上消極作為的結果，也理應對接下來行政真正起到主導作用形成切實的倒逼。在這次爭論前一個多月，筆者採訪了澳門大學法學院教授駱偉建，詳解了為何行政始終無法主導整個香港，以及

香港行政、立法和司法混亂關係的根源。釐清香港的政治體制，也是進一步探討香港二次命運的關鍵所在。

吳：你最近針對香港政治體制發表了一篇文章——〈香港特區的政治體制是行政主導而非三權分立〉，用來正本清源。其實關於香港的政治體制，外界一直有不少爭議，最大一次爭議應該是在 2015 年。彼時，時任中聯辦主任張曉明直言，香港政治體制是中央政府直轄下的行政長官為核心的「行政主導」，從來不實行「三權分立」，特區行政長官具有超然於行政、立法、司法三個機關之上的特殊法律地位，處於特區權力核心位置。張曉明此言原本並無問題，但卻在輿論場引起激烈爭議。

我們知道，「行政主導」一定程度上延續了港英時期的模式，為的是政治穩定和強勢管治，但香港的政治現實卻是政治亂局和行政弱勢。從歷史和現實兩個維度，該怎麼理解這裡的「強」與「弱」？為何過去這麼多年，香港的行政無法真正起到「主導」作用？

駱偉建：我個人覺得現在香港的亂局以及行政比較弱勢，沒有很好地發揮主導作用，主要是四個方面的因素造成的。

第一個因素：長期以來，在香港社會中有相當一部分人，尤其包括一些法律界人士、大學裡的學者，對基本法作了歪曲的解釋，在他們的心目中始終把基本法所規定的政治體制曲解為一個三權分立的體制。所以可以看到，每當香港行政長官要發揮作用、行使職權的時候，都會被扣上一頂帽子，要麼

說其侵犯了立法權，要麼說其影響了司法獨立，長此以往也使得大多沒有專業背景知識的香港居民受到影響，香港社會中此類輿論或多或少會影響行政長官和特區政府發揮行政主導的作用，造成今天的局面。所以我們有必要按照基本法的立法原意正本清源，要全面準確地理解基本法的相應規定。

第二個因素：香港社會確實有一部分勢力始終在做一件工作，就是架空行政主導的機制。這種架空的動作和努力不是從基本法實施之後才開始的，實際上當年在基本法公佈之後，在英國管制香港最後的過渡時期，英國人就採取了很多措施，針對的就是行政主導，把原來在香港行之有效的一些規定，紛紛進行改變。

這段歷史其實非常清楚——為什麼彭定康來了之後，中國與英國在香港問題上產生了很多的爭議？爭議的核心就是彭定康所代表的勢力把行政主導賴以存在的政治基礎掏空了。港英時期總督能夠發揮行政主導的作用，很重要的原因在於當時香港立法局的人員結構，當時的立法局由官守議員、委任議員、民選議員三部分構成，所以政府的政策很容易得到配合。但是彭定康到香港一上任就開始搞選舉，從 1988 年的直選建議，到後來把直選的範圍繼續擴大，造成了行政主導的社會基礎被大幅削弱。這也使得香港回歸以後基本法在落實上遇到了一些困難。

第三個因素：基本法確立的是行政主導的體制，但基本法在一定意義上只是個原則性的規定，在執行上還需要具體制度配套。我覺得香港基本法在實施的過程中，這些配套的制度沒

有很好地跟上，也就導致了行政主導發揮的作用不夠明顯。

比如說，行政如何主導立法呢？基本法實際上規定了兩個非常重要的制度。一個制度是政府掌握了重大法案的專屬的提案權，包括公佈收支、政治體制、政府運作等三個領域的相關提案只能由政府來提出，立法會議員是不能提出的，所以在這三方面立什麼法、什麼時候立法，主導權應該掌握在政府手裡，才能體現行政主導立法。行政主導立法的另一個重要體現是，立法會審議通過的法案不能馬上生效，必須要由行政長官簽署後才生效，簽署之前是不具有法律效應的。所以從立法的開始到立法的完成，一頭一尾都應該掌握在行政長官手裡。

本來這個制度設計就是要發揮行政主導立法的作用，但在香港的實施過程中已經發生了變化，不是說基本法發生變化，而是行政主導被一些人的實際做法改變了。比如董建華時期特區政府就與立法會存在一個爭議，到今天都沒有解決，但其實按照基本法的原意，本不應該有這個爭議。是什麼爭議？當特區政府提出一個法案之後，立法會議員在審議期間可以提出各種各樣的意見，但是只能提出修改的意見，修改意見應該回饋給特區政府，讓政府來決定要不要接納這個意見，這才能體現基本法所規定的專屬提案權，而不能去直接修改這個法案。假如特區政府提出法案後，可以隨便按照立法會議員的意思來修改，改完以後立法會直接去表決，然後就審議通過了，特區政府在整個過程中處於對法案失控的狀態，這就違背了基本法的規定。

香港現在就變成這個局面，回歸以後的二十多年裡很多法

案就是這樣通過的，通過的時候可能與特區政府當初的立法意圖完全不是一回事了，這怎麼可能做到行政主導立法呢？如果今後在落實基本法的過程中對這一問題不加以改變的話，那麼政府的專屬提案權是沒有意義的。就好像一輛汽車的鑰匙掌握在政府手裡，政府不開，這輛車是動不了的，但是政府把車鑰匙打着以後，方向盤在立法議員手裡而不在政府手裡，你說往東，他開到西，這就失去了基本法專屬提案權規定的本意。香港現在行政主導不了立法，這是很重要的因素。

相比之下，澳門基本法就規定得很清楚，政府有專屬提案權，同時還有審議後的提案權，立法議員可以對政府提出的法案進行審議，可以批評，也可以要求修改，但最終能不能改，要由政府來決定。如果政府不同意修改，那立法議員在審議投票的時候可以投反對票，讓法案不通過，但是不能倒過來──立法議員自己改了以後，自己投贊成票通過，那樣立法的方向就迷失了。同時澳門還設立了足夠的配套制度，比如澳門基本法實施的第一天，也就是 1999 年 12 月 20 日，就通過了關於立法會議事規則的修改，裡面專門寫到，專屬提案的提案權，包括審議後提案權都屬於澳門特區政府，這樣澳門特區政府才能在立法中發揮主導作用。所以我覺得造成香港今天的局面就是因為香港基本法的很多規定沒有配套制度，讓香港基本法的落實出了問題。

第四個因素，就是香港一些反對派政治勢力充分利用了立法會這個平台。行政與立法之間除了互相制約的原則，還要互相合作。這裡的「合作」是什麼意思？就是不能為了反對而反

對，否則整個政治體制就會癱瘓，沒法運行了。現在香港的反對派就利用立法會平台頻頻「拉布」，為了反對而反對，這種情況下行政還怎麼主導？主導不了的。特區政府提出的方針、政策、法案，都會被否定。

吳：香港基本法的初衷是想確立行政主導的強勢地位，但是最後的結果卻讓行政主導落得一個弱勢的局面，澳門確實是很好的參考系。

駱偉建：對。我覺得這些都是香港亟待解決的問題，特別是後面兩個因素，一個是制度配套，一個是立法會人員的組成，都是非常關鍵的因素，會直接影響行政主導的效應。

為什麼澳門沒有出現類似的問題？因為在澳門回歸前的過渡時期，中葡合作得也比較好。為什麼中英在香港回歸前的合作出現了很多挑戰？為什麼香港基本法設計的「直通車」、「平穩過渡」沒能實現？就是因為英國違背了中英雙方達成的協議，掏空了行政主導的基礎，導致香港回歸後的政治制度不能平穩過渡了，不能「直通車」了，變成了「另起爐灶」。而英國在「另起爐灶」的同時也埋下了釘子，製造了困難，所以香港特區政府施政的時候有很多問題。

葡萄牙方面在離開澳門之前並沒有改變澳門原有的制度，所以澳門立法會的組成結構是既有直接選舉，也有委任。委任是對行政主導非常重要的配套制度安排，就是為了讓行政長官在立法會中有堅定的支持者，如果立法會裡面都沒有行政長官的堅定支持者，怎麼發揮行政主導？當然，香港以後

怎麼辦，大家可以再來討論，但是應該看到，澳門之所以能夠
踐行行政主導，這項配套制度安排也是非常重要的。

吳：你在〈香港特區的政治體制是行政主導而非三權分立〉中
提到，在「一國兩制」下，特區政治體制作為一個地方層面的
制度需要與國家層面的制度銜接，處理兩種權力關係：一是
中央與特區的權力關係；二是特區的行政、立法和司法權力
關係。兩種權力關係中，中央與特區是領導與從屬性質的關
係，行政與立法、司法之間是平行的關係。香港回歸二十三年
了，這兩種權力關係處理得並不令人滿意。中央與特區雖然是
領導與從屬性質的關係，中央有全面管治權，但中央的管治經
常被看做是一種僭越和對香港高度自治權的干預。再看第二對
關係，行政與立法、司法雖然是平行關係，而且因為行政長官
以特區首長的身份通過行使權力發揮對立法和司法機關的主導
作用，但現實政治中行政卻有被架空的風險。你怎麼看中央與
特區，行政與立法、司法這兩種權力關係在香港現實政治中的
問題？

駱偉建：你提出的這個問題挺尖銳，我來試着回答。

　　先來說說第一對權力關係，即中央與特區。第一對權力關
係實際上講的是中央的管治權，它怎麼能夠在香港現有的體制
內得到落實。在這個問題上，首先要澄清一些錯誤的認識。因
為過去長期以來在香港反對派不斷的曲解之下，很多人認為中
央的管治權只有兩個權力，一個是國防，另一個是外交，除了
這兩個就沒有其他管治權力了。這是他們長期向香港市民灌輸

的一種觀點，超出這兩個權力的範圍就認為是干預了香港的高度自治。

這樣的話，中央怎麼落實對香港的管治權？沒得管。這是反對派長期催生出的輿論影響。所以 2014 年國務院發佈的白皮書明確提出全面管治權，就是要在理論論述上把這種錯誤認識扭轉過來。中央對香港的管治權不是只有兩個權力，既然是中國政府對香港行使主權，那就是凡屬主權範圍內的事務都有管轄的權力，香港的高度自治來自中央政府的授權。

白皮書為全面管治權確立了一個正確的理解。我現在講管治權實際上分兩部分，一部分是中央政府直接管的（國防與外交），另一部分是中央政府雖然不直接管，但授權特區政府管轄的，而且中央政府也要監督特區政府管得怎麼樣——高度自治絕不是想怎麼幹就怎麼幹，而是要在中央的監督下，按照授權的要求做。中央政府已經在理論上，把中央的管治權正面解釋清楚了，剩下的就是堅定不移地落實。這是第一對權力關係的第一個層面的問題。

第二個層面的問題，就是要總結「一國兩制」的經驗和教訓。在過去一段時間裡，中央政府在行使對香港管治權的問題上確實有待加強。十九屆四中全會關於推進國家治理體系與治理能力現代化的決議裡面，強調要「健全中央依照憲法和基本法對特別行政區行使全面管治權的制度」，包括完善中央對特區行政長官和主要官員的任免制度和機制、全國人大常委會對基本法的解釋制度，以及健全特區行政長官對中央政府負責的制度。這說明什麼問題？說明過去做得不夠，不是說沒有

做，但做得不夠，不夠才要加強、健全。中央一直有對香港的管治權，但是做得不足、不夠，人家就認為中央沒有權威，從這個角度來講中央政府也有一定的責任，所以現在要加強。

現在大家已經看到變化了，比如這次香港國安法立法。國家安全立法在香港空缺了二十三年，為什麼現在要立法？一個很重要的因素就是要加強中央的管治權，既然國家安全是整個國家的事，那中央政府有權力去管，只是過去長期以來在這方面認識得不是那麼清楚，總有些猶豫。

還有一個例子，去年年底香港特區高等法院原訟庭判決《緊急情況規例條例》賦予行政長官在某些情況下制定有關規例的規定不符合基本法，並裁決《禁止蒙面規例》的主要內容不符合相稱性標準。當天全國人大常委會法工委、國務院港澳辦就發表談話，表示香港特區法律是否符合基本法，只能由全國人大常委會作出判斷和決定，任何其他機關都無權作出判斷和決定。這種談話是什麼？談話就是解釋權，雖然它不是一個正式解釋，但它先提出了問題。提出問題是要幹什麼？就是要香港高等法院好好考慮，這不是個小問題，要先給你立個備案。有了這個談話，到了上訴庭的時候就糾正了原訟庭的判決，這就是中央加強管治權的體現。管治權是要用的，不是寫出來給人看的，用起來才有權威，不用就沒有權威。

第三個層面的問題，就是要抓中央管治權的落實。現在中央政府開始用管治權了，用的過程中能不能落地？現在有些問題還沒做到，需要進一步努力。澳門 2012 年修改澳門基本法附件二立法會選舉產生辦法，當時就是全國人大作出決定，澳

門就按照人大的決定修改了立法會選舉辦法，然後通過，報人大備案，人大接受了備案，這就是對澳門基本法的落實。但是香港沒有，全國人大做出香港政改「8．31」決議，通過之後落實不了。全國人大當時是行使了基本法的解釋權、決定權，但沒有落實，不落實就相當於沒有結果。

香港國安法的實施就是在抓中央管治權的落實，而且這個落實很具體，如果一個法律僅僅規定了哪些行為是犯罪，沒有程序，沒有組織，最後還是落實不了，法律就等於是空的，雷聲大雨點小，這不行。香港國安法就是吸取了過往的經驗教訓。中央政府對於管治權在反覆強調三個要求：一個是任命權；一個是解釋權；一個是負責制度。這三項是決定中央管治權能不能在香港落實的制度建設的核心。

第二對權力關係是行政與立法、司法之間的關係。其實香港這三種權力目前都受到了挑戰，我認為今後還需要把它們進一步明確化。行政與立法，除了剛才講的特區政府有專屬提案權的問題，我再講一個例子：香港反對派從一開始就在隨意擴大立法會的權力。基本法第六十四條，在「特區政府對立法會負責」這一句後面，用了一個冒號。使用冒號是什麼意思？就是說冒號之後規定的事情，你要不折不扣的做到，不能多也不能少。所以按照條文規定，特區政府要對立法會負責的有三件事情：一，執行立法會通過的法律；二，行政長官向立法會做行政報告；三，接受立法會意見諮詢。就這三件事，寫得很清楚。

但現在香港是這樣做的嗎？不是，反對派就要突破這個限

制，要擴大範圍，反過來成了特區政府受制於立法會。反對派首先提出來不信任投票。不信任投票是什麼意思？就是行政長官能不能當，主要官員能不能當，要由立法會來決定，就像英國一樣。如果立法會不信任你，那你就下台了。這就不是行政主導了，特區政府官員的去留不是由中央政府決定，變成由立法會決定。

　　我覺得出現這種情況就是過去中央在落實管治權的時候不夠有力，沒有提出制止，將來都需要規範管治，立法會不能找理由隨便擴大自己的權力。基本法定了行政主導就是行政主導，不能任由立法會突破基本法的規定濫用權力。

　　說到行政與司法的關係，現在大家可以看到，回歸前和回歸後香港司法覆核的情況是不一樣的。回歸前很少有司法覆核，為什麼回歸後有這麼多司法覆核呢？這也是反對派的策略：一方面他們通過立法會阻止特區政府的決策，另一方面把所有的政治決定都給引到司法上去，讓司法來決定。但事實上，「司法獨立」不等於司法什麼都可以管，司法管轄權要有限度、有節制，司法只能管法律問題，政治問題司法是不能管的。

　　但是現在反對派就是要把政治問題全部都交給司法做決定，這個就很危險了。照這樣搞下去，行政主導還怎麼主導？主導不了。當你要突出行政主導地位的時候，立法和司法的許可權必然會受到一定限制，這才能凸顯行政主導。如果立法與司法兩個權力無限擴張，行政權力必然縮小。

　　我認為在香港回歸的二十多年來，這是值得深思和好好

研究的問題。司法權力不斷膨脹，如果追根溯源的話，是從 1999 年開始的。在 1999 年的一起案例中，香港終審法院甚至宣稱它可以審查全國人大以及全國人大常委會的法律決議，那這個司法覆核就不單是自治權了，它連中央行使的權力都要覆核，你想想看這還是特區地方性的司法權嗎？這個說法被中央政府直接否定，這才樹立了規矩，即全國人大的解釋權香港法院不許干涉，沒有商量的餘地。但有一個問題沒有解決，香港高等法院對特區自身的立法也好，行政也好，是不是也有無限的審查權？

這個問題一直沒有完全解決，所以香港國安法裡規定行政長官可以指定法官處理國安案件，又被一些人說成是「影響香港司法獨立」，好像「司法獨立」是不受任何限制的。但是恰恰相反，司法獨立是有範圍的，只能說在審理案件的過程中司法是獨立的，外界不得干預，在行使這個權力之外司法是要受限制的。這些人為什麼會看似自然而然地講到這個問題呢？因為在他們的頭腦中已經認定司法權是不受限制的，但凡要限制任何一點，就損害了「司法獨立」。所以說國安法影響了香港的司法獨立，這完全是胡說八道。本來這是個很清楚的問題，現在就是有人打着所謂「司法獨立」的旗號，要把司法權無限擴張。這是造成今天香港行政主導不靈的重要原因，所以行政與司法的關係一定要持順。

為什麼澳門這方面做得比較好？就是因為處理這些關係的時候，大家很守規矩，包括法官，嚴守我們通常講的自律，用法律術語就是「謙抑」。法官只能解決法律問題，如果法官能

解決政治問題，還要行政長官幹什麼？行政長官的職能就是解決政治問題的，法官就要解決法律問題，不能張冠李戴，這兩個權力在實施過程中必須要正本清源。當然，最終這兩個權力應該是要互相結合，也就是我們經常講的全面管治權和高度自治權要有機結合，互相配合，這樣才能發揮最好的制度效能。

吳：香港出現今天的亂局，特區政府有自己的問題，建制派有問題，反對派乃至香港社會也有問題，包括中央政府也有責任，包括像你剛才談到過去多年來中央政府對香港的管治權落實的不夠、「井水不犯河水」的思維導致「消極一國兩制」等問題。在眾多的問題中，你認為主要矛盾是什麼？

駱偉建：我覺得根源上在於香港的反對派，包括香港一部分市民對「一國兩制」的認識、對中央管治權的認識不到位，這是主要矛盾。沒有正確的認識，對中央不信任，他們就要破壞這個制度。行政主導靠什麼？靠行政長官。中央為什麼要把整個特區最重大的責任交給行政長官？這裡面有個很重要的制度設計，因為特區行政長官由中央認定，如果他不負責，中央就要免他職務。但是反對派和香港一部分市民對中央缺乏信任，認為中央任命的行政長官不能百分百維護香港的利益，那就什麼事都幹不成了。他們表面上針對的是行政長官，處處給行政長官設防，做了這樣那樣的限制，其實最終想要限制的是中央。

所以我個人覺得這是一個根本的問題，怎麼能夠通過國民教育，通過國家認同、身份認同，讓大家認識到「一國」的必要性、中央管治權的必要性，後面的事情才會比較好做。我

覺得香港在這方面現在還有很多工作要做，如果這方面做不好，必然會從抵制行政長官演變為所謂的對抗中央政府。因為不信任，過去還只是唱唱反調，現在變成了「抗爭派」，要奪權了。如果真被「抗爭派」奪了權，中央的管治權也好，行政主導權也好，更沒法落實了。我覺得這才是根本，這個問題不解決，後面的問題就很難。

吳：所以「人心回歸」工作還是道阻且長。

駱偉建：對，「人心回歸」的問題必須要慢慢解決。澳門為什麼在這個問題上解決的比較好，就是澳門與中央建立了良好的互動、互信機制，自覺履行澳門基本法所規定的憲制責任。澳門完成了二十三條立法，香港為什麼一直完不成？根本的原因就是香港社會相當一部分人對中央根本就不信任，不認為自己有責任保護國家安全。但澳門廣大市民不是這麼認為的，他們認為維護國家安全天經地義，自己有責任，所以能順利完成二十三條立法，建立相應的國家安全委員會。

吳：香港現行政治體制在相當程度上參考了殖民地時期以總督為核心的政治體制，因為這套體制當時被證明是行之有效的，是有利於保持香港繁榮穩定的。時任香港特區基本法起草委員會主任委員姬鵬飛在向全國人大所作的香港特別行政區基本法起草委員會的工作報告中指出：「香港特別行政區的政治體制，要符合『一國兩制』的原則，要從香港的法律地位和實際情況出發，以保障香港的穩定繁榮為目的。為此，必須兼顧

社會各階層的利益，有利於資本主義經濟的發展；既保持原政治體制中行之有效的部分，又要循序漸進地逐步發展適合香港情況的民主制度。」

而港英時期的政治體制，其實也有不少爭議，比如金耀基先生的「行政吸納政治」說、劉兆佳教授的「仁慈獨裁」說。從「殖民地政治體制」到「一國兩制」，香港具體保持了原有體制中哪些行之有效的部分？後續的民主制度，又會如何循序漸進地發展？港人普遍關注的重啟政改還有可能嗎？

駱偉建：先回答你關於「行之有效」的問題。行之有效的核心，就是行政長官要有實權。這是過去港英政府管治下的香港的一個行之有效的制度安排，整個政治制度是圍繞總督安排的，總督就是實權，大家都要配合他，這樣他才能對英國負責。

所以基本法的立法原意也是讓行政長官有實權。什麼是實權？首先要肯定他的法律地位，行政長官的地位是獨一無二的，他是特別行政區的首長，沒有任何一個特區機構能跟他平起平坐，這一點一定要搞清楚。很多人總是按照三權分立的思維來理解香港的政治架構，香港不是三權分立，只有行政長官能夠代表特別行政區。另外，行政長官的實權不僅僅是有崇高的地位，更重要的是他要掌握實際的權力，作為特區政府的首長行使行政實權。

行政長官這種雙重的法律地位就是從原有「行之有效」的制度中保留下來的。行政長官既要對中央負責，也要對特區負

責。中央政府強調依法治港，依據的就是基本法，那麼誰來負責基本法在香港的實施？基本法規定得很清楚：行政長官負責基本法的實施，不是法院，也不是立法會。根據基本法的規定，立法會審議通過的法律行政長官可以否決，為什麼？因為行政長官判斷它不符合基本法，就可以不簽署。行政長官為什麼可以提請全國人大解釋基本法？因為這些制度都是圍繞「行政長官負責」來制定的，這個負責不是假的，相當於港英時期總督所享有的地位、責任、權力基本上被保留了，這就是行之有效。只是就像我剛才講的，有些制度配套沒有完全做好，本來按照原有制度是沒問題的，但英國在離開香港前把很多很重要的制度基礎給拆掉了，導致香港回歸以後制度運作不夠順暢。以後需要的是做好配套機制，恢復「機器」原有的功能。

第二個是關於所謂民主發展的問題。我個人覺得在這個問題上一定要有個基本原則：如果把「一國兩制」看作是一個總的制度體系、一個大環境，那麼政治體制只是「一國兩制」制度安排裡面的一個子系統。不管子系統體現的制度是什麼，都不能夠主動違反、破壞「一國兩制」這個總制度，否則就自相矛盾了。這就好比人體是一個總系統，在這個總系統裡面有消化系統、呼吸系統、心血管系統等等，這些都是人體裡面的一部分，如果哪一個子系統跟人體的總系統發生矛盾，人就會難受，就會不舒服。哪怕科技再發達，器官可以移植，被移植的器官也一定要適應人體的總系統，否則就會有排斥反應，排斥反應嚴重可能會死人。

香港特別行政區的政治制度也是一樣的道理，為什麼要採

取某項制度，或者為什麼不採取某項制度，總的要求一定是符合「一國兩制」，只要不符合「一國兩制」，這個制度就不能用。講香港的民主制度，一定要堅持「符合一國兩制」這個觀點不動搖。反對派動不動喜歡鼓吹所謂的「國際標準」，其實世界上沒有民主制度的國際標準，各國都是根據自己的國情行事：美國是總統制；英國是議會制；法國是半總統半議會制……都不一樣。每個國家選擇政治制度一定有歷史的原因，也有現實的需要。

所以香港的民主發展一定要適合「一國兩制」，而不能與之脫離或與之相抵觸。「一國兩制」在政治體制中最基本的要求是什麼？就是鄧小平講的「港人治港，高度自治」。行使高度自治權的一定是愛國愛港者，愛國愛港者組成的行政、立法、司法機關，才能夠擁護、維護「一國兩制」。如果行政、立法、司法機關裡的人根本就不相信「一國兩制」，有的不好意思公開反對就敷衍應付，還有一些就乾脆公然反對，這怎麼保障「一國兩制」？所以今天再回過頭來看鄧小平的論述，我認為這個問題一定要高度重視了，不能再像過去那樣含含糊糊。

我的看法是，「一國兩制」應該有兩條底線。一條底線就是國家安全，不能搞分裂，不能顛覆中央政府的政權。這一條底線已經由香港國安法劃好，而且明確了制度與手段，糾正了長期以來香港存在的國家安全性漏洞。

另一條底線就是權力掌握在誰手上。鄧小平講得很清楚，「以愛國者為主體是我們共同的前提和基礎」，也就是說

不是所有人都是治港人選，必須愛國愛港。然後他也講了，在這樣一個基礎上，「左中右」都要照顧。但是現在香港的反對派中總有人曲解鄧小平的話，認為鄧小平講「左中右」都要照顧，好像「左」就是認同國家的，「右」和「中」是可以不認同國家的，他們也可以作為管理者，這就錯了。鄧小平講的是「左中右」都要有愛國愛港的基礎，基礎是共同的，不分「左中右」。不愛國不愛港，怎麼還能管理香港？這是過去沒有講清楚的問題，我覺得現在要好好講清楚。

我想香港不能為了發展民主制度而發展，如果愛國愛港者不能在制度中佔主導，相當於把管治權拱手相讓了，發展到最後反而把「一國兩制」給葬送了。所以香港要循序漸進地發展民主制度，條件滿足了再「進」，條件不成熟不能「進」，而不是說沒有任何約束條件就不斷地「進」，否則很容易掉到坑裡面去，那還了得？

吳：香港問題有深刻的歷史原因，如果要等到條件滿足，就像你說的「左中右」都有了愛國愛港的基礎，屆時會不會距離鄧小平所說的「五十年不變」的「大限」也就不遠了？

駱偉建：我個人覺得不用擔心這個問題。鄧小平說的「一國兩制」五十年之後的變或不變，一定有個前提條件，就是五十年內「一國兩制」要成功，成功了就不會變了。我不是說愛國者要在治港隊伍中佔據 100%，而是說以愛國者為主體。經過不斷的努力，假設過了十年或者十五年，香港社會的主流都認同中央政府、認同這個國家，選民也有基本正確的政治價值取

向，如果能做到這麼好的話，那就符合鄧小平講的「一國兩制」在五十年裡是成功的，「一國兩制」就不是五十年不變了，一百年也不用變。

反過來講，如果「一國兩制」在五十年內不成功，甚至香港出現動亂，那就不光別想五十年後不變了，按照鄧小平講的，不用到五十年就改了。所以「五十年不變」是有條件的，不是一個絕對的概念。如果大家真的希望「一國兩制」五十年以後也不變，那就好好地把「一國兩制」搞成功，國家的主權、安全得到保護和發展，特區社會穩定，經濟繁榮，一百年都可以不變。所以要循序漸進地發展香港的民主制度。

當然我們還可以繼續討論：用什麼樣的指標來判斷「一國兩制」的成功與否？以澳門為例的話，我覺得基本前提就是愛國愛澳者為主導，也不是說讓澳門社會完全沒有反對派。現在澳門立法會議員裡面也有反對派，這個可以有，但是主導權還是要掌握在愛國者手中，這樣民主制度就可以往前發展。

吳：你剛剛談到了很多關於鄧小平的論述，正如你在〈香港特區的政治體制是行政主導而非三權分立〉開頭所言，香港基本法起草期間，在如何設計特區政治體制上，有一種意見主張照抄照搬西方模式的三權分立。針對這個問題，鄧小平在會見香港基本法起草委員會委員時明確指出：「香港的制度也不能完全西化，不能照搬西方的一套……現在如果完全照搬，比如搞三權分立，搞英美的議會制度，並以此來判斷是否民主，恐怕不適宜。」鄧小平有關香港的論斷，被認為是高瞻遠矚，

前不久林鄭月娥亦首次引用鄧小平在 1987 年會見香港基本法起草委員會委員時的一段重要講話。作為基本法起草的參與者，你怎麼看鄧小平當年對於香港未來政治制度的設想？為何鄧小平當年會堅定認為資本主義下的香港不能搞三權分立？

駱偉建：我們也是在不斷的學習和理解中，甚至因為在實踐中出了一些問題再去反思的時候，才慢慢體會到鄧小平的偉大。現在我們回過頭反覆看他的論述，我覺得他當年提出香港不能搞三權分立主要有這麼幾個原因：

第一個原因：我覺得今天在研究「一國兩制」、研究基本法的時候一定要強調，「一國兩制」是中國特色的制度，這個是非常重要。現在很多香港人把「一國兩制」等同於資本主義制度，如果完全是資本主義制度，照着西方那一套做不就完了嗎？鄧小平從來不這麼看，他一直強調「一國兩制」是中國首先提出來的，不是美國人提出來的，也不是英國人、日本人，當時還講了也不是蘇聯提出來的，這是什麼意思？他就是在強調「一國兩制」是中國的特色，是中國本土化的一種制度，這是我們看待「一國兩制」必須要明白的一個出發點。

鄧小平強調「一國兩制」是中國的特色制度，是西方沒有的，既然西方沒有解決「一國兩制」的辦法，那麼西方那一套現成的制度就不能直接拿來用。直接拿來用不就錯了嗎？不就水土不服了嗎？這就像中國搞社會主義革命一樣，一開始照搬蘇聯，在中國社會就行不通，還是回到從中國實際出發，才找到了解決問題的道路。所以鄧小平會反覆強調「一國兩制」的

本土性。

　　所以我們今天從方法論的角度來講，一定要先強調這一點，不強調這一點，我們就站不到理論的高度上去。「一國兩制」是中國特色的制度，西方的制度充其量就是個借鑒，所以鄧小平講的不是照搬，而是借鑒。但是借鑒就要有前提條件，適合我的才借鑒，就像鞋一定要適合我的腳。

　　舉個簡單的例子：按照西方的民主理論，行政長官選舉結果出爐就自動當選了，而基本法規定行政長官選舉出來後還要中央政府任命，全世界都找不到一樣的做法，西方的政治理論解釋不了這種制度安排。但是用「一國兩制」就可以解釋，因為香港特首選舉是一場地方選舉，選出的行政長官既要對香港負責，也要對中央負責，這樣中央政府才能任命你。如果中央不能信任你，怎麼保證你對中央負責？這就是中國特色，所以不能照搬西方的制度是有道理的。香港一些反對派整天鼓吹什麼「普世價值」、什麼「世界標準」，說什麼行政長官選舉完了就不應該再加一個中央任命。如果真那樣做的話，就沒有「一國」了，還搞「兩制」幹什麼？

吳：中國政治體制最大的特色之一就是有一個強大的中央政府，這是中國的政治傳統和文化所決定的。鄧小平當年之所以能那麼堅定地認為資本主義下的香港不能搞三權分立，可能正是着眼於香港維持的資本主義制度並不是和西方完全一致的資本主義，香港的資本主義制度在某種程度上已經是結合了中國特色的資本主義，具體到香港就是行政主導，讓特首保有絕對

的權力。

駱偉建：對，這就是中國特色。香港的特首選舉既要考慮民意，也要考慮中央的要求，這兩點結合起來就是「一國兩制」的制度特色。這是我要講的第一個原因。

第二個原因，鄧小平一直強調做什麼事情一定要從實際出發，不能脫離社會實際。港英時期的香港就採取了總督制度，鄧小平講了，香港一百年來也沒有搞英國、美國的制度，不是照樣過得很好嗎？香港的繁榮穩定不就是在當時的總督制度基礎上形成的嗎？為什麼回歸以後要照搬西方呢？鄧小平的這句話實際上是從歷史角度講的，就是要我們尊重香港原有的歷史。這段歷史同時也是今天的現實，這是他認為香港不能搞西方的三權分立的第二個原因。

第三個原因，香港的現實仍然有這個需要。搞「一國兩制」，中央要領導地方，怎麼領導？中央政府能領導香港立法會嗎？立法會的運作模式是集體決策，你不可能找一個立法會主席來對中央政府負責吧。即便你讓立法會主席負責，他手中就這一票，其他議員不同意他也沒辦法，中央能叫他負責嗎？很簡單，沒法負責。中央政府能不能叫法院院長就司法問題對中央負責？也不可能，法官是獨立的，就只管審判。這些都是制度設計與制度結構決定的。既然立法會不能負責、法官不能負責，那總要有一個角色對中央政府負責吧，那當然就是行政長官了。行政長官是一個人組成的「機構」，這才有利於對中央政府負責，這就是行政主導的現實需要。

　　所以我覺得鄧小平從中國特色、從香港原來的歷史、從現實的需要三個方面考慮，堅定地認為香港不能採取三權分立，只能建立屬於中國自己的「一國兩制」下的政治制度，那這個制度就是行政長官主導的制度。這是我的理解。

吳：你在 2019 年接受媒體訪問時表示，民生改善有利於保持社會的穩定、避免爆發社會運動，這是被澳門「一國兩制」二十年實踐證明的一條規律。澳門特別行政區成立以來，有兩次造成警民衝突的遊行示威都與經濟低迷、失業率高、民生困境有關。2014 年至 2016 年出現經濟波動調整時，由於民生並未受到實質影響，社會仍然處於相對穩定的狀態。

　　雖然香港國安法終於落定，但香港的挑戰仍然很嚴峻。自修例風波發生以來，我們一直在談香港的深層次結構性矛盾，這才是化解香港困局的關鍵和治本所在。你怎麼看香港國安法之後香港的全面改革？具體層面以及着力點是什麼？推動全面改革面臨的最大挑戰是什麼？澳門的經驗，對香港有怎樣的啟示？

駱偉建：我的看法是，我們解決問題，包括提出解決問題的辦法，還是要尊重實際，就是你不能夠想像一個總體的方法論。

　　我之前講過，澳門社會曾經的主要矛盾就是兩個：一個是社會治理（治安），另一個就是經濟低迷。澳門人對待回歸是沒有問題的，澳門人是喜迎回歸，所以不存在國家認同等其他問題。所以抓住這兩個主要矛盾，問題很快就解決了，造就了澳門二十年多年來經濟持續發展的局面。因為經濟發展了，就

有條件改善民生了，老百姓在發展中得到實際利益，反過來又鞏固了澳門人對「一國兩制」的認同、對國家的認同、對中央的信任。是先搞好了經濟然後反過來鞏固了政治，政治的鞏固又有利於解決一些社會問題，同時促進經濟發展，形成了這樣一種正向的循環。

今天我們也要準確分析，香港當下的主要矛盾究竟是什麼？是經濟嗎？經濟的確存在問題，主要就是貧富差距。但這是目前香港的主要矛盾嗎？

我的看法是，現在香港的主要矛盾在政治方面。政治是所有問題的根源，如果政治問題不解決，我相信香港的經濟沒法解決。無論是「抗爭派」也好、「港獨」派也好、反對派也好，現在是用一切政治手段阻礙香港經濟的發展。很簡單的一個道理：要發展經濟，一定需要搞各種各樣的動作，但所有與經濟有關的議案最後幾乎都被立法會否決了，那還怎麼發展經濟？大嶼計劃要否；港珠澳大橋也想過要否；融入國內發展的大灣區規劃也要否，你說怎麼發展經濟？現在的主要矛盾不是政府不想發展經濟，不是工商界不想發展經濟，是搞政治的人通過政治手段限制了香港經濟的發展。那你說，政治問題不解決，怎麼發展經濟呢？

所以我個人覺得現在香港社會要先解決政治問題，解決好管治權的問題，才能集中精力搞經濟。政治是解決香港問題的一個很重要的抓手，或者說一個出路。現在有人說先來解決經濟問題，我覺得不現實——假設反對派的「攬炒」計劃在立法會裡面的支持者超過半數，你還能搞經濟嗎？政府所有的預

算案都被否決，那特區政府還怎麼搞？所以當務之急是要讓香港市民明白，今天你在政治上不給愛國愛港者投一票，你就不要想改善經濟、改善民生。都要「攬炒」了，怎麼改善？

　　現在香港已經走出第一步，即填補國家安全性漏洞，這就是先解決政治問題。下一步我的看法是要解決管治權的問題，讓管治權牢牢掌握在愛國愛港者手裡。然後第三步才能夠集中精力去解決經濟問題，包括香港的經濟結構調整與升級，必須充分利用國家這個堅強後盾，發揮「兩制」的制度優勢。現在反對派就是不讓你用這個後盾，把什麼東西都封起來，疫情來了要直接封關，還說什麼所謂的「去內地化」。我不相信香港的經濟發展與內地脫鈎後還能持續。

　　如果不要講政治，咱們就理性點，講經濟規律，講講經濟發展的條件。難道香港不需要與內地合作嗎？但是你一說合作，他就跟你講政治，說合作了香港就被「內地化」了，香港「內地化」就是不行，就是這麼一種邏輯。所以我覺得要解決好國家安全問題、解決好愛國愛港者佔主導問題，然後順利解決經濟發展問題才可行。

　　而且實事求是地講，現在所謂的「攬炒派」，大部分都不是窮人。「攬炒」支持者裡中產階級佔了多數，他們經濟有困難嗎？沒有困難。你說要解決經濟問題，他有解決經濟問題的強烈意願嗎？沒有，他們要解決的是政治問題，是他們的奪權問題，絕對不是經濟問題。

　　所以我們一定要具體情況具體分析，不能隨隨便便使用抽象的理論說解決經濟問題就解決了政治問題。這個理論通常來

說是對的,但是在特定的條件下,恰恰可能政治才是主要矛盾,那就需要抓住主要矛盾去解決。

吳:先解決政治問題,再解決經濟問題,你預測解決問題的整個週期會持續多久?現在香港社會有很多擔憂的聲音,再加上中美之間越來越陷入全面對立,這個過程大概會持續多久才能回到像澳門那樣的「正循環」裡去?

駱偉建:我認為首先要看中央政府解決問題的力度。我相信中央解決完國家安全問題、解決完這一次立法會選舉的問題之後,我覺得下一步會很快啟動所有的經濟計劃。但是如果這一次立法會選舉「攬炒派」佔了多數,那我想什麼時候把這個問題解決了,什麼時候才能開始討論恢復經濟,否則就沒有可能。

所以我覺得香港市民真的要為自己的前途好好考慮,你要為你投出的一票承擔後果,如果選擇錯了,你的生活水平下降就不是短期的所謂「陣痛」了,可能就要持續很長一段時間,所以我覺得大家要理性考慮這個問題。三十多年前鄧小平就有氣魄講主權問題不容討論,三十多年後中國政府怎麼可能容許有人再來質疑國家主權問題?反對派想要奪取管治權,我是不相信的,我覺得他們也沒有這個能力。他們現在幻想一些西方國家所謂的制裁,我覺得也不要高估了西方,如果真能制裁的話,就不是今天這樣光是耍耍嘴皮子而看不到實際效果的局面了。

當然,我也不知道西方國家下一步會怎麼辦,但至少不會

完全採取他們所聲稱的措施，因為那些措施對他們自身也有損害。他們傷得起嗎？政治是講現實的，香港不可能離開中國，歷史已經證明了。香港曾經的繁榮離不開扮演西方與內地之間的中介、橋樑的角色。今天中國開放了，橋樑功能肯定是削弱的，那就需要融入國家發展才能讓香港自身得到最大限度的發展。大家共同努力，香港好了國家就好了，國家好了香港就好了，這就是鄧小平講的共同發展，這才是出路。

鄧小平講「一國兩制」怎麼才能成功？「一國兩制」的成功就是讓各方利益都得到滿足，不可能說只有一方利益得到滿足，另一方不滿足，那就不叫「一國兩制」了。今天「一國兩制」能不能成功也要這樣判斷：既要讓國家的利益得到滿足，也要讓香港的利益得到滿足。有些人幻想太多，脫離實際，光顧着盤算自己的力量而忘了今天中國的國力，光顧着想像西方所謂的干預力量，這都是不現實的。我在這方面對中國充滿信心，雖然也會遇到一些挑戰，但這些都會過去的。

香港是中國走向世界的重要試驗場

 陳端洪

北京大學法學院教授、博士研究生導師

📅 2020 年 8 月 　　　 📍 北京

訪談手記

　　從修例風波到新冠肺炎疫情，香港在過去一年多的時間裡，經歷了前所未有的內外大變局。尤其是香港國安法在短短幾個月落定後，來自英美等國的強力制裁接踵而至，香港內部不少悲觀的聲音時時湧現。香港未來向何處去？推遲一年舉行的立法會選舉帶來了怎樣的確定性和不確定性？全面管治權會否最終導向港人憂心忡忡的全面干預？中美「新冷戰」的大背景下，香港如何扮演中國走向世界進而與資本主義國家打交道的試驗場？2020 年 8 月，筆者在北京見到了陳端洪，圍繞這些問題展開對話。陳端洪教授主要研究領域為憲政原理，並長期關注香港問題，現任第五任全國人民代表大會常務委員會澳門特別行政區基本法委員會委員。陳端洪雖然對香港當前的亂局表示憂慮，但他同時也強調，香港是中國的幸運，蘇聯就沒有一個香港，因為香港是中國走向世界的重要試驗場。

香港的歷史拐點被反對派耽誤

吳：在全國人民代表大會常務委員會通過《關於香港特別行政區第六屆立法會繼續履行職責的決定》後，香港立法會押後選舉、延長任期一事總算是塵埃落定，現任議員應該得以全體留任順利過渡。無奈抗爭派不斷鼓吹「總辭」倡議，企圖要求其他溫和泛民主派議員一起放棄席位，他們聲稱相關決定是專制政權想要營造議會存有反對聲音的假像，故此留任等同協助捍衛不公制度。

在政治猜忌攻訐頻繁的現實下，香港推遲立法會選舉，雖然有新冠肺炎疫情反彈的現實壓力，但不少人還是質疑這樣的安排或有政治計算，也有人指摘建制派因害怕大敗而迫使政府押後選舉，還有觀點認為中央在爭取時間「清算」抗爭派。對於立法會選舉押後的安排，你怎麼看？

陳端洪：在民主社會，押後選舉確實是大事，因為會限制選民投票的權利，當然，這是一個時間性的限制。押後選舉也有很多種情形，有些情形會變成歷史醜聞，比如歷史上的長期國會等，但也有一些情形是可理解、可接受的。關鍵要看兩點：第一，押後選舉的理由是不是正當的、充分的；第二，押後選舉是不是能夠及時回到正軌，恢復選舉。香港這一次押後選舉，疫情作為一個客觀的因素，是無可否認的事實。為了公共健康和安全押後選舉，這個理由是完全正當的。至於能不能及時恢復，要看明年的具體情況，因為疫情究竟會持續多長時間誰也說不清楚，但我相信明年大概率會如期進行選舉。

對於這樣的押後決定，不可避免會有一些說法出來，也就是你說的政治計算、擔心建制派大敗，以及爭取時間「清算」抗爭派等。我覺得這些指控和輿論是誅心之論，沒有證據。但是，換一個思路來理解，我覺得有一個現實的問題需要釐清，就是香港究竟是否存在顏色革命的風險？戴耀廷講的「十步攬炒」，是不是有可能一步步推進，然後變成現實？如果眼看着他一步步逼近，或者眼見顏色革命發生，特區政府和中央政府有什麼辦法？從去年的區議會選舉開始，「攬炒」已經不是搞暴力，而是披上了合法的外衣，是鑽進你的肚子裡，就像孫悟空鑽到牛魔王肚子裡一樣，是要在肚子裡大鬧，這種情況下怎麼辦？怎麼區分合法的反對者和真正的破壞者？這個問題是不可迴避的。

吳：你提到合法的反對者和真正的破壞者，按照這個思路，是不是可以說中央目前對於反對派其實是有區分的，具體是怎樣的？

陳端洪：這是我們從理論上這樣講，不代表任何人或組織。是不是要區分反對派，首先是特區政府層面的事情，中央政府一般並不直接面對這些反對派，但並不是說中央政府就不需要考慮這個問題。這裡說的合法反對者，指的是 legitimate 的反對者，不僅走合法程序，而且根本目的不是要搞爛香港。真正的破壞者也可能走合法程序，但其目的是破壞性的和顛覆性的。

現在香港一些聲音會問，接下來一年會不會「清算」抗爭派？這個問題其實也很簡單，就是四個字：依法辦事。因為香

港國安法已經正式實施了，違反國安法的人自然會被懲罰。這
與清算抗爭派沒有關係，犯罪是個法律問題，不是個政治問
題。你不犯罪，那怕什麼？怎麼清算？所以香港不存在政治清
洗，只存在依法辦事。

吳：的確，過去很多年過於「政治治港」，現在亟須回到「依
法治港」的軌道上來，也就是依法辦事。不少人認為，隨着香
港民心民意的變化，即便不押後選舉，反對派也未必能在立法
會選舉中獲得過半議席，同時還要看到，去年區議會選舉是建
制派慘敗。當然區議會選舉到現在的立法會選舉期間，又發
生了很多變化，包括外部的、內部的，這個週期裡的諸多變
化，最關鍵的是什麼？對中央來說，押後選舉的確定性和不確
定性又是什麼？

陳端洪：因為選舉推遲了，所以以往的各種猜測和對於選情的
預測都無法驗證了。不過目前不妨以區議會選舉到人大通過決
定之前這段時間為週期來看，最大的變化是什麼？我認為最大
的變化應該是香港市民意識到，香港的利益不可能與國家完
全割裂、對立起來，尤其是在美國的強力制裁之下，香港市
民會越來越有政治現實感。你說最大的確定性和不確定性是
什麼？我想最大的確定性就是選民會更現實，不會那麼烏托
邦。很簡單，碰到這麼多問題，日子這麼難過，誰有本事解決
當前的問題我選誰，不是誰把戲唱得更大我選誰。而最大的不
確定性，我認為是投票率。原來有一種預測認為，立法會選舉
的投票率會高於區議會，甚至會被推得很高。但延期之後，選

民對於參與選舉的興趣會不會降低？我的推測是明年選舉的投票率可能會下降。所以未來的選情會怎樣，作一個客觀的分析，或者從香港參選者或者參選政團的角度來作這個分析是必需的，但有一點必須要講清楚，選情如何並不是中央做這個決定的目的和動機。

吳：你提到了政治現實感和低投票率。回看香港回歸前，港人其實是政治冷感的，因為在當時特定的歷史條件下，港人參與政治的渠道很有限，所以一直以來，港人都被認為是「經濟動物」。可隨着回歸的臨近，香港產生了不少「突然民主派」，很快成了「政治動物」。回歸之後，香港相對平穩的時期都是「經濟動物」壓倒「政治動物」的，但最近這些年，尤其是修例風波的爆發，「政治動物」徹底壓倒了「經濟動物」。

陳端洪：在香港回歸之前，港人突然變得熱衷於政治，這是很自然、很正常的。回歸以後，香港在政治上的問題在於：一是太過敏感，什麼東西都變成政治，最終走向泛政治化；二是防範意識太強，動不動就對着中央，對着羅湖橋以北。自回歸以來，港人整體上有一個防範心理，就是我要跟你保持距離，我要跟你區隔開來。至於你說的「經濟動物」和「政治動物」，香港政治裡面的經濟理性和政治熱情其實是結合的。怎麼說？我有時候把香港的自由主義稱為自我中心的自由主義，每個人都是，包括反對派、建制派，都是從自我出發。每個人只算自己的賬，是用經濟理性來算政治賬，玩的是政治遊戲，但做的是經濟生意。也是因為這樣，所以投機者居多，香港長遠

的、根本的、整體的利益沒有幾個人關心。2015 年普選的投票，就典型地反映了反對派每個人都在算自己的賬，如果他們為香港算過總賬的話，必須要投贊成票。

吳：2015 年普選方案被離奇否決，香港因此錯失了一個重要的機會和歷史的拐點。在國安法之前，各方普遍認為這個「歷史的拐點」可能很難再出現了。不過國安法落定後，一些人認為，國安的漏洞已經堵上了，那是不是有重啟政改的可能性了？而且有這樣一個遠景目標在，也可能有利於安撫處於迷茫和無力感中的港人。

陳端洪：重啟政改這個話題 2015 年以後就一直有人提及，香港國安法推出後，這個問題又被提了出來。目前，確實需要思考怎麼扭轉香港的政治生態，讓大家覺得有盼頭。是不是用普選作為一個橄欖枝，把香港社會啟動？我覺得這裡面有兩點一定要注意。

　　首先，2015 年錯失良機，香港反對派要承擔歷史責任。這就是我為什麼說香港的自由主義是自我中心的自由主義，但凡有點集體理性，他們當時都應該投贊成票。如果當年政改通過，香港 2017 年就是行政長官普選，然後就是立法會普選，政治的主題就變了。普選意味着，年輕人可以通過廣泛的、普遍的選舉來表達訴求，而不是走上極端的暴力抗爭的路。這個機遇是被反對派耽誤甚至是葬送的，我跟香港一些人早就講過這些話，整個政治生態的轉化在那個點是最好的，因為當時香港年輕人還沒有這麼極端，所以真的是錯失良機。

其次，什麼時候搞普選，這是需要社會條件的，香港社會目前實際上還處在一個危機時期，不是一個正常狀態，所以我個人認為推動普選也要有一個恰當的時間點，現在不是當務之急，也不是說光有一個國安法就行。現在國際和香港內部的形勢還有很大不確定性，即使普選也帶不來什麼好東西，只會帶來更大的不確定性。

吳：長遠來看，政改還是終極目標，只是現在條件確實不成熟。而且香港實現普選，對中國來說，也有很強的符號意義，因為這是中國除台灣地區外唯一真正施行普選的地方，是一個窗口。

陳端洪：基本法上寫得死死的：最終實現普選。坦白說，中央從一開始就沒有反對普選，而且是在積極推動的，搞成了而且不出亂子中央也省事，誰願意出亂子？亂了大家都要花成本，就像誰都不願意得病一樣。得病了沒辦法，投入血本也得治。

全面管治權不等於全面干預

吳：香港國安法推出後，人們都注意到一個變化，特區政府似乎明顯比原來硬氣了，林鄭月娥也開始引用鄧小平的說法了。《人民日報》不久前一則銳評就寫道：「連日來，面對美國氣急敗壞的制裁、虛張聲勢的施壓，香港特區政府官員的回應擲地有聲、鏗鏘有力，香港輿論場形成了譴責美方霸權主義

行徑的強勁聲浪……中國有句老話，邪不勝正。橫遭世界最強權國家的無恥要挾，特區政府官員自始至終鐵骨錚錚，正氣凜然。這是因為，在中國的土地上維護國家安全天經地義，在自己的崗位上守衛香港福祉理所應當，根本沒有什麼可擔心的。」

如果把視線拉回到修例風波期間，特區政府的「諸多問題」都成了各方輿論口誅筆伐的對象，你怎麼看特區政府從修例風波到香港國安法落定後的變化？一直以來，特區政府都被認為是很好的執行者，是很好的「公務員」，但缺少政治家的戰略思維和決斷力。接下來，面對香港迫切的改革需要，特區政府能否擔起重任、更好地發揮主導作用？

陳端洪：外界一直有一個說法：「香港沒有真正的政治家」。其實也沒有辦法苛求他們，因為政治是需要舞台的，有大舞台才會有真正的大政治家。回歸前港人並不是政治的主人，直到上世紀八十年代，香港才開始搞一點選舉，有什麼政治舞台？只不過是當時政治裡面的小職員，高官都做不了，規規矩矩、老老實實打好工就好了。至於為什麼從修例風波到香港國安法出台，林鄭月娥本人會有這麼一個轉變？我覺得有兩點。其一，人是需要事情去鍛煉的，經歷多了，自然而然應對危局的能力和定力就會有所提升。其二，什麼叫政治？政治最根本的就是區分敵友。什麼叫國家安全？國家安全法就是鑒定國家敵人的法，隨時有敵人隨時用，是防範敵人的。所以香港國安法一出來，這個界限就明確了，特區政府的底氣也就足了。國安

法之前，這個界限究竟在哪裡？有各色各樣的對抗行為和群體，怎麼去界定？去年修例風波整個事情怎麼定性？特區政府是說不清楚的，模糊得不得了，盡可能避免定性。現在有了國安法，就不一樣了。

吳：基於特區政府政治能力的不足，再加上香港亟待撥亂反正的現實，很多聲音認為，接下來中央可能進一步加強全面管治權，這樣的話，香港的高度自治權必然會受到限縮。眼見香港如此，台灣也在擔憂「今日香港，明日台灣」。

陳端洪：過去大家習慣於把台灣和香港的事情並談，我覺得還是應該分開來說。台灣局勢究竟會怎麼樣，這個現在不好說。我不是台灣問題專家，盡可能不談。我覺得有一點必須要糾正：關於全面管治權，香港社會的理解和北京官方的界定是有很大差別的，你看白皮書是怎麼界定的。可是人們只看全面管治權的字面，產生了一些誤解，好像全面管治權等於全面干預。不是這樣的。全面管治權指的是主權意義，就是權力本來就是我的，回歸了嘛！但究竟具體的管理由誰來做，基本法寫得明明白白的。在理論上，有對應的一組概念：一個是制憲權；一個憲定權。所謂制憲權，是我製造一個政治單元，賦予你一個制度。這個權力是中央的，給你多少權力，這是由中央來決定的，全面管治權的核心含義即在於此。而憲定權則是憲法文件裡面對於你幹什麼、我幹什麼的規定，香港的高度自治權是在這個範疇內的。授權之後，也就是基本法確定後，需要依法進行，是有規矩的，不能隨便越界。

　　具體到香港國安法，推出該法並不表明中央對香港是全面干預的，完全是兩回事。設立國安公署，只管涉及國安問題的案件。至於香港的社會政策、民生等問題，還是由香港自行處理。台灣如果回歸，會用什麼模式？這個問題我不想去猜，因為太複雜了。是不是以戰爭形式收回，很大程度上不是取決於台灣，而是取決於美國。

吳：對中央全面管治權進一步加大的擔憂只是其中之一，某種程度上來說，這種擔憂是帶有慣性的，從港人的角度看也是可以理解的。不過放在更大範圍去思考香港問題，從修例風波到全球疫情大爆發，香港自身的「小氣候」和整個國際的「大氣候」發生了很大變化。回過頭再來看，什麼才是香港問題的主要矛盾？因為這裡面有很複雜的、多種因素的參半：既有國際的，也有香港內部的；有現實的，更有歷史遺留問題。

陳端洪：我認為香港的根本問題，是在國家認同上面。社會的根本撕裂點也在於此。香港社會有一部分人反中、反共，這個根早就有了，不是今天才有的。回歸之後這個根沒有拔掉，而且還發了新芽，在特殊的體制下面，特別是在教育體制和政治文化下面，實現了代際傳遞，很多年輕人被培養成了對抗者，這是最麻煩的事情。從國教事件開始到後來的「佔中」，再到去年的修例風波，年輕人越來越政治化，包括很多青少年，採取非理性的對抗。所以香港的撕裂，不是一般講的階級矛盾、貧富分化，真正的撕裂其實是在國家認同上。而且最糟糕的是國家認同危機正在急速蔓延，影響着新一代年輕人，這

是一個很值得反思的問題。因為未來是屬於年輕人的，老人註定要被淘汰、要退出歷史舞台。就像去年這麼多年輕人上街遊行，那麼未來香港是誰的？這些年輕人將來的心態怎麼辦？怎麼樣把他們調整過來？這是很棘手的。

行政主導還是三權分立？

吳：提到特區政府的主導作用，就不得不談談香港目前的政治體制。澳門大學駱偉建教授日前針對香港政治體制在《香港01》發表一篇文章〈香港特區的政治體制是行政主導而非三權分立〉以正本清源。其實關於香港的政治體制，外界一直有不少爭議，最大一次爭議應該是在 2015 年，時任中聯辦主任張曉明直言，香港政治體制是中央政府直轄下的行政長官為核心的「行政主導」，從來不實行「三權分立」，特區行政長官具有超然於行政、立法、司法三個機關之上的特殊法律地位，處於特區權力核心位置。張曉明此言道理上說得通，但在輿論場引起激烈爭議。

我們知道，「行政主導」一定程度上延續了港英時期的模式，為的是政治穩定和強勢管治，但香港的政治現實是政治亂局和行政弱勢。從歷史和現實兩個維度，該怎麼理解這裡的「強」與「弱」？為何過去這麼多年，香港的行政無法真正起到「主導」作用？

陳端洪：制度設計上，中央的意思一直很明確，就是行政主

導。香港社會習慣於講權力分立，從判決到教科書，到一般政
治話語，主流都是講權力分立。我們要注意這兩套話語：一個
是中央話語，一個香港話語，兩套政治話語是不一樣的，這是
一個事實。你說行政主導延續了港英時期的模式，或者說，
很大程度上借鑒了港英的總督制，我覺得這兩個東西沒辦法
比。我問你，港督從哪裡來的？

吳：英國女王任命的。

陳端洪：對。特首又是怎麼產生的？兩個是完全不同的事
情，根據不一樣。港督是女王派到香港管殖民地的，被殖民的
港人就是「一群羊」。所以港督的心態是，我根本不是你們當
地選舉產生的，我只對女王負責，你們怎麼制約我？但特首是
當地選舉產生的，需要對本地負責，重心是不一樣的，這是一
個區別。再看政治制度的設計：過去是沒有選舉的，雖然有
個立法局，但過去的立法局並不是由選舉產生的，誰聽我的
話、誰對我有用，我就委任誰，所以也就不存在立法局來制約
行政權的問題。此外，法官怎麼來的？不是英國人就是原來
的殖民地裡搞普通法的人，法官和總督在政治認同上是一致
的，不存在根本政治認同的差別。現在很多人問，為什麼過
去能強勢起來，現在就強勢不起來？不搞選舉政治就沒有政
黨，搞選舉政治就會有一堆政黨、政團，就要去面對。所以後
來的行政主導為什麼搞不起來？為什麼行政長官沒有一個是強
勢的？這與個人因素有關，但最根本的還是體制原因，香港這
樣的體制出不來政治領袖，這是由香港整個政治文化決定的。

吳：在「一國兩制」下，特區政治體制作為一個地方層面的制度需要與國家層面的制度銜接，處理兩種權力關係：一是中央與特區的權力關係；二是特區的行政、立法和司法權力關係。兩種權力關係中，中央與特區是領導與從屬性質的關係，行政與立法、司法之間是平行的關係。香港回歸二十三年了，這兩種權力關係處理得並不令人滿意。學者鄭永年曾公開表示，就香港權力結構來說，立法方面只有不到一半的權力可以說屬於行政當局，並且這一半權力還是通過建制派而達成。行政當局對司法則完全沒有權力，整個司法系統幾乎仍然掌握在「隱居」起來的「港英當局」手中。即使是行政系統，除了特首，也是從港英當局「整體」接收而來。你怎麼看這兩種權力關係在現實政治中的問題？

陳端洪：鄭永年的說法尖銳但不一定準確。比如說立法權，他說只有不到一半的權力屬於行政當局，我覺得不能用一半或者不能用數字來表達。是的，政府有提案權，行政長官有簽署權。法律簽署權多半是形式化的權力。你去看，不管是地區層面還是國家層面，立法過程往往吵得不可開交，可一旦立法機關通過了，有幾個被否定的？提案權是實權，但能不能成為法律還是取決於立法會；2003 年第二十三條立法也提了；「8·31」之後的政改方案不是也提了嗎？

吳：結果是通不過。

陳端洪：對呀。整體來看，「一國兩制」的制度設計裡面有很

多兩難，或者說存在很多悖論。當年鄧小平想平穩過渡，什麼叫平穩過渡？公務員系統，基本都是原班照收，跟共產黨打天下重組班子能一樣嗎？想要平穩過渡，事先中英雙方都要達成一些共識，要通過很多「不變」的承諾給香港人定心丸。此外，香港想搞普通法，保持原有的法律不變，誰來操作？律師還是不是那些律師？法官還是不是那些法官？或者說法官的供給渠道還是不是一樣的？再看金融中心的定位，當年想要保留，而且要做大做強，作為國際金融中心的香港能避免香港問題國際化嗎？外國干預能避免嗎？避免不了。所以是個兩難，除非你不要那些好處，不然就要承擔好和壞兩個方面結合在一起的後果。

修例風波發生後，很多人反思說因為香港沒有完成去殖民化。回歸至今，沒有哪個官方文件說過要去殖民化。不管是建制派還是反對派議員，有幾個把去殖民化掛在嘴邊？官方當時的說法，就是要保持原有生活方式不變、原有法律基本不變，這就意味着很難真正地去殖民化。很多殖民化的東西，好的因素和壞的因素是結合在一起的，所以在看待「一國兩制」時，需要辯證地看，不能簡單化，更不能因為一些事情就把「一國兩制」正面的、好的東西給抵消掉、否定掉。

吳：意思是，從一開始，在香港去殖民化就是不現實的？

陳端洪：對，因為「一國兩制」本身要保持很多「不變」，你能把這個叫作去殖民化嗎？

吳：這確實是個悖論，最終形成了兩套話語和邏輯，該怎麼破局呢？因為香港問題的最終解決，需要依託於去殖民化，可「一國兩制」本身似乎又在維持着、合理化着殖民統治那一套。

陳端洪：其實基本法是給了一個底線的，也就是第二十三條。可香港一直無法完成立法，這個底線就沒劃成。所以香港的問題會越來越嚴重，後來演變成修例風波這樣的局面。最終香港國安法推出，主要就是劃清楚了底線，這個法的功勞在這裡。是不是不要「一國兩制」了？不是的。這個「悖論」一定要留着，為什麼？因為中國是社會主義國家，具體實踐着資本主義的香港，是中國與世界、與資本主義溝通的橋樑。也就是說，在中國現行制度和體制下，在中國的領土範圍內搞一塊資本主義試驗田，這實際上是一個非常高明的制度安排，也是好的歷史機遇。這個地方不能破壞掉，「一國兩制」不能破壞掉。鄧小平說五十年不變，五十年之後不需要變了。我認為不是五十年的事，而是一個長期的事情，因為中國註定要與資本主義國家共存，現在如果連香港的問題都解決不好，那以後怎麼和資本主義國家打交道？所以我認為，香港是中國走向世界、跟資本主義國家打交道的一個重要試驗場。

吳：中國接下來面臨的核心問題，就是如何走向世界，如何跟資本主義國家打交道。

陳端洪：社會主義和資本主義「鬥」了這麼多年，其實是互相需要的關係。資本主義沒有社會主義的對照和批判，資本主義

也完蛋。同樣的，中國如果沒有香港也不行，這是中國的幸運。我認為，中國和蘇聯命運的差別，雖然是很多因素決定的，但其中一個很重要的因素，便是香港。

吳：蘇聯沒有一個香港。

陳端洪：蘇聯怎麼搞資本主義？只能要搞就全搞——所謂的休克療法。中國學資本主義不需要休克療法，可以一步步來。有香港搞資本主義，然後，在它邊上搞個深圳作為改革試驗田。

香港保衛戰背後的持久戰

吳：雖然香港國安法終於落定，但香港的挑戰仍然很嚴峻。自修例風波發生以來，我們一直在談香港的深層次結構性矛盾，這才是化解香港困局的關鍵和治本所在。你怎麼看國安法之後香港的全面改革？具體層面以及着力點是什麼？推動全面改革面臨的最大挑戰是什麼？

陳端洪：究竟什麼是香港的深層次矛盾？有人說貧富差距，有人說住房問題，有人說是教育，有人說年輕人的上升空間和發展機遇等，到現在也沒有一個統一的說法。深層次結構矛盾能解釋去年的修例風波嗎？我不認為深層次結構矛盾可以解釋修例期間年輕人的行為。而且，深層次結構矛盾也解釋不了去年的區議會選舉。修例風波的本質，是國家認同的問題，並不是

年輕人上不了樓，也不是貧富差距。香港有沒有這些問題和深層次矛盾？肯定有，深層次矛盾每個國家和地區都不同程度會有。但香港最突出且最根本的，還是國家認同的問題，這是需要長期努力才能改善的問題。

香港的當務之急是什麼？是在如此惡劣的國際環境下保住國際金融中心地位。保不住國際金融中心地位，「家」窮了，改什麼都麻煩。現在很多的做法其實都是圍繞着怎麼保住國際金融中心地位在轉，具體有哪些政策調整現在還不確定，不過有一點是肯定的，那就是一個全世界政治發展史上規律性的東西——危機集權。也就是說，大的危機肯定導致權力的集中。香港是「小政府」、弱政府，「小政府」不一定是規模小，而是管事少，比較消極。這次大危機後，特區政府必須要轉向積極、能動的政府，強勢起來。

吳：香港一直以來就是政治上消極干預，經濟上積極不干預。接下來，香港最大的挑戰會是什麼？你對香港的未來樂觀嗎？尤其是在中美「新冷戰」這樣的外部環境下。

陳端洪：其實這個問題完全取決於你對中國跟美國或者跟世界搞好關係是不是樂觀。我個人認為中國跟美國的衝突，一直到我閉眼那一天都還在，言外之意是中國在這場「新冷戰」中還能扛得住。我說這個話並不是悲觀，而是樂觀，因為我相信中國還能扛得住。要是扛不住，美國很快就把你搞死了，就像一些小國一樣，老老實實跟孫子一樣。蘇聯當年為何能扛得住？關鍵靠的是武器，是軍事力量。如果蘇聯當年不是軍事強

國，很快就會被搞掉，早就趴着了。

吳：那就不是冷戰了。

陳端洪：所以中國今天靠什麼？我覺得和當年的蘇聯不一樣，中國需要靠綜合的國家力量。軍事上中國雖然不會隨隨便便就被打趴下，但確實又不像俄羅斯那麼強；科技領域，有一些能力，但核心技術上還有很大短板；經濟上，還是一個美元主宰的世界，可中國經濟也不差；文化方面也是，這個世界的文化是西方主導，但中華文明又是唯一沒有中斷的文明，有着頑強的生命力。當然，最主要的，還是取決於人，取決於體制，取決於集中力量辦大事的能力。接下來，中美之間的日子肯定不好過，但美國也沒有能力輕輕鬆鬆把中國打趴下，所以就只能一直「纏鬥」下去。因為疫情的關係，目前整個世界政治實際上已經是一個混沌的狀態，充滿不確定性。

如何建構
香港特色資本主義

💬 **田飛龍**

北京航空航天大學高研院、法學院副教授，全國港澳研究會
理事

📅 2020 年 1 月　　📍 北京航空航天大學

訪談手記

　　經過半年多的反修例運動，香港的各種問題，包括表層的、深層的、底層的，都得以暴露而且還在繼續暴露着。而要研究香港今天身處的困局，無法不首先了解香港的制度背景，尤其是香港已經實踐了這麼多年的資本主義制度。《香港 01》創辦人于品海先生提出了一個概念，叫「香港特色資本主義」。因為香港過往的資本主義不再能解決這個城市面臨的深層次結構性問題，未能提升財富合理分配的能力，各種社會矛盾全面激化，那不妨借鑒內地改革經驗，重構一種能夠滿足社會追求的資本主義。這種全新的資本主義在保持效率的同時，必須維護公平正義，持續優化產業結構和分配結構，這也是香港今天需要的、而且還在「摸着石頭過河」階段的「香港特色資本主義」。在田飛龍看來，香港特色資本主義必須放在亞洲價值觀的大框架下去思考。而過去這麼多年香港引以為傲的全球最自由經濟體，其實是有很大

代價的，代價至少體現在三個方面：長期巨大的國家安全的
虧欠、社會公平的虧欠、戰略產業與發展機遇的虧欠。基於
這樣的虧欠，要想真正建構香港特色資本主義，對今天的香
港來説，是機遇，也是很大挑戰。

吳：你怎麼看于品海先生提出的「香港特色資本主義」這一
概念？

田飛龍：資本主義本身不是一個凝固不變的東西，它有自己的
優勢，比如促進生產力的發展、釋放市場的活力，尤其是保證
靈活追求利潤。但是它確實侵蝕社會的公平，甚至侵蝕共同體
的團結和基本的秩序。面對這些資本主義不同階段的問題，有
的國家解決得好一些，有的國家解決得差一些，比如北歐、日
本、德國等是解決得好一些的，美國就解決得相對差一些。

　　其實我們對於資本主義的理解，不妨沿用新加坡前總理李
光耀的討論。李光耀在總結新加坡模式時提出了「亞洲價值
觀」的概念，我覺得這是一個非常重要的社會科學概念，可以
在一定程度上用於解釋亞洲資本主義。我們需要把「香港特色
資本主義」放在亞洲資本主義這個大的脈絡裡來分析，分析資
本主義的泛東亞模式，也就是亞洲模式。這裡面會有一些比較
性的個案，比如台灣、香港、新加坡、日本、韓國等，從這些
個案你會發現普遍性，比如國家的作用、財團財閥的作用，還
有社會的作用、個人的作用等等。這裡面的政商關係以及法治

的影響與西方的資本主義是不一樣的，所以香港資本主義不能孤立起來談，香港特色資本主義不僅對香港，對亞洲其他資本主義國家或地區都有啟發意義。比如新加坡模式，就很好地平衡了國家與市場、權威與自由，是一種非常獨特的亞洲資本主義模式。

吳：香港在這個過程中就失衡了。

田飛龍：對。香港在整個心態上、在理解與中國的關係上、在理解與東亞文化還有泛中國文化的關係上，實際上殖民化程度還非常深，呈現多重失衡，只是既往在「一國兩制」的模糊敘事空間裡被遮蔽了。新加坡雖然也是殖民地，但是很好地做到了現代化與去殖民化的一個平衡，通過新加坡的人民行動黨，通過政府主動規劃產業以及提供社會保障，將亞洲價值觀裡面包含的強調社會公平與保持市場和資本的活力結合起來。所以我覺得不要孤立去討論香港特色資本主義，要建立科學的分析框架對這個概念加以精準診斷。

吳：就像是剝洋蔥：最外層是香港自身的維度，第二層可能是亞洲的維度，再往裡可能是世界的維度。彼此之間既有個性，也有一些共性，比較之後才能更清楚各自的問題出在哪兒。

田飛龍：沒錯。因此香港特色資本主義其實可以作更精準的概念化，因為僅僅講「香港特色」的話，其實人們還是不知所以，需要告訴人們「香港特色」到底是什麼。

吳：提到香港的資本主義，就不得不提及被港府乃至北京多次當作成績拿出來炫耀的「最自由經濟體」。美國經濟學家弗里德曼（Milton Friedman）常指香港是「自由經濟的最後堡壘」，其在 1980 年的著作《選擇的自由》（*Free to Choose: A Personal Statement*）中直言，「如果想了解自由市場的真正運動，就應到香港去」。香港回歸後，弗里德曼多次質疑香港背離自由經濟原則。1997 年亞洲金融風暴席捲香港，港府耗資千億入股市救亡，弗里德曼猛烈批評港府「瘋狂」，欲將香港「公有化」。你怎麼看香港作為「最自由經濟體」的樣本和典範意義？

田飛龍：香港被評為最自由經濟體是有代價的，體現在三個方面：第一，是長期巨大的國家安全的虧欠，是以國家安全在香港未能充分制度化為前提的，所以各種各樣的資本人士甚至情報組織都能來到香港，香港就成了一個各方共用的全球化平台。

　　第二，是社會公平的虧欠。因為政府奉行的是一個積極不干預的管治立場，政府只負責維持平台、秩序，以至於政府對貧富差距、對社會民生疾苦、對於產業升級政策的引導責任基本放棄，消極不作為，這就造成了社會公平的虧欠。

　　第三，是戰略產業與發展機遇的虧欠。由於香港更強調自己是一個全球經濟的平台，所以對自己的產業比較優勢缺乏一個系統的規劃和追求，最後只能依託於本地地產和金融，其他高科技以及本地特色的文化產業並沒有發展起來，長期以來必

然出現競爭力的空心化。

　　以上這些方面的虧欠，都是香港付出的代價，由此換來了所謂「最自由經濟體」的評價，背後實際上是香港在用其他方面的損失來補貼全球經濟。所以在習近平時代，「一國兩制」既要維持香港自由港的地位，同時又要解決這三大虧欠。大灣區某種程度上就是針對這樣一個問題展開的，但香港誤解了國家進一步的善意，對融合發展表現出排斥意向。

吳：基於這樣的現實與結果，該怎麼理解香港的資本主義模式？

田飛龍：香港的資本主義是一種深度殖民化的「平台資本主義」。與新加坡相比較的話，香港對自身政治身份的再建構、對自身利益的認識和維護是不充分的。香港人並不知道自己是誰，也不知道自己的根本利益何在，只是在深度殖民化的資本主義平台之上長期「以平台為能力」，以維持殖民化遺產、紐帶作為自身生活價值觀與安全感的唯一標誌。所以這是一種被殖民性和全球化深度套牢的資本主義，而不是一種主動自我塑造與發展的資本主義，缺乏自身的自主生命特徵與生機，也缺乏資本主義所必須的最低限度的國家認同前提。

吳：每當香港被評為世界最自由經濟體，香港政府就當作成績到處炫耀，一旦被《經濟學人》（*The Economist*）評為「裙帶資本主義」最嚴重的地區，卻隻字不提，這是很諷刺的。

田飛龍：是的。香港人誤解了他們對內地的投資佔內地吸引

外資高比例的真實含義與分量，那些資本都是通過平台進來的，而不是香港自身產生的，更不是香港人自己的財富。比如說中國每年吸引的外資大概有 60% 至 70% 是從香港投資進來的，可是這跟香港有什麼關係呢？就跟港交所有關係，跟香港的實體經濟有關係嗎？沒有。這不是香港實體經濟的貢獻以及本地製造業或者產業的收穫、收益積累基礎上的對外資本輸出，香港只是一個平台和中轉站。也有不少內地資本「輸出」到香港後再「轉內銷」投資以利用「一國兩制」的投資優惠政策。從香港這裡「過水」不代表「水」是香港的。而香港平台的最關鍵基礎就是中國堅定推行的「一國兩制」，沒有這一憲制前提，香港這個平台是難以維持的。

吳：要彌補這樣的三大虧欠，政府這隻手勢必要強起來。可現在我們也看到，特區政府奉行一貫的「小政府」理念。落實到實踐層面，要改變現狀、改革香港這一套資本主義，有哪些具體的可操作的辦法？

田飛龍：說實話，要改革這套資本主義蠻難的，因為「一國兩制」相當於各方在香港平台上利益的最優解，就是有意淡化和模糊了主權國家的管治權原理與強度，放任香港平台繼續釋放原來的產能和效應。當這樣一個平台在全球化合作當中受到另外兩股思潮和力量的對沖時，就有可能塌陷。

　　這裡是指「一國兩制」的兩個「殺手」因素：一個是中國民族主義的強勢興起，一個是西方「新冷戰」的極限降臨。2019 年這兩股力量在香港產生強烈的對沖和交鋒，美國推出

香港法案以及港版顏色革命就說明「新冷戰」已經打響了，香港是遭遇戰的戰場。而習近平講民族復興，背後就是很強的一種民族主義的意志，這還不僅僅是情緒，而是一種民族主義的正當而飽滿的意志，就是把自己被壓抑了一百多年的作為受害者、受辱者的不確定性和波動表達為一種強勢的自我正名與自我成長的主張。

這個國家性的自我主張具體到香港，就是要求這個平台追隨國家民族復興的步伐，對國家作出進一步的貢獻。所以這個時候就會出現兩種拉力：面向國家的融合力與背向國家的分離力。香港原本是在中美關係比較好的歲月靜好時期坐享平台紅利，港人本也可以繼續做這個夢，長期把平台當能力。可是「新冷戰」把香港往外拉，民族復興把香港往裡拉，香港變得無所適從，精神錯亂。

反修例運動和區議會選舉，我的理解是香港人在沒有能力反思以及在精神上作出決定跟誰走的時候，作的一個最保險的決定，那就是維持現狀、保住現有的生活。可是未來到底會怎麼樣，會失去什麼樣的機會和機遇，香港的金融中心地位會如何等等問題，香港人暫且不管。想不了明天，把握不了巨變時刻的命運，就一味幽怨、洩憤及滿足於眼前的「本土」利益。「黃色經濟圈」也就是這個意思：不管全球化，不管外面的機遇怎麼樣，也不管中美之間怎麼僵持衝突，香港就是要跟內地區隔開來。這其實挺悲哀的。因為一旦「一國兩制」出現平台危機，港人就再也沒有生存的根據和依靠了。那種想像中的泛西方世界，其實也很難真的接納香港。

吳：你提到「一國兩制」可能出現的平台危機，如果是這樣的話，那這個制度設計本身是不是太脆弱，依賴性也太強了？

田飛龍：「一國兩制」真正的保障條件是中美不打冷戰。時間拉回到香港回歸前，正是在中美堅決不打冷戰的條件下，中國和英國才有可能用「一國兩制」的方式解決問題。如果美國當年跟中國打冷戰，像對待蘇聯一樣打擊中國，《中英聯合聲明》都出不來。所以 1979 年鄧小平訪美；中國開啟改革開放；中國在越南戰爭當中實際上是拉着美國一起來對抗蘇聯的擴張滲透，對抗蘇聯在中南半島的滲透，作為一次很好的戰略配合，也等於是中國向美國交了「投名狀」。1979 年中美建交具有世界體系結構性演變的關鍵意義。

　　具體來說，這個「投名狀」的意思是告訴美國，中國會融入資本主義全球經濟體系，但是中國政治改革要自己一步步來，要摸着石頭過河，不會全盤西化。美國當時也產生了戰略上的積極期待，就是希望通過接觸政策能夠逐步引導中國走上一條市場化、民主化和法治化的道路，成為西方體系的一部分。如果成功引導中國成為一個西方式的民主國家，對美國來說是完成了一個人類歷史上巨大的道德成就，畢竟中國是有着十幾億人口的大國，意味着東方文明大國被西方模式所完全馴服，世界歷史真的「終結」了。

　　可是美國的這種期待在中共十八大之後慢慢破滅了。中國沒有走上全盤西化的道路，而是走出了一條相容於現行全球化秩序的中國特色社會主義道路，不僅走通了，而且越來越強大

和團結。當美國意識到中國的轉型窗口關閉後，就必然重新轉到冷戰的方式和道路上，就像當年對待蘇聯那樣對待中國。這一轉變以 2017 年底美國國家安全戰略報告出台為主要標誌，美國開始將中國列為全球性的主要對手和威脅。原來基於擱置冷戰思維而呈現的「一國兩制」下的香港平台也就不願意再共用了，美國會認為在香港平台上中國的收益更大，再加上對香港平台優勢的削弱是有利於推進冷戰的。美國鷹派的這個不合作思路很清楚，在美國也有着強大的政治市場。

吳：從毛澤東到鄧小平再到今天的習近平，對於香港平台的認識有哪些延續性和不同的地方？港人會說，不管是毛時代還是鄧時代，抑或是今天的習時代，其實香港始終被看作是「會下金蛋的雞」，是預備「長期利用」的。但其實在不同歷史階段，中共最高層對香港的思考也是不一樣的。

田飛龍：1949 年解放軍兵團到了深圳河北岸，當時英國人緊張得要死。毛澤東說不過河，要保留住香港地位、維持原狀，後來就變成八字方針：「長期打算，充分利用」。中國當時也是把香港作為一個平台，以便在冷戰體系當中保留一定的戰略機動性，保持與西方主流資本主義國家在外交和外貿方面的活口與通道。所以中國與英國在新中國建立之後快速達成了一個戰略妥協，這個戰略妥協對中國和英國都是有利的，因為在毛澤東時代整體上是個嚴格的冷戰體系，中國自己會評估收回香港不利於它繼續發揮平台作用。所以 1967 年香港暴動的時候，中央沒有採取進一步行動，後來香港自己進行改造，逐步

培育了一個越來越本土化的香港社會，使得原來的難民社會變成一個本土化的社會。

　　一直到改革開放之初，隨着「九七大限」的逼近，民族主義就出來了。因為「九七大限」的到來，意味着必須收回香港，這是中國共產黨基於民族主義的必然要求，就像十九大報告裡講祖國完全統一是民族復興的必然要求一樣。1978 至 1979 年的時候，鄧小平也遇到了這個壓力，就是如果 1997 年不能收回香港的話，中國共產黨就變成晚清式的賣國政府，這個對執政合法性，對他所理解的中華民族政治責任和政治倫理來講是過不了關的，所以必須要解決。

　　當然這裡有一個大背景，就是鄧小平的整體戰略決策：整個國家從原來的以階級鬥爭為綱轉移到以經濟建設為中心，對外主要是對歐美改革開放，所以用「一國兩制」的方式，能夠既保證滿足民族主義的目標，也就是收回港澳的要求，同時又能讓港澳繼續保持原來的平台作用，說到底香港還是一個特殊平台。這就是幾代領導人在港澳政策上的根本連續性，他們都是着眼於國家現代化的長期戰略並始終精準理解和運用港澳的全球化平台作用。

吳：到了今天的習近平時代，中央對於香港這一特殊平台的認識，尤其是對於香港資本主義的認識，又是怎樣的？如果說毛鄧時代是由於特定歷史階段的需要，也不可避免帶有局限性，那麼在香港回歸二十多年的今天再來看香港，又該如何全面、準確地理解呢？

田飛龍：從毛、鄧到習，對香港和資本主義的理解應該說是越來越全面、越來越深刻。因為經過建國七十年，整個世界範圍內的資本主義和社會主義本身也在發生很大的變化。尤其是底層抗爭和普選權制度化對資本主義的衝擊和重構大大改觀了資本主義，實際上在一定程度上增強了資本主義在道德、政治以及法律上的包容與回應能力，所以今天的資本主義不再是原來比較原始和初級版本的自由放任的資本主義。這種變化在馬克思晚年即有呈現，而到了羅斯福（Franklin D. Roosevelt）時代就更趨顯著了。羅斯福主義就是一種在自由資本基礎上相容和安頓平等價值的新政自由主義，具有社會主義的價值因素與特徵。所謂羅斯福憲法或其「第二權利法案」，說的就是這樣的資本主義自我改良工程。所以美國的資本主義其實也是「美國特色的資本主義」。

　　基於這樣的變化，究竟該如何改革香港的資本主義、建立香港特色資本主義呢？如果我們把香港資本主義視為英國留下的自由放任資本主義的初級版本的話，那麼改造改革的思路不妨參考羅斯福新政。羅斯福新政是怎麼應對當時的經濟危機以及社會民生和產業蕭條的呢？他當時提出了四大自由，其中包括免於匱乏的自由。這在原來資本主義的倫理和制度體系裡面是沒有的。你匱乏關我什麼事？國家沒有保障你的責任，你匱乏是因為你自己的失敗，因為你懶惰，因為你運氣不好。在資本主義的評價體系裡，這樣的人是註定要被市場淘汰的，淘汰你就是自然競爭正義的實現，照顧、幫助你反而是一種價值與制度扭曲。但是羅斯福提出免於匱乏的自由，提出政府對弱者

有生存照顧的義務，這就很厲害。後來羅斯福又提出了一系列涉及社會民生權利保障的政策。

　　美國法學家凱斯・桑斯坦（Cass R. Sunstein）的專著《羅斯福憲法：第二權利法案的歷史與未來》（*The Second Bill of Rights: FDR's Unfinished Revolution and Why We Need It More Than Ever*），主要講的就是羅斯福新政。按照桑斯坦的說法，美國資本主義第一代就是以 1787 年聯邦黨人憲法與 1791 年權利法案為標誌的，重點關注的是自由權。而到了羅斯福的時候，第二權利法案中滲透了很多福利政策和保障政策，以平等權為焦點，這是美國資本主義的結構更新。

　　今天香港的資本主義是從港英時期留下來的深度殖民化的平台資本主義，所以當然處在 1.0 版本的階段，屬於自由放任的。這種資本主義走向壟斷後必然帶來官商勾結、地產霸權。這些負面發展在美國歷史上也都存在，1890 年到 1920 年的進步主義針對的就是這些問題。但進步主義沒有很好地解決這些問題，後來羅斯福趁着華爾街危機和二戰把這些都改革了，並就此奠定了美國對世界的領導權威，成為世界立法者。

吳：不過羅斯福新政不存在「一國兩制」的框架，這對於改革香港的資本主義有多大參考價值？

田飛龍：我們在討論一種比較原始的、欠缺公平的資本主義怎麼樣改良為一種兼顧公平的資本主義，羅斯福的經驗肯定是可參照的。不過經驗要想成為具體的政策，需要中央政府、特區政府還有香港社會各自在自己的職責範圍之內推進。當然這其

中最關鍵的，還是中央政策的角色與作用。比較而言，香港特區政府的管治能力與香港社會的自我反思能力有着很大的局限，需要來自中央的適當刺激和引導。

中共一代一代對資本主義的認識越來越多，包括也認為資本主義裡面有些東西是我們要學習的，而不像原來就會喊批判，至少不像毛澤東時代批判得那麼徹底。經過了鄧小平時代的緩和及重新調整，中國共產黨對於資本主義的認識其實比香港社會的精英更深。所以你會發現中共官員有個特點，就是戰略上藐視敵人，戰術上重視敵人，辯證思維貫穿始終，兩條腿走路。面對香港問題也好，中美貿易戰也罷，都是這個思路。因此，中央在「一國兩制」框架下善加政策教育和引導，對香港資本主義改革是非常有益的。

吳：其實關於「香港特色資本主義」的提法，有一種思考：我們是否需要將香港過於特殊化，就像很多人對於「中國特色」的爭議一樣。

田飛龍：我覺得特殊化可能還談不上，因為香港的資本主義就是殖民地留下來那種初始版本的資本主義制度，因為這個平台各方好用，也是中國與西方戰略性妥協的結果，所以得到了全球化秩序下的共同保障。既然各方在香港都獲得了自己的利益，所以香港既有的制度維持不變，五十年不變是符合各方利益的。所以今天香港的資本主義就是一個平台資本主義，而不是一個常規意義上的實體資本主義。所以你講香港特色資本主義，最大的特色就是它是全球化的共用平台。

吳：在中美「新冷戰」和香港自身的變局中，這樣的「共用平台」角色的最大變數會是什麼？很多人會因為反修例運動得出悲觀結論，比如一種普遍的說法是「一國兩制」已經失敗了，推行不下去了。

田飛龍：最大的變數是兩個方面，一個是香港人自己不幹了，一個是美國人提前動手了。如果香港出現了不可逆轉的「港獨」運動且破壞性超出自治能力控制範圍，「一國兩制」就會面臨根本性挑戰，但中央有憲法和基本法上的相關許可權及程序加以處理。如果中美關係的持續惡化、激化，導致美國宣佈取消香港單獨關稅區地位，這是最壞的結果。只有這兩種可能會對「一國兩制」造成嚴重破壞，而中央是不會主動改變「一國兩制」的，中央始終是這一框架的立法者和最終責任人。

　　但既然是全球化平台，既然授予了香港高度自治權，僅僅依靠中央的兜底保障也是很難維繫香港平台不變的。香港人必須明白，平台維持需要香港與國家凝聚「一國兩制」的基礎性共識，共同應對「新冷戰」危機，共同反對香港本土主義異化而成的政治分離力。

吳：十九屆四中全會已經說得很明確了，堅持和完善「一國兩制」。

田飛龍：但是堅持和完善「一國兩制」不是中央一方說了算的。雖然中央堅持「一國兩制」不變，但美國在「新冷戰」的背景下走向極端化的情況也不能排除。要知道，美國的鷹派並

不追求用香港牌敲詐貿易利益，他們追求的是通過打擊香港平台來延緩中國發展，遏制中國崛起。在這個過程中，香港本身扶不起來的可能性也是有的。

吳：現在中美已經基本上進入「新冷戰」狀態了，雖然第一階段協定達成了。按照你剛剛所講的「兩個可能性」，那是不是意味着「一國兩制」其實已經推行不下去了？

田飛龍：中美確實已經掉進修昔底德陷阱（Thucydides's Trap）了，而「一國兩制」如果說失敗了，那主要責任方是美國。因為「一國兩制」出現平台危機不是中國發生了什麼，而是美國出現了逆全球化。「一國兩制」雖然是在中國主權秩序下的表達，但實際上也在美國的全球治理體系當中，是美國全球化戰略的一部分。中國對香港享有完全的主權與治權，並授予香港高度自治權，但美國實際擁有全球的治理權，儘管不具有合法性基礎，卻有着長臂管轄的事實影響力和支配力。美國用「一國兩制」幹什麼？就是既讓美國企業通過香港這個平台很方便地進入內地投資，又把它作為情報中心，更關鍵的是將其作為一個推進顛覆中國政權長期隱秘的冷戰基地，美國是有多重利益在香港的。只不過中美在「蜜月期」的時候這些問題都相對擱置起來了，不怎麼彰顯，浮出來的是經濟合作的面向，現在就都擺在檯面上了。

目前來看，還不能講「一國兩制」失敗了，只能說「一國兩制」正在經受全球化變革帶來的嚴峻考驗，折射出中美合作以及全球化秩序出現的結構性危機。危機就意味着有「危」也

有「機」，這個平台能否繼續維持、「一國兩制」能否繼續下去，還要看另外的指標，就是中國合縱連橫的外交成果與國際政治再平衡的具體成效。要看中國能不能說服歐盟、日本等主要發達國家，維護好香港的平台，確保美國在採取冷戰極端措施，比如取消單獨關稅區地位的時候，這些國家不跟從。這樣美國把自己邊緣化，而香港國際地位依舊。必須加大美國採取極端冷戰措施的政治與經濟成本，才能有效遏阻美國的極端行為及其破壞性。

吳： 現在這個可能性並不高，中美之外的國家也都在觀望，而且總有一天會面臨選邊站的情況。中國雖然一再承諾不稱霸、不挑戰美國老大的地位，也一再提人類命運共同體，但卻很難被接受、被信任。因為社會主義曾經被當作洪水猛獸，現在還帶着沉重的包袱，香港本身就是很好的例子——具體實踐着資本主義，卻強烈地抗拒社會主義。

田飛龍： 鄧小平當年對「一國兩制」作了一個創造性的闡釋和發揮。「一國兩制」其實有四個功能：最低也就是第一層功能是國家統一；第二層是經濟現代化；第三層是制度現代化；第四層是終結冷戰。具體來說，就是資本主義和社會主義在一個主權秩序架構之下，以非冷戰的方式和平相處、共同發展，由原來相對分割變成融合發展。如果這一試驗成功了，就證明社會主義和資本主義之間的對立是虛假的，是人為的，是可以破解的。

　　而習近平提出人類命運共同體，其實是試圖用一種超越姓

「資」姓「社」的中國文明方案，來終結由西方自身分裂所造成的二元對立世界。因此人類命運共同體必須深深根植於中國文明文化對天下主義世界的和平想像與建構之中，深度推進馬克思主義中國化，使得中國文化能夠對馬克思主義進行結構性的修正、補充和昇華，用這樣一種方案反過來去改造歐美的世界，並為廣大第三世界帶來新的願景和方向。

在這樣的變局中，香港只能休養生息，承受不起民族復興那麼沉重的價值重負。因為它精神上沒做好準備，能力上也沒準備好，再逼急了，就崩潰了。現在國家復興的列車快速向前開動，能上車的先上車，澳門就趕上去了。但香港也不是完全沒有調整再出發的機會和希望。

吳：如果香港趕不上會直接被拋在車外麼？

田飛龍：習近平講過了，「蘇州過後無艇搭」，香港回歸二十週年的時候講得很清楚。現在回味一下，語重心長，甚至隱含憂慮。

吳：2020 年台灣「大選」已經結束。我們知道民進黨一直在吃香港的豆腐，港台之間好像已經在心理層面凝結成了「反中共同體」。

田飛龍：這恰恰是我真正擔心的，經過 2019 年的反修例之後，香港會快速台灣化。隨着香港本土化加深，謀求完全自治的力量會越來越變得組織化、行動化。這也會裹挾一代代的青年人朝向一個與「一國兩制」相背離的政治方向，甚至成為台

灣謀求「台獨」的棋子。

　　原來內地與香港之間靠「一國兩制」,「一國兩制」又得到英美的背書,反修例意味着原來的「一國兩制」處於危機之中。而兩岸之間以往的脆弱平衡是靠「九二共識」,可現在這一共識也沒有「共識」了。加上美國在全世界的冷戰動員,香港和台灣都不同程度地跳上這一「戰車」。如果美國評估之後認為用貿易協定無法遏制中國,那麼基於「不能給中國喘息機會」的極端冷戰思維,就會更大力度地使用香港和台灣這兩枚棋子。對北京來說,這是大變局中很大的挑戰,也是必然會到來的。

吳:現在中國就像一個「政治提款機」,好像什麼問題都可以歸咎於中國。過去因為落後,所以中國只能「挨打」。今天崛起了、強大了,又不得不面臨「挨罵」。

田飛龍:沒錯。「政治提款機」的意思就是出什麼問題責任都是中國的,美國的問題責任是中國的,香港的問題責任是內地的,台灣問題責任是大陸的。可退一步來看,當所有人都把責任歸咎於中國時,就說明中國舉足輕重了。為什麼美國不把責任歸到印度身上?與此同時,中國也應該反思,當體量和影響力舉足輕重的時候,軟實力如何才能跟得上。如果中國沒有辦法很好地解釋自身發展進步的正向意義及與世界的相容性,也就是不能很好地解釋自身強大的原因、性質與遠期影響,必然會被誤解,也不可避免「挨罵」。

後記

　　在搜索引擎中輸入「香港十年」關鍵詞，多數搜索結果與一部名為《十年》的電影相關聯。2015 年 12 月，聚焦香港人權、民主、言論自由以及「香港獨立」、自決等敏感政治話題的電影《十年》上映，最終累計票房突破 600 萬港元，並獲得第 35 屆香港電影金像獎最佳電影。雖然電影將目光鎖定於「未來」，但無處不在與「當下」對照或投射。該電影毀譽參半：譽者稱其為香港社會的「預言書」；毀者則將其斥為不值一提的「思想病毒」。

　　檢索結果之外，「香港十年」還有另外一個被人忽略的版本——2007 年，時值香港回歸十週年，中央電視台推出大型紀錄片《香港十年》，全景式地呈現了香港回歸十年時間裡的變與不變。在這部官方紀錄片中，動感、活力、時尚是屬於這座現代化城市的關鍵詞，鏡頭前從政界到普通港人都無一例外從回歸中感受到了驕傲與自豪，人們對「港人治港」信心滿滿，「一國兩制」這一制度設計也被證明不僅是前瞻的，同樣也是偉大的。

　　一個是港人呈現出的「十年」，這個「十年」裡，充滿了抗爭、暴力、絕望、迷惘；一個是官方推出的「十年」，這個「十年」裡，則是滿載着活力、喜悅、成功、驕傲。究竟哪一個「十年」更貼近真實的香港？香港的下一個「十年」，又會是何種面貌

與圖景？

從 2014 年第一次「看見」香港，到現在為止，始終有一個問題牽引着我，那就是不斷去突破既定的認知與偏見，去看見另一個香港，以及更多的另一個香港。與兩岸三地不同的人展開對話，也正是為了更好、更多地看見香港的不同面向。雖然經由修例風波，香港不僅被內地普羅大眾「看見」，也被喊着「今日香港，明日台灣」的台灣「看見」，更被全世界「看見」，但基於不同的價值觀和意識形態，人們卻只能「看見」或者只願意「看見」自己相信的那部分，香港的撕裂感由此更進一步。這是無法避免的，尤其面對香港這個糅合了歷史與現實、社會主義與資本主義、中華文明與西方文明的對象，要想真正「看見」，本身就難上加難。

處在十字路口的香港，究竟會向何處去？這是很多關心香港命運的人都在思考的命題。「看見」香港，這是第一步，既看見第一個十年裡的迷茫與掙扎，也看見第二個十年裡的希望與驕傲。中國比較文學家樂黛雲在評價已故美國漢學家史景遷（Jonathan D. Spence）的貢獻時說過：「史景遷的主要貢獻是，啟發不同文化要互看，從而造成一種張力。自己看自己，比較封閉。我看你，與你看你自己是不一樣的。」從香港看香港，註定比較封閉；從內地看香港，乃至從世界看香港，雖然有張力，但從中亦可能最終探索出香港的出路。這是本書出版的初衷，也將成為繼續關注香港命運的出發點。

香港的下一個十年，已經為期不遠。

2022 年 3 月 22 日

北京